Alfred Muser

Die Swissair 1939–1945

Alfred Muser

Die Swissair 1939–1945

Der Überlebenskampf während des Zweiten Weltkrieges

Ein Bericht

SCHÜCK

VERLAG   CH-8134 Adliswil

Erstveröffentlichung in der Schweiz 1996
durch SCHÜCK VERLAG, CH-8134 Adliswil

Alle Rechte vorbehalten.
Kein Teil dieses Werkes darf in irgendeiner Form
(durch Fotokopie, Mikrofilm oder ein anderes Verfahren)
ohne die schriftliche Genehmigung des Verlages
reproduziert oder unter Verwendung elektronischer
Systeme verarbeitet, vervielfältigt oder verbreitet
werden.

Konzept und Text **Alfred Muser**
Gesamtleitung, Gestaltung, Grafik **Beat Schück**
Satz **Marcel Hartmann** (NZZ Fretz AG)
Lektorat **Dr. Ralf Freund**
Litho **Georg Kinzel** (NZZ Fretz AG)
Druck **NZZ Fretz AG,** Schlieren
Einband **Schumacher-Sauerer,** Schmitten

Die Fotos und Abbildungen in diesem Buch konnten
durch die wertvolle Mithilfe vieler Personen gefunden
und bereitgestellt werden. Diesen gilt unser herzlicher
Dank. Es sind dies in alphabetischer Reihenfolge:

Hans Aeppli
Eduard Amstutz
Amt für Luftverkehr, Flughafen Zürich
Doris Bosshard-Kuhn
Othmar Breitenstein
Deutsche Lufthansa AG, Firmenarchiv (Werner Bittner)
Ulrich Haller
Robert Heiniger
Hans Huggler
Hans K. Jenny
Karl Molitor
Museum der Schweiz. Fliegertruppen
Ringier-Verlag, Bildarchiv
Hans Rutishauser
Pierre Rutz
Alette Schefer-Hamm
Richard Schilliger
Swissair Bild-Dokumentation (Marlyse Bartis)
Verkehrshaus der Schweiz, Archiv

Printed in Switzerland, November 1996
ISBN 3-9520906-2-X
© SCHÜCK VERLAG, CH-8134 Adliswil

Für die Ehemaligen des fliegenden Personals ("Swissair-Oldies") und das Fokker-Team der Swissair.

Einleitung

In den bisherigen Veröffentlichungen über die Geschichte des schweizerischen Luftverkehrs im allgemeinen und die der Swissair im besonderen sind die Jahre des Zweiten Weltkrieges, als der zivile Luftverkehr weitgehend zum Erliegen kam, meistens nur kurz erwähnt. Lediglich Hans W. Hautle ("Entstehung und Werdegang unserer nationalen Luftverkehrsgesellschaft", 1956, nur Swissair-intern veröffentlicht) und Robert Fretz ("Swissair im Kampf und Aufstieg", 1973), gehen in ihren Büchern etwas detaillierter auf die damaligen Geschehnisse ein, konzentrieren sich dabei aber eher auf die noch während des Krieges getätigte Planung für die Nachkriegszeit.

Aus der Überzeugung, dass die Geschichte des Überlebenskampfes der Swissair während der Kriegszeit von 1939 bis 1945 grössere Beachtung verdient und für spätere Generationen festgehalten werden sollte, habe ich im Verlaufe mehrerer Jahre Unterlagen zusammengetragen und in jährlichen Abschnitten Artikel unter dem Titel "Vor 50 Jahren: Die Swissair im Zweiten Weltkrieg" geschrieben. Diese wurden jeweils im Publikationsorgan der "Vereinigung der Ehemaligen des fliegenden Personals der Swissair", den "Oldies NEWS", z.T. auch im Luftfahrt-Magazin "Cockpit" veröffentlicht. Ein Kapitel aus dem Jahre 1940, "Evakuation der Swissair ins Tessin", gelangte in der NZZ zum Abdruck.

Beim Inhalt des vorliegenden Buches handelt es sich um eine chronologische Aneinanderreihung dieser sehr ausführlichen "Jahresberichte", die seit ihrer ersten Publikation mehrmals überarbeitet und, sofern neue Erkenntnisse auftauchten, inhaltlich korrigiert und ergänzt, teilweise auch gekürzt worden sind. Der Bericht ist nicht das wissenschaftlich historische Werk eines Geschichtsforschers, sondern die Arbeit eines ehemaligen Linienpiloten und Flugkapitäns der Swissair, der sehr viele der im Text erwähnten Personen kennt bzw. kannte und der durch seine nebenamtliche journalistische Tätigkeit Einsicht in sonst eher schwer zugängliche Unterlagen hatte. Vieles ist dokumentiert, anderes beruht ausschliesslich auf Aussagen damals Beteiligter, wobei nach so langer Zeit verständlicherweise keine Garantie für hundertprozentige Richtigkeit in allen Details übernommen werden kann. Bewusst verzichtet wurde auf Statistiken, vergleichende Auflistungen von Jahresleistungen und Ergebnissen usw. Es sind auch so noch genügend Zahlen übriggeblieben, die ich als erwähnenswert erachtet habe. Im Zentrum dieses Berichtes stehen in erster Linie Menschen, die das alles erlebt und mitgetragen haben. Dafür, dass nicht alle der Damaligen, auch solche, die Massgebliches geleistet haben, erwähnt werden, bitte ich um Verständnis. Die hauptsächlichsten Informationen stammen aus den Bereichen Fliegendes Personal und Direktion bzw. Verwaltungsrat.

Das vorliegende Buch ist reich illustriert, was vor allem auf die Begeisterung des Verlegers Beat Schück für flughistorisches Bildmaterial zurückzuführen ist. Die Illustrationsdichte erscheint jedoch recht unterschiedlich, da einzelne spektakuläre Ereignisse, wie Flugunfälle und Erstflüge, bildmässig recht gut dokumentiert sind, andere Vorkommnisse hingegen überhaupt nicht. Im übrigen wurde die Gelegenheit benutzt, um zahlreiche bisher kaum je gesehene Fotos zu veröffentlichen. Im Sinne einer Dokumentation beschränkt sich die Illustration eines Ereignisses deshalb nicht auf ein typisches Bild, sondern es werden – sofern vorhanden – verschiedene Darstellungen, inklusive Detailaufnahmen, gezeigt.

Bei der Beschaffung der umfangreichen Unterlagen musste ich sehr viele Personen um Auskünfte und um Hilfe in verschiedener Form bitten. Am meisten profitieren durfte ich von den Kenntnissen von Hedwig Brack, Swissair-Sekretärin der ersten Stunde, später Prokuristin, sowie von der reichhaltigen Dokumentation, die mir Prof. Dr. h. c. Eduard Amstutz (1903–1985) zur Verfügung stellte. Ein spezieller Dank geht an Marlyse Bartis, Swissair-Fotoarchiv, für ihre Unterstützung bei der Sichtung des Bildmaterials, und an meinen Piloten-Kollegen Richard Schilliger für die wertvolle Mithilfe, die er im Rahmen seines Fokker-Teams leistete, wie auch für die grosszügig gewährte Inanspruchnahme seines einmaligen Luftfahrt-Archivs.

Weitere Helferinnen und Helfer, von denen inzwischen leider etliche verstorben sind, in alphabetischer Reihenfolge:
Hans Aeppli, Paul Auberson, Siegfried Bachmann, Doris Bosshard-Kuhn (Hamm), Othmar Breitenstein, Jules Gloor, Robert Heiniger, Hans Huggler, Hans K. Jenny, Heinrich Kauert, Edi Lang, Anton Matt, Alette Schefer-Hamm, Hans-Heiri Stapfer, Anton von Tscharner, Ernst Wetter, Hans-Peter Wild. Ihnen und zahlreichen hier nicht genannten weiteren Personen, deren Zeit ich mit meinen Anliegen und Fragen beanspruchte, möchte ich herzlich danken.

Für die ausserordentlich grosszügige Form und Aufmachung dieses Buches zeichnet der durch seine Aviatik-Kalender und das spektakuläre Fotobuch "Hunter-Fascination" bekannt gewordene Verleger Beat Schück verantwortlich. Für seine ansteckende Begeisterung, den Optimismus und den nie erlahmenden Einsatz bei der Verwirklichung des nun vorliegenden Werkes möchte ich ihm meinen besten Dank aussprechen.

Alfred Muser

Inhaltsverzeichnis

	Seite
Die Zeit vor dem Krieg: Als alles noch ruhig war …	12

1939: Das erste Kriegsjahr — 19

	Seite
Unfall DC-2 HB-ITA bei Paris	20
Schwierige Landung und Ju-86-Akrobatik	22
Sonderflüge	24
Europarundflug Süd und Spionageaffäre	25
Europarundflug Nord und West	28
Flottenverstärkung	31
Absturz der Ju-86 bei Konstanz	31
– Voreilige Schuldzuweisung	31
– Bericht des Oberexperten	32
– Die Meinung von Flugkapitän Fretz	34
Missglückte Landung	35
Letzter Nachtpostflug	36
Letzter Rückflug von Amsterdam	37
Herbst 1939 – Kriegsausbruch	39
Generalmobilmachung	40
Verwaltungsratsausschuss-Sitzung 27. September	42
Anstrengungen zur Wiederaufnahme des Luftverkehrs	44
Direktor Groh reist nach Berlin	44
Direktor Groh reist nach Italien	46
Verwaltungsratsausschuss-Sitzung 22. Dezember	47
Jahresende und Abschluss	50

1940: Das zweite Kriegsjahr — 53

1940/1:

	Seite
Flugbetrieb ab Locarno-Magadino	54
Vorbereitende Verhandlungen	54
Technische Bereitstellung	55
Orientierung des Verwaltungsrates	58
Kommerzielle Schwierigkeiten und Streckenänderung	58
Neuer Flugplan und weitere Verwaltungsratssitzung	58
18.3.40: Eröffnungsflug nach Rom	59
Das Déplacement	61
Verhandlungen mit Spanien und Flugzeug-Bereitstellung	61
1.4.40: Eröffnung der Spanien-Strecke	62
"Die Luftreise nach Barcelona"	63
Definitiver Sommerflugplan 1940 und Erstflug-Sonderluftpost	64
Komplizierte Zahlungsmodalitäten	65
Die Sonderflüge	65
Festgehalten in Mailand	66
Der Streckenflug	66
Direktor Groh orientiert	67
Probleme mit Passagieren	68
Kriegseintritt Italiens und Betriebseinstellung	70
Verhandlungen in Turin	71
Enttäuschte Hoffnungen	71
Verhandlungen in Rom im Oktober	71
Groh reist im November nochmals nach Rom	72
Das Warten geht weiter	72
Zermürbungstaktik und bescheidener Erfolg	73

1940/2:

	Seite
Evakuierung der Swissair ins Tessin	74
Zweite Generalmobilmachung	74
Lagebeurteilung	74
Evakuationsentschluss und Evakuationspläne	74
Der technische Dienst	75
Vorzeitige Lohnzahlung und Schwierigkeiten	76
Kurzer Aufenthalt im Tessin	76
Direktor Groh orientiert	77
Ende der Übung	77

1940/3:

	Seite
Verkauf der DC-3 HB-IRU	78
Anschaffung auf Initiative des Bundes	78
Nachträgliche Bedingungen	78
Zähe Verhandlungen	79
Verkauf?	79
Offiziell zwei Varianten	79
Vertrag mit der ABA	79
Sperrfeuer und diplomatische Démarche	80
Bezahlung und Ablieferung	80
Kleinmütiges Nachspiel	80
Positive Bilanz	80

1940/4:

	Seite
Wiederaufnahme der Flüge ab Dübendorf	81
Strecke 41 Zürich–München	81
Probleme der PTT	82
Eine Gratulation	82
Generelle Flugbewilligung	83
Personalorientierung	83
Betriebsaufnahme und Zukunftspläne	84
Militärische Kontrolle	84

	Seite
Arierausweise	84
Von Ja gleich Nein bis zum Jahresende	84
Die Ertragsrechnung	84

1941: Das dritte Kriegsjahr — 87

	Seite
Wiederaufnahme und Ende des Flugbetriebs ab Locarno	88
Ein ärgerliches Interview	89
Locarno wird aufgegeben	89
Die Funkstation der Radio-Schweiz	90
"Bilanzgestaltung"	92
Direktor Groh reist zweimal nach Berlin	93
Strecke 41, Zürich–München	94
Notlandung in Altenrhein	94
Intermezzi mit Pilot Hans Ernst	95
Zürich–Stuttgart–Berlin	96
Arbeitsaufträge von Dritten	96
Lufthansa-DC-3 D-ATJG	97
Verschiedenes	100
– Tod von Oberst Arnold Isler	100
– Intrigen um die Nachfolge des Luftamt-Direktors	100
– 10 Jahre Swissair	100
– Anbauschlacht	100
– Christian Schaaf	101
– Krach mit Henry Pillichody	101
Der Jahresabschluss	102

1942: Das vierte Kriegsjahr — 105

	Seite
Verhandlungen in Berlin	106
– Keine Überflugbewilligung	106
– Die Wehrmachtsmeldung	106
– Die Gesprächspartner	106
– Die Ski-Ausrüstung	106
– Die Einladungen	107
Der Flugbetrieb	108
Unzufriedene Piloten	108
Eine Entlassung und heisse Post	108
Was auf der Strecke so alles passierte	109
– Generalfeldmarschall Milch	109
– Ein peinlicher Vorfall	109
– Pistolen im Genick	109
– Einmotorig nach Dresden	110
Pillichody wird entlassen	110

	Seite
Der neue technische Chef Hans Huggler	111
Schmiergeld?	112
Arbeitsaufträge von Dritten	112
Verdächtigungen gegenüber Direktor Groh	115
Flugplatzplanung	116
– In Basel	116
– Die Genfer	117
Verschiedenes	118
– Das Buch von Tilgenkamp	118
– Mittelholzer-Denkmal	118
– Tod von Oberst Emil Messner	118
– Druckkabine für DC-2	119
– Escher Wyss-Propeller für DC-3	119
Der Jahresabschluss	119

1943: Das fünfte Kriegsjahr — 121

	Seite
Der Flugbetrieb der Swissair	122
– Der unterlassene Gruss	122
– Motorpanne beim Start	122
Besatzungen	123
– Bordfunker Christian Schaaf	123
– Flugkapitän Alfred Künzle	123
– Bordfunker Paul Auberson	123
– Piloten- und Funkerkurse	123
– Teuerungszulagen	123
Arbeitsaufträge von Dritten	123
– Die Arbeiten für die Lufthansa 1943	124
Freiherr von Könitz: Spionage!	125
Die Anbauschlacht	126
Die Vision Grossflughafen	128
– Das Flughafenprojekt Utzenstorf	129
– Reaktion aus Zürich	129
– Das Projekt Kloten	129
– Aktionskomitee für Kloten	130
Die "Mission Pillichody" in den USA	130
– Der Auftrag	130
– Die Reise nach New York	130
– Fundierte Berichterstattung	131
Autarkie-Programm	131
Das Jahresergebnis 1943	132

	Seite
1944: Das sechste Kriegsjahr	135
Die Nachkriegsplanung	136
Der Flugbetrieb	136
– Sonderflug für Ski-Mannschaft	136
– 15.4.44: Letzter Flug nach Berlin	139
– Vorfälle unterwegs und ein blinder Passagier	139
– DC-2 HB-ISI in Stuttgart zerstört	140
– Trotzdem wird weitergeflogen	142
– Betriebseinstellung	143
Lukrativer Jubiläumspostflug und Keuchhustenflüge	144
Das Existenzminimum für Piloten	145
Arbeiten im Auftrag Dritter	145
DC-3-Normalisierung und Verbesserung der Funkausrüstung	145
Die Anbauschlacht	145
Planung für die Zukunft	146
– "Gideon" Fischer zum Flughafenbau	146
– Pillichodys unterirdischer Flugplatz	147
– Louis Clerc contra Edwin Schwarzenbach	147
Verschiedenes	148
– Das Flugzeug Pilatus "Pelikan"	148
– Notlandung Heinigers mit Jagdflugzeug	149
– Minenexplosion mit Christian Schaaf	150
– Motorenprüfstand	151
– Umbau Boeing B-17	152
– Eine "Mosquito" als Kurierflugzeug	154
Die Konferenz von Chicago	155
– Die Hinreise mitten im Krieg	155
– Die Konferenz zur Gründung der ICAO	156
– Die Rückreise	156
Ovomaltine und Jahresabschluss	157
1945: Das letzte Kriegsjahr	159
Kriegsende und Nachkriegsplanung	160
– Pillichody schreibt und schreibt …	160
– Nochmals Utzenstorf vs. Kloten	160
– Zögernde Swissair	160
– Wildes Flugmanöver mit Folgen	161
Die Arbeitsaufträge von Dritten	161
Wiederaufnahme des Luftverkehrs	163
Piloten und Bordfunker	166
– Anton von Tscharner beschwert sich	166
– Walter Borner zögert	166
– Christian Schaaf möchte wieder fliegen	166
– Telegrafie vs. Telefonie	167
– Gründung der Aeropers	167
Verschiedenes	167
– Lumpen im Motorgehäuse	167
– Pilatus SB 2 "Pelikan"	167
– Bericht betreffs B-17	167
– B-17-Probeflug mit Nebelauge	168
– Brand im Zwischenlager	170
– Die Weihnachtsgratifikation	172
Wie weiter?	172
Neue, bereits veraltete Flugzeuge	172
Was letztlich zählt	173

Vorkriegsluftverkehr.
Die seit 1935 zur Flotte der Swissair gehörende Douglas DC-2 HB-ISI im Flug. Dieses Flugzeug wurde am 9. August 1944 bei einem Luftangriff auf den Flughafen Stuttgart zerstört.

Als alles noch ruhig war ...

Die Swissair, 1931 durch die Zusammenlegung der beiden Fluggesellschaften "Ad Astra-Aero A.G." und "Basler Luftverkehrs A.G. Balair" entstanden, war in den Dreissigerjahren ein junges, aufstrebendes Luftfahrtunternehmen. Mit dem erstmaligen Einsatz amerikanischer Schnellflugzeuge in Europa machte die neue Firma kurz nach der Gründung auf sich aufmerksam. 1935 begann die totale Umrüstung der Flugzeugflotte mit dem Ersatz der alten Fokker-Flugzeuge durch moderne Douglas DC-2- und DC-3-Maschinen. Damit verbunden war der Übergang zum Ganzjahresbetrieb, nachdem bis 1935 der regelmässige Linienverkehr im Winter jeweils eingestellt worden war.

Die erfreuliche Entwicklung der Swissair, sowohl bezüglich technischem Fortschritt wie auch Geschäftsgang, erhielt 1937 einen schweren Dämpfer. Die dynamischen, populären, ja sogar berühmten Direktoren Walter Mittelholzer und Balz Zimmermann fanden beide den Tod, Mittelholzer im Frühjahr durch einen Unfall beim Bergsteigen, Zimmermann im Herbst durch Krankheit. Nachfolger berühmter Persönlichkeiten haben es immer schwer, was im Falle des zum kaufmännischen Direktor ernannten Eugen Groh und des neuen technischen Direktors Henry Pillichody in besonderem Masse zutraf. Die Swissair funktionierte zwar nicht schlecht, aber die Dynamik war weg. In der Exekutive fehlten starke Führerpersönlichkeiten. Die Geschäftsführung lag weitgehend beim Verwaltungsratsausschuss, wo, unter der Leitung von Verwaltungsratspräsident Dr. Alphons Ehinger, die beiden langjährigen Pioniere und Förderer der schweizerischen Luftfahrt Oberst Emil Messner und Oberst Erwin Schwarzenbach den Gang der Dinge bestimmten. (Anm.: Vor und während des Krieges war es üblich höhere Miliz-Offiziere auch im Zivilleben mit ihrem militärischen Grad zu bezeichnen.)

Der Luftverkehr in Europa entwickelte sich sehr zufriedenstellend. Natürlich blieben die Kriegsvorbereitungen in Deutschland niemandem verborgen, und es gab Berichte über Verfolgungen, Beschlagnahmung von Vermögen und Verhaftungen; Emigranten waren oft genug

Vorkriegsluftverkehr Flugplatz Dübendorf. Das im Sommer 1932 in Betrieb genommene Verwaltungs- und Abfertigungsgebäude mit Restaurant-Anbau. Links der sogenannte Sportflieger-Hangar. Auf dem Vorplatz Douglas DC-2- und DC-3-Flugzeuge der Swissair.

Vorkriegsluftverkehr. Passagier- und Gepäckabfertigung in Dübendorf.

willkommene Passagiere auf Swissair-Flugzeugen. Im übrigen ging es mit der Wirtschaft endlich wieder aufwärts, was zusammen mit dem regen Diplomatenverkehr zu einer anhaltenden Steigerung von Angebot und Nachfrage im Luftverkehr beitrug. Bei der Swissair erwies sich die dank der neuen Douglas-Flugzeuge möglich gewordene direkte Flugverbindung nach London als Goldgrube. Auch mit Deutschland, wo zur Lufthansa seit jeher enge Beziehungen bestanden, wurden die Verkehrsverbindungen intensiviert. Es gab viele Sonderflüge, wie Gold-, Kranken- oder spezielle Frachttransporte. Der Personalbestand wurde in allen Bereichen sukzessive vergrössert. In Dübendorf, dem Heimatflughafen der Swissair, herrschte reger Flugbetrieb, mit Interesse verfolgt von oft zahlreichen Zuschauern. Der Geschäftsgang war erfreulich, und man hätte eigentlich rundum zufrieden sein können, wenn nur nicht dieses unheimliche Gefühl einer immer näher rückenden, unaufhaltbaren Katastrophe gewesen wäre ...

Die Zeit vor dem Krieg

Ein friedliches Bild: Douglas DC-2 der Swissair Ende der Dreissigerjahre auf dem Flugplatz Stuttgart-Böblingen. Böblingen war von 1925 bis 1939 Zivilflugplatz von Stuttgart, dann wurde der ganz in der Nähe gelegene, neu errichtete Flughafen Stuttgart-Echterdingen in Betrieb genommen.

Diese Aufnahme aus der Vorkriegszeit zeigt Henri Fierz (1897–1972), Leiter des technischen Dienstes der Swissair von 1934 bis 1941, mit "seinem" Motorroller, den die Firma Douglas der Swissair anlässlich der Ablieferung eines der ersten Douglas-Flugzeuge geschenkt hatte. Henri Fierz hat vor seiner Tätigkeit bei der Swissair bei Alfred Comte in Oberrieden die bekannten AC-Flugzeuge konstruiert. 1941 ging er als Chefkonstrukteur nach Stans zu den neugegründeten Pilatuswerken. Auf dem Foto neben Fierz steht Ferdi Keller (1902–1965), langjähriger technischer Chef Flugbetrieb der Swissair.

Vorkriegsluftverkehr. Pilot Anton von Tscharner, Stewardess Doris Hamm und Bordfunker Paul Auberson (v. l. n. r.) vor einem Flug von Zürich nach Wien mit einer Douglas DC-2 der Swissair.

Vorkriegsluftverkehr. Bordfunker Paul Auberson zeigt einigen Jugendlichen eine der vier neuen Douglas DC-3 der Swissair, die HB-IRA. Die Aufschrift "Fokker" zwischen Swissair- und Douglas-Signet weist darauf hin, dass die Firma Fokker-Flugzeugwerke in Amsterdam die europäische Generalvertretung für die in Kalifornien ansässige Firma Douglas Aircraft Co. Inc. innehatte.

Die Zeit vor dem Krieg

Vorkriegsluftverkehr Flugplatz Dübendorf. Im Vordergrund die Ju-86 B-1 HB-IXE der Swissair, ausgerüstet mit Jumo-Dieselmotoren. Im Winter 1938/39 wurde dieses Flugzeug auf BMW-Benzin-Sternmotoren umgerüstet und kam mit der neuen Immatrikulation HB-IXA zurück zum Streckeneinsatz. Dahinter die DC-2 HB-ISI. Die Hangars und Hallen im Hintergrund sind Militärgebäude. Dübendorf war sowohl Hauptstützpunkt der Fliegertruppen wie auch Zivilflugplatz und als solcher Heimatflughafen der Swissair. Beim gemeinsamen Flugdienst führte dies oft zu Reibereien. Die auf dem Bild zu sehende Hartbelagpiste war nur wenige hundert Meter lang und wurde lediglich für den Start von Verkehrsflugzeugen bei Startrichtung Ost verwendet. Gelandet wurde ausschliesslich auf Gras.

SCHWEIZERISCHE EIDGENOSSENSCHAFT

Luftschutz Merkblatt

Auszug aus den amtlichen Vorschriften

Vorbereitung im Frieden

1. **Verdunkelung.** Alle Einrichtungen jederzeit zu sofortiger Anbringung bereithalten.
2. **Entrümpelung.** In den Dachräumen kein leicht brennbares Material aufbewahren; übrigbleibende Gegenstände geordnet aufstellen, aber Winkel und Dachschrägen stets freihalten.
3. **Hausfeuerwehren** sind für die luftschutzpflichtigen Ortschaften vorgeschrieben. Sie bestehen aus Luftschutzwart und mindestens 2 weitern Personen. Bereitstellen:
    Persönliche Ausrüstung: derbe hohe Schuhe (auch Holzschuhe), feste Handschuhe, Kopfbedeckung aus Filz, Schutzbrille (Schnee-, Schweissbrille); gebrauchte Gegenstände sind verwendbar. Gasmaske, mindestens für Luftschutzwart.
    Brandbekämpfung: Sand in Kisten oder Säcken (für mittelgrosse Wohnhäuser 50 kg), Eimer für Sand und Behälter für Wasser (vorhandene Zuber, Fässer usw.), Wurfschaufel, Axt, Löschbesen (mit grobem Sacktuch fest umwickelt zum Abtupfen von Glutstellen). Besonders geeignet sind Eimerspritzen zur Bekämpfung von Brandausbrüchen.
4. **Schutzraum.** Im Keller Vorbereitung eines Raumes möglichst ohne Rohrleitungen, der auch ohne Verstärkung gegen Luftdruck, Splitter und Trümmerteile Schutz bieten kann. Eingang so vorsehen, dass Sprengstücke nicht direkt eindringen (abgewinkelter Weg); Notausstieg einrichten, vom Hauseingang entfernt, auf einer andern Hausseite.

Gegen **Sprengwirkungen: Sandsäcke** bereithalten oder Erdaufschüttung vor Fenstern und andern Oeffnungen.

Beispiel: Fenster von 40:80 cm, 10 cm über Boden; seitlich und oben um 30 cm über Fensterrand hinaus zu schützen; somit Höhe 10 + 40 + 30 = 80 cm, Breite 30 + 80 + 30 = 1 m 40, Tiefe mindestens 70 cm. Erfordert demnach 20 Sandsäcke von 70 : 35 cm bei 16 cm Dicke; Inhalt total $\frac{1}{2}$ m³ Sand.

Gegen **Gasgefahr:** Oeffnungen abdichten. Behelfsmässige Mittel bereitstellen, z. B. ölgetränkte Tücher zum Ueberziehen der Fenster, Gummi und anderes elastisches Material zum Einpressen in Fugen, Streifen zum Verkleben von Ritzen. Vor dem Eingang des Schutzraumes mehrere Türen oder dichte Vorhänge mit Zwischenräumen, als Gasschleusen wirkend.

5. **Ausrüstung des Schutzraumes** überlegen und bereithalten, namentlich:
    Stühle oder Bänke, Tische, Lagerstätten;
    Wolldecken, Kissen;
    Notproviant, Trinkwasser;
    Notbeleuchtung (elektrische Taschenlampen);
    Notabort;
    Luftschutzapotheke oder mindestens Verbandmaterial;
    Werkzeuge, wie Axt, Brecheisen, Pickel, Säge.

Bei Kriegsgefahr

6. **Verdunkelung.** Anbringen aller Vorrichtungen, Entfernen entbehrlicher Lampen, namentlich jeder Aussenbeleuchtung.
7. **Entrümpelung** vervollständigen, Dachräume möglichst ganz entleeren.
8. **Brandbekämpfung.** Bereitstellung des Materials und der Geräte, am besten direkt beim Zugang der Dachräume.
9. **Schutzraum** bezugsbereit machen; Sandsäcke vor den Fenstern aufschichten oder Erde aufschütten; Abdichtungen gegen Gas anbringen.
10. **Wasservorräte** bereitstellen, zu Trink- und Löschzwecken.
11. Wo Hausfeuerwehren bestehen, überprüft der **Luftschutzwart** die Massnahmen und erteilt Weisungen.

Nähere Angaben: „Instruktion für den passiven Luftschutz der Zivilbevölkerung", zu 60 Rp. bei jeder Buchhandlung oder beim Drucksachenbureau der Schweiz. Bundeskanzlei in Bern erhältlich.

 Dieses Merkblatt ist an **gut sichtbarer Stelle** anzubringen und sorgfältig zu bewahren.

Verhalten bei Fliegergefahr, siehe Rückseite!

SCHWEIZERISCHE EIDGENOSSENSCHAFT

Luftschutz Merkblatt

Auszug aus den amtlichen Vorschriften

Verhalten bei Fliegergefahr

Fliegeralarm.

12. Der Anflug feindlicher Flugzeuge wird angekündigt durch das Zeichen „**Fliegeralarm**": an- und abschwellender Sirenenton von **3 Minuten**. Ersatzmittel geben das Alarmzeichen so, dass ihr Ton mit kurzem Unterbruch erschallt.
13. Sobald „Fliegeralarm" ertönt, **rasch, aber besonnen**
    Kontrollieren, ob alle Hausbewohner den Alarm hören;
    Fensterläden und Türen schliessen;
    offene Feuerstellen löschen;
    Gashahnen schliessen (zuerst am Apparat, sodann am Gasmesser und **zuletzt Haupthahn**);
    elektrische Apparate abstellen.
    Der Haupthahn für Wasser bleibt offen.
14. Die **Hausinsassen**, soweit sie nicht zur Hausfeuerwehr gehören, begeben sich in den vorbereiteten **Schutzraum**. Gebrechlichen helfen!
15. Die **Hausfeuerwehr** besammelt sich bei „Fliegeralarm" an den zum voraus bestimmten Orten. Der **Luftschutzwart** kontrolliert, ob die in Ziff. 13 vorgeschriebenen Massnahmen getroffen sind.
16. Wer beim Fliegeralarm **auf der Strasse** ist, hat sie sofort zu verlassen und sich in Schutzräume oder sonst an geeignete Orte im Innern von Häusern (Keller) zu begeben.
    Wo dies nicht möglich ist, wird Schutz gesucht in Haustürnischen, Mauerwinkeln, Durchgängen und Unterführungen.

Während des Angriffes.

17. Im Schutzraum:
    ruhig sitzen oder liegen!
    nicht rauchen!
    keine Kerzen oder Petrollampen dauernd brennen lassen! Elektrisches Licht zulässig.
18. Der **Luftschutzwart** und die **Brandwachposten** beobachten die Vorgänge im Haus und der nächsten Umgebung.
    Sie sorgen namentlich dafür, dass **Brände im Entstehen** entdeckt und gelöscht werden.
    Wenn dringend nötig, sind benachbarte Hausfeuerwehren oder die Luftschutzfeuerwehr anzufordern.
19. Wer **im Freien** überrascht wird, sucht Schutz im Gelände (vgl. Ziff. 16).
    Bei **Gasgefahr:** Gasmaske anziehen! Wenn keine vorhanden: feuchtes Tuch vor Mund und Nase, ohne Hast gegen den Wind weggehen, Bodenvertiefungen meiden.

Endalarm.

20. Ist die Fliegergefahr vorüber, so wird das Zeichen „**Endalarm**" gegeben: einheitlicher hoher Sirenenton von 3 Minuten. Bei Ersatzmitteln: ununterbrochenes gleichmässiges Ertönen.
21. **Vor dem deutlich festgestellten Zeichen „Endalarm"** darf niemand den Schutzraum verlassen.
22. Bei „Endalarm" überzeugt sich der **Luftschutzwart**, dass Haus und Umgebung in Ordnung sind.
    Bestehen keine Bedenken, so ordnet der Luftschutzwart an, dass der Schutzraum verlassen werden darf.
    Elektrische Apparate können wieder eingeschaltet werden. **Gas: zuerst Haupthahn**, sodann Hahn beim Gasmesser auf; Zündflammen automatischer Apparate anzünden, bei Bedarf Hahn des Apparates auf.
23. Unmittelbar nachher ist für einen neuen Fliegeralarm alles wieder instandzustellen. Schutzraum lüften.
    Es muss damit gerechnet werden, dass die Angriffe sich in kurzen Abständen wiederholen.

Eidgenössisches Militärdepartement
Abteilung für passiven Luftschutz

September 1938.

Vorbereitung, siehe Vorderseite!

1939
Das erste Kriegsjahr

1939

Im März:
Besetzung der Tschechoslowakei durch deutsche Truppen.

24. August:
Deutsch-sowjetischer Nichtangriffspakt.

31. August/1. September:
Deutscher Einmarsch in Polen.

3. September:
Kriegserklärungen Frankreichs und Grossbritanniens an Deutschland.

30. November:
Sowjetischer Überfall auf Finnland.

Unfall DC-2 HB-ITA bei Paris

Für die Swissair stand das Jahr des Kriegsbeginns unter keinem guten Stern. Es begann so unglücklich wie nur möglich mit dem Absturz der DC-2 HB-ITA beim Anflug auf Paris am 7. Januar 1939. Pilot Egon Frei, Bordfunker Kurt Walter, Stewardess Josy Brooke sowie zwei Passagiere wurden getötet; weitere zwölf Passagiere erlitten leichte Verletzungen. Dem Unfallbericht entnehmen wir die folgenden Passagen (Originaltext französisch):

"Der Flug war bis fast zuletzt in jeder Hinsicht normal; Höhe ungefähr 1'500 m mit Bodensicht. Über Coulommiers musste die Maschine 28 Minuten warten bis zum Anflug, weil Le Bourget QBI (d. h. Instrumentenflugbedingungen) hatte und andere Flugzeuge (zwei während dieser Wartezeit) vorher landen mussten. Die Warteschlaufen wurden mit Bodensicht in 400 m über Boden geflogen. Nach Erhalt der Bewilligung – um 15.44 WEZ – sich auf die Anflugachse zu begeben, unternahm die HB-ITA mit Hilfe kontinuierlicher Funk-Peilungen die notwendigen Richtungsänderungen und befand sich um 16.12 auf der Anflugachse, mit praktisch konstantem Kurs. Jetzt flog das Flugzeug tief; die Bodensicht ging hin und wieder verloren, und die Vertikalsicht war besser als die Horizontalsicht. ... Um 16.15 WEZ kam die Maschine genau vor einem Hügel (nahe bei La Chapelle en Serval, Höhe 146 m, d.h. 102 m höher als Le Bourget) aus einer Nebelbank, wie es scheint einige Meter unter der Höhe der vorausliegenden Hindernisse. Der Pilot gab Gas, gewann Höhe und scheint gleichzeitig eine Rechtskurve eingeleitet zu haben, um dem nächstgelegenen Hindernis auszuweichen. ... Im Moment, als das Hindernis auftauchte, war die Geschwindigkeit des Flugzeuges zu niedrig um ein rasches Wegsteigen zu ermöglichen, besonders wenn dieses mit einer Rechtskurve verbunden war. Das Flugzeug schwankte zuerst um seine Längsachse, berührte mit dem rechten Flügel den Boden, zuerst mit kurzen, dann mit längeren Kontakten, und schlug schliesslich ... mit der Unterseite des Rumpfvorderteils am Boden auf. Der vordere Teil des Rumpfes und die Pilotenkabine wurden zerstört, was die Passagierkabine vorne öffnete. Der Riss, den diese auch an der vorderen rechten Seite aufweist, muss im gleichen Moment entstanden sein. ... Der Aufprall zerstörte das Flugzeug. Die Besatzung und ein Passagier wurden getötet. Die anderen Passagiere und die Stewardess wurden teils aus dem Flugzeug katapultiert, teils mit ihren Sitzen nach vorne geschleudert, wo sie sich durch die erwähnten Öffnungen selbst entfernen konnten. Die Stewardess und eine Passagierin starben etwas später."

Fazit: Ein Schlechtwetteranflug, bei welchem, warum auch immer, zu früh abgesunken wurde. In einem Brief an Oberst Isler, Direktor des Eidg. Luftamtes, schreibt

Unfall der Swissair DC-2 HB-ITA bei Paris am 7. Januar 1939. Das Flugzeug kollidierte beim Anflug auf den Flugplatz Le Bourget mit einem Hügel, wobei der Rumpfvorderteil vollständig zertrümmert wurde. Die dreiköpfige Besatzung (Pilot Egon Frei, Funker Kurt Walter, Stewardess Josy Brooke) und zwei Passagiere wurden getötet, zwölf Passagiere konnten das Flugzeug durch den aufgerissenen Rumpf mit lediglich leichten Verletzungen verlassen.

der technische Direktor der Swissair, Henry Pillichody, am 30. Januar 1939 unter anderem:
"Spontan auftretende Bodensicht während des Anfluges erachte ich für junge Besatzungen als sehr gefährlich. Man hat diese Gefahr bis heute unterschätzt und deshalb nicht dagegen gekämpft. Heute ist es bereits so, dass man ruhig behaupten darf, dass die gewesene Gefahr nur noch in einem kleinen Prozentsatz gegenüber der Zeit vor dem Unfall HB-ITA besteht, weil sie erkannt wurde."

Speziell interessant ist der Hinweis auf die "junge Besatzung". Der Pilot, Egon Frei, war immerhin seit einem halben Jahr als selbständiger Kommandant im Streckendienst und hatte dabei besonders auch die Strecke nach Paris des öftern geflogen. Anders war die Situation für den als Bordfunker mitfliegenden Pilotenaspiranten Kurt Walter: Dass er als selbständiger Bordfunker arbeitete, war nicht ganz lupenrein. Für ihn war dieser Flug nämlich als letzter Kontrollflug geplant gewesen. Erst nach erfolgreicher Durchführung hätte er allein auf Strecke gehen dürfen. Eine Einsatzänderung kurz vor dem Start führte jedoch zum Entschluss, den als Kontrolleur vorgesehenen routinierten Bordfunker auf eine andere Strecke zu schicken. Dieser Umstand wird in den Untersuchungsakten nicht erwähnt.

Egon Frei, geb.1910, der Pilot der Unglücksmaschine, stand seit einem halben Jahr im selbständigen Streckeneinsatz. Er war diplomierter Maschinentechniker und Pilot-Oberleutnant der Fliegerkompanie 11.

Kurt Walter, geb.1913, Pilotenaspirant, war auf der abgestürzten HB-ITA als Bordfunker im Einsatz. Eine unvorhergesehene Einsatzänderung hatte dazu geführt, dass er ohne die geplante Aufsicht durch einen älteren Bordfunker auf die Strecke gehen musste. Im Militär war Walter Pilot-Oberleutnant der Fliegerkompanie 19.

Josy Brooke, geb. 1916, war nach Nelly Diener (Unfall Curtiss-Condor CH-170, 1934) die zweite Stewardess der Swissair, die bei einem Flugzeugabsturz ihr Leben verlor. Die bildhübsche junge Frau war Amerikanerin und wohnte in Genf. Hitler-Deutschland war ihr unsympathisch, und so versuchte sie Flüge nach Berlin möglichst zu meiden. Deshalb, und weil sie an diesem 7. Januar abends gerne in Genf gewesen wäre, tauschte sie ihren Berlin-Einsatz gegen den verhängnisvollen Zürich–Paris(–Genf)-Flug ihrer Kollegin Erica Meuli.

1939: Das erste Kriegsjahr

Junkers Ju-86 Z-11, die ehemalige HB-IXE, kam im Januar 1939 ausgerüstet mit neuen BMW Benzin-Sternmotoren als HB-IXA zurück zur Swissair. Die Ju-86 wurde 1936 aus dem Erlös von vier nach Italien verkauften Fokker-Flugzeugen als "kleinere zweimotorige Maschine für die Nachtpost" angeschafft, gelangte jedoch regelmässig auch im Passagierflugdienst (10 Plätze) zum Einsatz. Das Flugzeug war als Bomber konzipiert und deshalb stärker gebaut als normale Verkehrsflugzeuge. Auf einem Streckenflug ohne Passagiere im Mai 1939 "bewies" Pilot Anton von Tscharner die Akrobatiktauglichkeit der Maschine, indem er mehr oder weniger geglückte Loopings und Rollen flog.

Schwierige Landung und Ju-86-Akrobatik

Glück hatte im gleichen Monat die Besatzung einer anderen DC-2, die auf einem Nachtpostflug von Amsterdam nach Dübendorf von starker Vereisung heimgesucht wurde. Um mit Sicht landen zu können, musste die linke Windschutzscheibe eingeschlagen werden (Pilot von Tscharner, Bordfunker Wegmann). Ebenfalls noch im Januar kam das in Dessau von Rohölmotoren auf Benzinmotoren umgerüstete Junkers-Flugzeug Ju-86 wieder zur Swissair zurück, und zwar mit der neuen Immatrikulation HB-IXA (vorher HB-IXE). Auf einem Flug von Wien nach Zürich ohne Passagiere hat Pilot Anton von Tscharner, mit Jules Gloor als Bordfunker, die Akrobatiktauglichkeit der Ju-86 "getestet". Was jahrelang lediglich als Gerücht herumgeboten wurde, erzählte von Tscharner fünfzig Jahre später wie folgt: *"Zuerst flog ich ein oder zwei Loopings, das war einfacher als Rollen. Bei der ersten Rolle habe ich zuwenig aufgezogen und musste auf dem Rücken etwas nachdrücken, was u.a. bewirkte, dass in der Toilette das Wasser ausfloss, was vom technischen Wartungspersonal gar nicht geschätzt worden ist."*

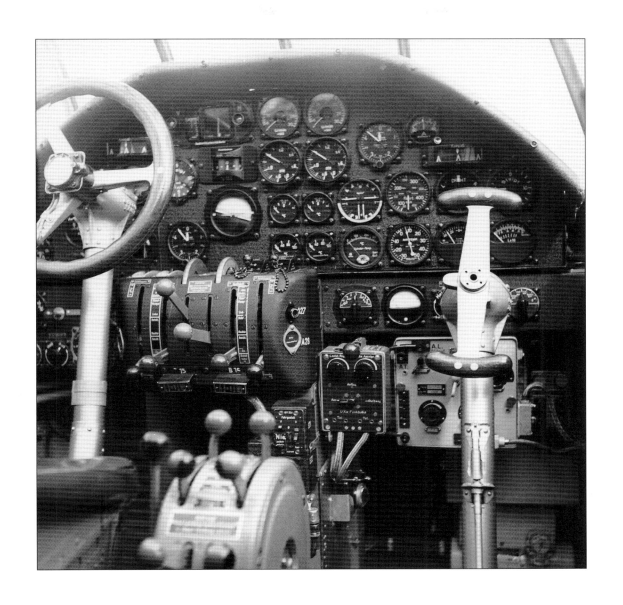

Der gut instrumentierte Führerstand der Ju-86. Links die Steuersäule des Piloten mit einem richtigen Steuerrad, rechts das "Hilfssteuer" des Bordfunkers bzw. Copiloten. Links oberhalb der Bildmitte die diversen Hebel zur Regelung der Brennstoffzufuhr für jeden Motor: Brandhahn und Tankschalter (linker/rechter Behälter, Handpumpe); unten die Gashebel zum Setzen der Motorleistung sowie weitere Bedienungshebel für die Gemischeinstellung und die Propellerverstellung.

Cockpit einer Douglas DC-3, mit den Steuersäulen für den Piloten, links, und den Copiloten bzw. Bordfunker rechts. Unter dem Instrumentenbrett sind die Seitensteuerpedale zu erkennen, mit welchen auch die Radbremsen betätigt wurden. In der Mitte die Konsole mit den verschiedenen Hebeln für die Motorbedienung (Gas, Mixer, Vergaservorwärmung, Propellerverstellung). Zu erkennen sind auch die Benzintankschalter und die beiden Kurbeln für die Trimmung von Seitensteuer und Verwindung. Am Instrumentenbrett links vor allem Anzeigen für die Flugüberwachung und – ganz unten – die Bedienungsknöpfe für den Autopiloten. In der Mitte weitere durch luftgetriebene Kreisel stabilisierte Blindflug-Instrumente. Rechts vor allem Instrumente für die Überwachung der beiden Motoren.

Sonderflüge

1939 war für die Besatzungen ein sehr anstrengendes Jahr. Bis zur kriegsbedingten Einstellung des Flugbetriebes, Ende August, lag die durchschnittliche, damals in Kilometern ausgedrückte Flugleistung der Piloten um 140'000 (ca. 700 reine Flugstunden) und der Bordfunker um 175'000 (ca. 875 Stunden). Es wurden zahlreiche Sonderflüge durchgeführt. So gab es z. B. Goldtransporte nach London, einen Krankentransport von Locarno nach Stockholm (Flugkapitän Zimmermann am 21.5.39; der Nonstop-Rückflug Stockholm–Dübendorf wurde in der Presse speziell erwähnt), einen Presseflug, einen "Regierungsflug Kanton Zürich", einen Flug nach Rom "Auftrag italienische Regierung" und den dreiteiligen Europarundflug 1939 aus Anlass der Eröffnung der Schweizerischen Landesausstellung am 6. Mai 1939 in Zürich.

Im Hinblick auf "Landi"-Rundflüge wurde die Fokker F-VIIa HB-LBO umgebaut, so dass sie zehn anstatt wie bisher acht Passagiere aufnehmen konnte; auch wurde das fliegende Personal vollständig neu uniformiert. "Der schönste Tag meines Lebens", ein Swissair-Propagandafilm, mit Paul Hubschmid als "Flugkapitän", wurde uraufgeführt, und zudem erschien eine historische Propaganda-Broschüre "20 Jahre Schweiz. Luftverkehr" von Dr. W. Dollfuss.

Fokker F-VII-a HB-LBO. Dieses 1927 durch die Balair angeschaffte Flugzeug wurde bei der Swissair ab 1939 für Rund- und Keuchhustenflüge sowie Pilotenausbildung eingesetzt. Es trug bis 1934 die Immatrikulation CH-157. Rechts dahinter die Swissair-DC-2 HB-ITE.

Europarundflug Süd und Spionageaffäre

Für den Europarundflug, mit den Routen Süd, Nord und West, kam ausschliesslich die DC-3 HB-IRA zum Einsatz. Die Südroute führte vom 29.4. bis zum 6.5.1939 von Zürich nach Rom, Athen, Kairo, Athen, Sofia, Bukarest, Belgrad, Budapest und wieder zurück nach Zürich. Pilot war Flugkapitän Franz Zimmermann, Delegationsleiter Stadtrat Stirnemann von Zürich und Flugleiter Swissair-Direktor Henry Pillichody. Die Rückkehr des Propagandafluges nach Dübendorf war auf die Zeit der Eröffnung der Landesausstellung geplant. Zur Ankunftszeit befanden sich aber mehrere Militärflugstaffeln über dem Flugplatz. Zimmermann musste über eine Stunde warten, machte noch einen Alpenflug und *"überflog mehrmals in geringer Höhe das Ausstellungsgelände"*, wie in der Presse berichtet wurde. Laut NZZ fand der Flug *"im Festtrubel der Eröffnungsfeier nicht die verdiente Beachtung"*. Er endete jedoch mit einem Paukenschlag, indem sofort nach der Landung der Cheffunker der Swissair, Christian Schaaf, durch die Bundespolizei wegen Spionageverdachtes verhaftet wurde. Auf diese Affäre soll hier etwas näher eingegangen werden:

29. April 1939: Vor dem Start zum Europarundflug Süd, dem ersten von drei Sonderflügen aus Anlass der Schweizerischen Landesausstellung in Zürich.
V.l.n.r.: Flugkapitän Zimmermann, Direktor Bittel, Schweizerische Verkehrszentrale, Dr. Ehinger, Verwaltungsratspräsident der Swissair, und der Zürcher Stadtrat Stirnemann, der hier die Einladungen verdankt.

1939: Das erste Kriegsjahr

Die Reisegesellschaft des "Europarundflug Süd" mit Minister Rüegger von der Schweizer Gesandtschaft in Rom (rechts der Bildmitte mit dunklem Anzug, gekreuzte Hände).

Europarundflug Süd, 29.4. bis 6.5.1939. Bei der Ankunft in Rom wird der Verwaltungsratspräsident der Swissair, Dr. Ehinger, durch Direktor Klinger von der ALA LITTORIA willkommen geheissen.

In der Tagespresse erschien am 29. Mai 1939 die folgende Notiz:
"*Ein Spitzelprozess. Bern. ag. Die Bundesanwaltschaft teilt mit: In einem Ermittlungsverfahren wegen Verdachts der Widerhandlung gegen das Spitzelgesetz hat die Bundesanwaltschaft vor einigen Tagen in Dübendorf einen Funker des Zivilflugdienstes und seine Ehefrau vorübergehend festgenommen. Die Angelegenheit ist zur weiteren Abklärung den zürcherischen Strafbehörden überwiesen worden.*"

Im damaligen Boulevardpresse-Jargon wurde der Fall Schaaf unter dem Titel "Der vorlaute Bordfunker" wie folgt bekanntgegeben: "*Durch die Tagespresse ging unlängst die Meldung, dass ein Bordfunker der Swissair wegen Spionageverdachtes verhaftet und wieder freigelassen worden sei. Auch die Frau Gemahlin, eine Ausländerin, genoss die liebevolle Aufmerksamkeit der Bupo. Wie wir orientiert sind, handelt es sich nicht um Spionage zu Gunsten einer fremden Macht, sondern lediglich um blödsinnige Aufschneiderei des Ehepaares, das in abendlichen Gesellschaften beim süssen Weine etwas gerne "blagierte" und Dinge erzählte, die in Wirklichkeit gar nicht bestanden. Zudem sind die Angestellten der Swissair nicht in die Geheimnisse der schweizerischen Militäraviatik eingeweiht. Der Funker und seine Gemahlin kamen diesmal mit dem Schrecken davon, werden sich aber in Zukunft hüten, allzu grosse Worte zu machen. Es ist einfach schüli – aber beim Wein, beim Wein ...*"

Offenbar wurde das Ehepaar Schaaf bald wieder auf freien Fuss gesetzt, blieb aber unter Anklage. Der Swissair kam der Ausfall ihres Cheffunkers, vor allem der herrschenden Personalknappheit wegen, sehr ungelegen. Die sofort eingeleiteten Bemühungen, ihn im Flugdienst wieder einsetzen zu können, blieben vorerst ohne Erfolg. In einem Brief der Swissair an Schaaf vom 13. Mai 1939 wurde diesem u.a. mitgeteilt:
"*Wir haben Ihre Erklärungen angehört und zweifeln nicht daran, dass Sie die Ihnen durch die eingeleitete Untersuchung zur Last gelegten Verfehlungen nicht in verbrecherischer Absicht begangen haben. Dessen ungeachtet müssen wir Ihre Handlungen scharf verurteilen, weil Sie ohne Kenntnis und Wissen unserer Direktion an dritte Ihnen unbekannte Stellen Auskunft erteilten.
Wie wir Ihnen bereits mündlich bekanntgaben, verlangt das Eidg. Luftamt in Bern auf Grund der derzeitigen*

Sachlage, dass Sie bis auf weiteres Ihre bisherige Tätigkeit als Chef- bzw. Bordfunker bei uns weder aufnehmen noch im Navigationsbureau auf dem Flugplatz tätig sein dürfen. Alle in Ihren Aufgabenkreis als Cheffunker fallenden Arbeiten haben Sie vorderhand in Ihrer Wohnung zu erledigen. Damit die zurzeit noch pendente Untersuchung in keiner Weise beeinflusst wird, ersuchen wir Sie, sich bis auf weiteres auf dem Flugplatz <u>nicht</u> zu zeigen."

Bereits Ende Mai wurde es der Swissair gestattet, ihren Cheffunker wieder fliegen zu lassen, jedoch nur auf der Strecke Zürich–London und nicht nach den von der "Spionage" betroffenen Ländern Deutschland und Frankreich. Gegen diese Einschränkung hat sich Schaaf in der Folge heftig zur Wehr gesetzt – es ging ihm um die vollständige Rehabilitation – und sich zur Unterstützung an ein "Advocatur-Bureau" gewandt. Durch den Kriegsausbruch wurde die Erledigung nochmals verzögert, und das Verfahren scheint schliesslich eingestellt worden zu sein.

Um was es sich eigentlich gehandelt hat, erfährt man andeutungsweise aus einer Aktennotiz *"betr. vertraulichem Besuch des Adjutanten von Herrn Oberstdivisionär Bandi"* (Waffenchef und Kommandant der Flieger- und Fliegerabwehrtruppen) bei Direktor Groh. Der Herr Adjutant kam zum Schluss, *"dass er aus den deponierten Aussagen Schaaf's keine militärischen Geheimnisse ersehen kann und dass auch keine Verletzung irgendwelcher für die Schweiz wichtiger Geheimnisse vorliege. Er vertritt die Ansicht, dass die Verhandlungen, die Schaaf mit den Vertretern des IIème Bureau im Elsass pflegte, nur eine Materie behandelten, die internat. bekannt und angewandt wird."* Anfang September bestätigte Oberstdivisionär Bandi dem von Schaaf beauftragten Advokaten, *"dass ... meines Erachtens von Herrn Schaaf keine Aeusserungen oder Angaben über das Funkwesen gemacht worden seien, die als eine Verletzung militärischer Geheimnisse bezeichnet werden könnten. Die von ihm gemachten Feststellungen sind jedermann zugänglich, der sich mit Funkerei befasst."* Dass die ganze Sache dennoch nicht ganz so harmlos gewesen sein kann, geht aus einem Schreiben an Schaaf vom 18. November 1939 hervor, worin festgestellt wird, dass *"der effektiv angeschuldigte und eigentliche Urheber des Falles, Herr Hartmann, fehlt und eine direkte Anklage gegen diesen Herrn infolge seines Verschwindens dahinfällt"*.

Cheffunker Christian Schaaf (1901–1954) wurde bei der Rückkehr vom Europarundflug Süd am 6. Mai 1939 wegen Spionageverdachts verhaftet.

1939: Das erste Kriegsjahr

Flugleiter Hans Hartmann (1891-?), hier im Gespräch mit den beiden Swissair-Piloten Heitmanek und Gerber. Im Mai 1939 entzog sich Hartmann einer Verhaftung wegen Spionageverdachts durch Flucht nach Frankreich.

Die Besatzung des Europarundfluges Nord, v.l.n.r.: Walter Friedli, Mechaniker; Ernst Nyffenegger, Flugkapitän; Erica Meuli, Stewardess; Werner Wegmann, Bordfunker.

Wer war denn dieser "Herr Hartmann", der wohl kaum nur wegen des Verdachts auf Weitergabe einer allgemein bekannten Funkfrequenzliste das Weite gesucht hatte? Eine Kurzbeschreibung findet man im Band 2 der "Geschichte der Schweizerischen Luftfahrt" von Erich Tilgenkamp auf Seite 392 (Linienpiloten):
"Hartmann, Hans, Flugleiter und Reservepilot. Geb. Lenzburg 1891, z. Zt. unbekannt. Ad Astra 1925/1930, Swissair 1931/1936. Afrikaflug 1926/27. Ca 200'000 Flugkilometer."
In Mittelholzers "Afrikaflug" steht über Hartmann zu lesen:
"Als Expeditionsmechaniker suchte ich mir unter Dutzenden, die sich dafür gemeldet hatten, den Chefmechaniker der schweizerischen Luftverkehrsgesellschaft Ad Astra, diplomierten Techniker Hans Hartmann, aus, von dem ich wusste, dass er über eine robuste Gesundheit verfügte. Ein Hauptargument für die Wahl Hartmanns bestand zudem darin, dass er als ehemaliger Militärflieger fähig war, noch als Hilfspilot zu amten."

Die Sympathien von Hartmann waren eindeutig bei Frankreich. Wenn er als Flugleiter einer Lufthansa-Maschine das O.K. gab, soll er immer in voller Lautstärke "Vive la France" gerufen haben. Bei der Spionageaffäre, in welche Cheffunker Schaaf verwickelt war, scheint er die Hauptrolle gespielt zu haben. Der Verhaftung durch die Bundespolizei entzog er sich durch Flucht. Er bestieg in Zürich einen Zug Richtung Genf, verliess diesen aber in Lenzburg (sein Bruder war Direktor der dort domizilierten Hero), worauf sich seine Spur verlor. Mit grösster Wahrscheinlichkeit begab er sich nach Frankreich. Ein ehemaliger Arbeitskollege will ihn nach dem Krieg als Schiffsmechaniker auf dem Lac d'Annecy gesehen haben. Gemäss Frau Schaaf ist er anfangs der Fünfzigerjahre gestorben.

Europarundflug Nord und West

Der zweite Flug führte vom 15.5. bis zum 21.5.1939 über die Nordroute, von Zürich über Warschau, Kaunas, Riga, Tallinn, Helsinki, Stockholm, Oslo, Kopenhagen, Berlin und zurück nach Zürich. Dabei wurde die Rekordmenge von 46'319 Briefsendungen transportiert, was à Fr. 1.20 der Swissair die beträchtliche Summe von Fr. 55'582.80 einbrachte. Pilot war Flugkapitän Nyffenegger, Chefpilot der Swissair, gemäss NZZ assistiert von Oberfunker Wegmann, Chefmechaniker Friedli und Stewardess Frl. Meuli. Weiter waren mit von der Partie der Zürcher Regierungsrat und spätere Bundesrat Streuli als Delegationsleiter, Direktor Bittel von der Schweizerischen Verkehrszentrale und Swissair-Direktor Eugen Groh. Auch hier *"grüsste die Delegation im Tiefflug durch zwei Ehrenrunden die Landesausstellung"*, vor der abschliessenden Landung in Dübendorf.

Hiezu noch folgender Bericht eines Augenzeugen: *"Bei der Rückkehr vom Europarundflug nach Dübendorf kam die DC-3 im Tiefflug angebraust und machte einen Messerflug um den halben Flugplatz. Nach der Landung rollte das Flugzeug vor das Flughafengebäude, und als die Motoren abgestellt waren, wurde die Treppe vor die Kabinentüre geschoben. Als erster erschien ein Regierungsvertreter in der Türe und wollte das Publikum begrüssen. Aber der rasante Anflug war für seinen Magen doch etwas zuviel gewesen, denn plötzlich drehte er sich um und ergab sich in seinen Zylinderhut."*

Täglich wurde in der Presse über diese Flüge berichtet, wer wo welche Rede gehalten und was für Geschenke überreicht habe. So auch beim dritten Flug auf der Westroute, mit Abflug in Dübendorf am 22.5. und Rückkehr am 28.5.1939. Vorgesehen waren Landungen in Rotterdam, Brüssel, Antwerpen, London, Paris und Barcelona. Diesmal sass Flugkapitän Alfred Künzle am Steuer, zusammen mit Bordfunker Auberson. Als Stewardess war Doris Hamm an Bord, die später als erste Stewardess der Swissair einen Swissairpiloten, Hans Kuhn, heiratete. In Rotterdam überreichte der Delegationsführer, Regierungsratspräsident Dr. Briner, das Zürcher Stadtbuch, dann gab es einen Empfang im Haag. Anderntags stiess auch Zürichs Stadtpräsident Dr. Klöti, der an der Landesausstellung noch eine Rede hatte halten müssen, zur Westflug-Gesellschaft. Anlässlich der Hafenrundfahrt in Antwerpen, am 24. Mai 1939, war er von den vielen Ladekranen sehr beeindruckt und wollte dies in seiner Tischrede im Hotel Century zum Ausdruck bringen. Gänzlich unerwartet erntete er einen stürmischen Heiterkeitserfolg, als er erklärte, *"nous avons été très impressionnés avec tous les grues sur les quais"*, weil *"grue"* nicht nur *"Hebekran"*, sondern auch Dirne bedeutet. In der Antwort hiess es dann *"... le maire de Zurich qui a fait de l'esprit sans se rendre compte"*.

Stewardess Doris Hamm mit einem sogenannten Gepäck- oder Luft-Boy der Swissair vor der Türe einer DC-2.

Sonderflüge Landesausstellung: Verlad der lukrativen Sonderpost in die Douglas DC-3 HB-IRA. Insgesamt wurden 115'892 Briefsendungen befördert, wofür der Swissair durch die Postverwaltung Fr. 124'070.40 vergütet wurden! Im Gespräch unter dem Flugmotor die beiden Direktoren der Swissair Eugen Groh (links) und Henry Pillichody.

1939: Das erste Kriegsjahr

Grossartiger Empfang auf dem Flugplatz Paris-Le Bourget anlässlich des Europarundflugs West. "Schon von hoch oben entdecken wir einen Schweizerfahnenwald", schrieb der Korrespondent der "Neuen Zürcher Zeitung" in seinem Reisebericht vom 26. Mai 1939. Links in Uniform Flugkapitän Alfred Künzle, neben ihm (mit rechter Hand in Hosentasche) Zürichs Stadtpräsident Dr. Klöti, dann der übernächste Herr (im dunklen Anzug) Zürichs Regierungsratspräsident Dr. Briner.

Wiederum in der NZZ war zu lesen, dass das Swissair-Flugzeug am 27.5.39 *"nach einer Zwischenlandung in Marseille"* um 13.20 Uhr in Barcelona landete. Diese Zwischenlandung war notwendig, um das Flugzeug vollzutanken, da im vom Bürgerkrieg schwer heimgesuchten Spanien die benötigte Benzinqualität nicht erhältlich war. Andere Aussagen, wonach in Marseille abgeklärt werden musste, ob der "rote" Zürcher Stadtpräsident Klöti nach Barcelona mitgenommen werden dürfe, sind falsch. Gemäss Teilnehmerliste hatte Dr. Klöti die Reisegesellschaft in Paris bereits wieder verlassen.

Flottenverstärkung

Am 12. Mai 1939 wurde die Swissair-Flotte durch die Ablieferung der vierten DC-3, der HB-IRE, vergrössert. Das Flugzeug gelangte ab 17. Juli noch für kurze Zeit bis zum Kriegsausbruch zum Einsatz, dies im Gegensatz zu der am 12. Juni eingetroffenen HB-IRU. Diese letzte Vorkriegs-DC-3 der Swissair war auf Initiative des Kriegstransportamtes angeschafft worden, wobei mit dem Bund eine Kostenbeteiligung von Fr. 350'000.– am Ankaufspreis von Fr. 612'433.90 vereinbart wurde.

Absturz der Ju-86 bei Konstanz

Es folgte die zweite Flugzeugkatastrophe für die Swissair in diesem Unglücksjahr: Am 20. Juli 1939 stürzte die Ju-86 HB-IXA bei Konstanz ab. Der berühmte und beliebte Flugkapitän und Schriftsteller Walter Ackermann, Bordfunker Anton Mannhart sowie vier Passagiere, darunter der Swissair-Prokurist Hans Lips, fanden den Tod. Was war passiert?

Voreilige Schuldzuweisung

Der Vizepräsident des Verwaltungsrates der Swissair, Oberst E. Messner, scheint dies schon sehr bald gewusst zu haben, wie wir aus seiner am 24. Juli in Dübendorf anlässlich der Abdankung für Funker Anton Mannhart gehaltenen Ansprache entnehmen: *"Nun musste ihn so unerwartet der Fliegertod ereilen, auf dem Heimfluge über einem allen unseren Fliegern bekannten Flugplatz, auf dem nach menschlichem Ermessen auch beim Versagen eines Motors zur Landung ohne Bedenken angesetzt werden darf. Allein, diesmal hat der Faktor Mensch, trotz bestgewollter Absichten, versagt und die schweren Opfer gefordert, die wir heute beklagen."*

Offenbar wurden aber auch andere Versionen herumgeboten. Jedenfalls sah sich Direktor Groh veranlasst, am 25. Juli 1939 folgendes Zirkularschreiben an das Personal der Swissair zu richten:
"Zu unserem grossen Bedauern müssen wir feststellen, dass gewisse Gerüchte im Zusammenhang mit dem Unfall unserer Ju-86 herumgeboten werden. Um dieser tendenziösen Gerüchtemacherei wirkungsvoll begegnen zu können, verbieten wir unserem Personal strikte, mündliche oder telefonische Auskünfte irgendwelcher Art zu erteilen und diesbezügliche Anfragen ausnahmslos an die Direktion zu weisen."

Alles in allem wurde dieser dreiteilige Europarundflug als grosser Erfolg bewertet. Behördlicherseits nahmen lediglich Vertreter von Stadt und Kanton Zürich teil, nachdem "Bern" offiziell sein Desinteresse bekanntgegeben hatte. Nachdenklich stimmen die beim Lesen der damaligen Zeitungsberichte in die Augen springenden Aufforderungen *"Gasmasken jetzt kaufen!"* oder die Meldung von einem Unglück an der Gandriastrasse, wo die zur notfallmässigen militärischen Sperrung angebrachte Sprengladung in einem Strassentunnel durch einen Blitzschlag zur Explosion gebracht wurde, was Menschenleben forderte. Überall Massnahmen im Hinblick auf den offensichtlich für unvermeidbar gehaltenen kommenden Krieg.

Bericht des Oberexperten
Da sich der Unfall auf deutschem Boden ereignete, wurde die Untersuchung durch die deutschen Behörden vorgenommen. Der Unfallbericht ist relativ kurz, erwähnt eine Motorstörung, den dadurch bedingten Notlandeversuch und den Absturz "wegen Geschwindigkeitsverlustes". Vom technischen Oberexperten des Eidg. Luftamtes, Ing. Robert Gsell, existiert jedoch ein interner, vom 8. November 1939 datierter "Zusammenfassender Bericht" an den Direktor des Eidg. Luftamtes. Auszugsweise hieraus die folgenden Abschnitte:
"Der Bericht des Reichsministers der Luftfahrt gibt wohl eine Darstellung des Unfallverlaufs, doch ist er vor Abschluss gewisser Untersuchungen abgefasst worden und berücksichtigt gewisse zusätzliche Momente nicht – z. B. die Frage, warum das Flugzeug mit einem angeblich intakten Motor nicht in Sicherheitshöhe flog, die Frage eines ev. Einflusses der (beim Start in Zürich und in Wien festgestellten) Zündstörungen und die Frage, wieso einem bewährten Flugkapitän der Geschwindigkeitsverlust passieren konnte."

"Rekonstruktion des Unfalles:
a) Die Ju-86 HB-IXA, ausgestattet mit zwei BMW 132 Dc 1 Motoren, flog am 20. Juli 1939 kursmässig die Strecke Zürich–Wien–Zürich. Schon beim Start in Dübendorf wurden von verschiedenen Fachleuten starke Aussetzer der Motoren beobachtet, so dass das Flugzeug schwer abhob und zuerst schlecht stieg.
b) Beim Start in Wien wiederholten sich diese Aussetzer am linken Motor, so dass das Flugzeug nach dem Start zweimal Höhe verlor (Beobachtungen von Pilot Scholtmeyer der KLM). Der Motor erholte sich nachher.
c) Die HB-IXA geriet auf dem Fluge Wien–Zürich (bei dem sie in Konstanz verunglückte) in der Gegend des Allgäu in ein Gewitter mit starkem Hagel. Nach Erhebungen von Dir. Pillichody wurden Autodächer durchlöchert.
d) Schon 35 km vor Erreichen der Unfallstelle wurde von (fachlich gebildeten) Zeugen eine Störung des Backbordtriebwerkes festgestellt.
e) In der Gegend von Friedrichshafen wurde beobachtet, dass das Fahrgestell ausgefahren war; anscheinend wollte Ackermann dort notlanden, entschloss sich aber dann doch zum Weiterfliegen.
f) Etwa zehn Minuten später wurde HB-IXA vom Flughafen Konstanz aus, den Platz in 100–120 m Höhe über Boden mit eingezogenem Fahrgestell anfliegend, beobachtet, wobei der linke Motor langsam mitdrehte, d. h. leer lief.
g) Der Anflug des Platzes erfolgte in einer Weise, dass anzunehmen ist, Ackermann habe nicht sofort landen wollen, sondern eher den Flug so eingerichtet, dass er sich über die Verhältnisse des Platzes orientieren wollte – zwecks Entschluss über Weiterflug oder Landung. Er flog infolgedessen nicht direkt (gegen den Wind) in den Platz, sondern an dessen Nordlängsseite vorbei.
h) Unmittelbar nachher machte HB-IXA eine Linkskurve, offenbar um den Platz in entgegengesetzter Richtung anzufliegen (mit leichtem Rückenwind, jedoch freierem Einflug). Anschliessend flog die Maschine in stark gezogenem Zustand in der neuen Richtung (etwa parallel zur westlichen Schmalseite) etwa 500 m gradaus weiter, wobei das Fahrgestell ausgefahren wurde.
i) HB-IXA hatte beim genannten kurzen Gradausflug nur noch ca. 50 m Höhe über Boden. Etwa 600 m von der Südwestecke des Platzes entfernt leitete Ackermann eine weitere Linkskurve in Richtung Platz ein; bei dieser geriet das Flugzeug in Geschwindigkeitsverlust, ging auf die Nase und schlug senkrecht auf den Boden auf, wobei es vollständig zerstört und alle Insassen getötet wurden.

Da die Ju-86 HB-IXA laut Abnahmeversuchen seit Einbau der BMW-Motoren (im Gegensatz zur Ju-86 mit Jumo-Dieselmotoren) mit nur einem Motor und Vollast 2000 m Gipfelhöhe halten konnte, steht fest, dass sie

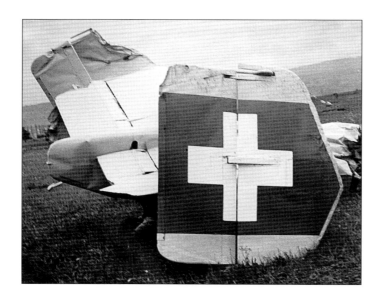

Das Flugzeug schlug senkrecht auf den Boden auf, wobei das Heck, mit Höhen- und Seitensteuer, abbrach.

mit der reduzierten Last des Unfallfluges auch lange Zeit eine viel grössere Höhe über Boden hätte halten können als die beim Anflug auf Friedrichshafen und Konstanz festgestellte. ... Aus der Art, wie Friedrichshafen angeflogen wurde, ... nimmt der Experte, in Übereinstimmung mit Dir. Pillichody, folgendes an: Ackermann hatte einen Ausfall des linken Motors und gleichzeitig Aussetzer am rechten Motor von einem Ausmass, das die Leistung so herabsetzte, dass die Maschine gerade noch in geringer Höhe gehalten werden konnte. Er entschloss sich daher zum Versuch, das Flugzeug womöglich bis in die Schweiz zu bringen – mindestens Frauenfeld, lieber Dübendorf –, aber sicherheitshalber die zwischenliegenden Flugplätze anzufliegen, um – je nach dem Arbeiten des rechten Motors – sich zur Landung dort oder zum Sprung nach dem nächstnahen Flugplatz zu entschliessen ..."

"Der Experte glaubt aus dem Verhalten Ackermann's entnehmen zu dürfen, dass dieser von der Eignung des Platzes (Konstanz) abhängig machen wollte, ob er dort lande oder nach Frauenfeld weiterfliege. Sei es, dass seine Rekognoszierung das Ergebnis hatte, das Landen in Konstanz sei richtiger, sei es, dass Ackermann beim Umfliegen des Platzes den erheblichen Höhenverlust feststellte und sich deshalb erst (etwas spät) zur Landung entschloss – auf alle Fälle handelte es sich um ein Einschätzen, welches der komplexen Risiken grösser sei..."

(Anm.: Von Zeitgenossen wurde bzw. wird behauptet, Ackermann sei durch den Segelflugbetrieb auf dem Konstanzer Flugplatz an einer Direktlandung gehindert worden. In den Untersuchungsakten findet sich jedoch kein diesbezüglicher Hinweis.)

"Offenbar hat Ackermann vor der ersten Linkskurve in Richtung Flugplatz Konstanz sich nicht darüber Rechenschaft gegeben, wie stark diese Linkskurve seine an sich geringe Fahrt vermindere. ... Die festgestellte Flugbahn legt den Schluss nahe, dass der Pilot die Kurve abbrechen musste, weil er deren unzulässig bremsende Wirkung bemerkte. ... Um den Flugplatz ... zu erreichen, musste er eine erneute Linkswendung machen, zu deren Beginn das Flugzeug schon bedenklich wenig Fahrt hatte. ... <u>Der Experte ist überzeugt, dass in dieser Situation ein Nachteil der Ju-86 mitwirkte – nämlich dass deren Ausfahren des Fahrgestells lange dauert und dass das ausgebrachte Fahrgestell den</u>

Pilot der Unglücksmaschine war der berühmte, in der Schweiz äusserst populäre Fliegerschriftsteller Walter Ackermann (1903–1939). Der Unfall geschah vierzehn Tage vor der geplanten Hochzeit mit der Frau, für die er sein schönstes Buch, "Flug mit Elisabeth", geschrieben hatte.

Bordfunker Toni Mannhart (1908–1939) war, nachdem er erst am Vortag einen Nachtstreckeneinsatz beendet hatte, am 20. Juli erstmals mit der Ju-86 unterwegs. Gemäss Expertenbericht hatte seine – unverschuldete – mangelnde Routine auf diesem Flugzeugtyp wahrscheinlich einen Einfluss auf das Unfallgeschehen.

Beim Absturz aus nur 50 Metern Höhe wurde die HB-IXA, obschon kein Brand ausbrach, vollständig zerstört. Die vier Passagiere und die zweiköpfige Besatzung wurden getötet.

Prof. Ing. Robert Gsell (1889–1946), Flugpionier und Inhaber verschiedener Flugrekorde, bekleidete den Posten des Oberexperten beim Eidgenössischen Luftamt. Sein detaillierter Ergänzungsbericht zum Unfall der Ju-86 HB-IXA bei Konstanz muss in seinen Schlussfolgerungen als für die Swissair sehr wohlwollend bezeichnet werden.

Widerstand sehr stark erhöht. Dazu kam, dass Mannhart festgestelltermassen das erstemal auf der Ju-86 flog; wenn er auch das (ziemlich komplizierte) Manöver der Fahrgestellbetätigung gelernt hatte, so konnte er es doch nicht so routinemässig und rasch ausführen wie geübte Bordfunker der Ju-86. Wahrscheinlich hat Ackermann seine Aufmerksamkeit zwischen einer Beaufsichtigung der Fahrgestellbedienung Mannhart's und dem Fliegen teilen müssen ...
Der Experte kommt zur Überzeugung, dass der Unfall eine Folge einer Kombination von vollem Ausfall des linken Motors bei gleichzeitiger Zündstörung am rechten Motor war, dass ersteres durch die vorhergehende Einwirkung einer extremen Wetterlage bewirkt wurde, letzteres aber einem den betreffenden Motor anhängenden Fehler zuzuschreiben ist, der bekannt war und dessen Beseitigung nicht gelang.
Er ist der Ansicht, dass die Swissair zwar alles versucht hat, um den zweitgenannten Fehler zu beseitigen, *dass sie aber – unter dem Zwange, eine beschaffte Maschine auszunützen und unter dem Drucke einer gewissen Materialknappheit – in der Verwendung des Flugzeuges mit nicht voll behobenen Fehlern etwas weiter ging, als es wünschbar war.* Man sollte im Luftverkehr alles ausmerzen, was Fehler besitzt, die früher oder später einen Unfall verursachen können ... *Voraussetzung für eine solche Handlungsweise ist allerdings, dass die betreffende Luftfahrtunternehmung sich das Ausmerzen (bzw. das billige Abstossen) einer solchen als nicht vollwertig erkannten Maschine leisten kann. Da niemand gern einen erhebliche finanzielle Konsequenzen nach sich ziehenden Fehler zugibt, wird in solchen Fällen ein Druck der Überwachungsinstanz nötig sein. Ein solcher kann aber nur stattfinden, wenn ihren Organen der volle Umfang solcher im Betrieb festgestellter Fehler bekannt ist ..."*
Dies sind bemerkenswert "verständnisvolle" Feststellungen des technischen Oberexperten. Er beantragt, den Kontrollinstanzen Weisung zu erteilen, solche Fehler in Zukunft zu melden, den Luftverkehrsgesellschaften Weisung zu erteilen, den Piloten jedes vermeidbare Durchfliegen eines Gewitters zu verbieten und zu verlangen, dass bei jedem Ausfall eines Triebwerkes einer zweimotorigen Maschine in allen Fällen der nächste geeignete Notlandeplatz zu benützen ist. Nach einem Hinweis auf Massnahmen bezüglich des Einsatzes unerfahrener Besatzungen – siehe auch DC-2-Unfall vom 7. Januar 1939 – sucht man hingegen vergebens.

Die Meinung von Flugkapitän Fretz
Als Ergänzung hierzu, was der damals aktive Flugkapitän Robert Fretz in seinem Buch "Die Swissair im Kampf und Aufstieg", erschienen 1973, über die Hintergründe zu diesem Unfall schreibt:
*"Ein zur Flotte gehörendes Junkersflugzeug, eine mit Dieselmotoren ausgerüstete Ju-86, die nicht immer befriedigte und ihre Abstossung ohnehin nahelegte, wurde dessenungeachtet mit unerprobten Lizenzmotoren von Pratt und Whitney versehen. Ob Zimmermann (gemeint ist hier der 1937 verstorbene Direktor Balz Zimmermann) auf Empfehlung der Junkerswerke an diesen Wechsel bereits gedacht oder ihn sogar vorbereitet hatte, entzieht sich meiner Kenntnis.
Hingegen ist es völlig undenkbar, dass Zimmermann dieses Flugzeug im Flugdienst belassen hätte, nachdem Fehlstarts, d.h. Starts, die wegen Leistungsabfalls der Motoren abgebrochen werden mussten, und gelegentliche Motorausfälle während der Flüge an der Tagesordnung waren. Zudem funktionierten die Radbremsen derart mangelhaft, dass ein notwendig gewordener Startabbruch das Risiko einer Kollision mit Hindernissen am Ende der Flugpisten und damit zum mindesten die Gefährdung oder den Verlust der Besatzung in sich barg. Das Flugzeug war auf jeden Fall flugtüchtig!
Auf diese erwähnten Mängel wurde von Pilotenseite immer wieder hingewiesen. Nach meinem dritten Fehlstart am 22. Mai 1939 refüsierte ich das Flugzeug und beantragte seine sofortige Herausnahme aus dem*

Verkehr. Leider waren alle Beanstandungen umsonst. Die Ju-86 blieb im Einsatz. Am 20. Juli 1939 stürzte sie, als nach dem Ausfall eines Motors zu einer Notlandung angesetzt werden musste, bei Konstanz ab. Vier Passagiere und die Besatzung mit Flugkapitän Walter Ackermann, einem der erfahrensten Swissairpiloten am Steuer, fanden den Tod."

Missglückte Landung

Ein weiterer Vorfall im Flugdienst verlief zum Glück harmlos: Am 5. August 1939 geriet die Landung der DC-2 HB-ITE, nach einem Flug im Rahmen der Landesausstellung von Basel nach Zürich, zu lang. Das Flugzeug rollte am Ende des Flugplatzes Dübendorf, bei Gfenn, in ein Kornfeld und machte einen Kopfstand. Wie ein Augenzeuge berichtet, "waren alle Passagiere im Cockpit". Einem Passagier wurde ein Ohr aufgerissen; die anderen kamen mit Prellungen und Schürfungen davon. Ohne Berücksichtigung der Lohnkosten des an der Wiederinstandstellung des Flugzeuges beteiligten Swissair-Personals kam die gesamte Reparatur auf immerhin Fr. 16'593.91 zu stehen. Pilot war Hans Kuhn, Bordfunker Pierre Maeder.

5. August 1939: Kopfstand nach zu lang geratener Landung. Nach einem Flug von Basel setzte Pilot Hans Kuhn die Douglas DC-2 HB-ITE in Dübendorf zu spät auf. Das Flugzeug geriet am Rande des Flugplatzes in ein Getreidefeld und kippte vornüber. Im Gegensatz zum Flugzeug kamen Passagiere und Besatzung mit relativ geringfügigen Blessuren davon.

Nach dem Wiederaufrichten des Flugzeuges zeigten sich beträchtliche Schäden am Rumpfbug.

Letzter Nachtpostflug

Bordfunker Pierre Maeder verdanken wir eine Schilderung des letzten Nachtpostfluges Basel-Frankfurt vor Ausbruch des Zweiten Weltkrieges. Sie ist der in nur wenigen handgefertigten Exemplaren herausgegebenen Dokumentation "20 Jahre Funkstation Dübendorf, 1919–1939" entnommen. Der Flug fand in der Nacht vom 25. auf den 26. August 1939 statt. Pilot war Hans Ernst, das Flugzeug die DC-2 HB-ITO.

"Auf der Terrasse des Flugplatzrestaurants in Basel. Schweigend sitzt die Besatzung des Nachtpostflugzeuges an einem Tisch. Soeben hat der Lautsprecher die neuesten Nachrichten verkündet. Der Krieg scheint unvermeidlich.
Es ist dunkel. Nur da drüben über dem Rhein einige Lichter. Gespenstisch schaut von rechts ein Riesengesicht herüber. Es ist die "Douglas", die bereitgestellt wird. Wie rührend die Sorgfalt des diensttuenden Mechanikers. Hier ein kleiner Flecken Öl, der entfernt werden muss, dort eine Sicherungsnadel, die nicht gut sitzt. Er tut seine Pflicht, der gute Mann, ja, er verdoppelt seine Wachsamkeit, als wolle er das Unheil abwenden, das jeder im Nacken spürt. Wo soll er sein Brot verdienen, wenn der Luftverkehr eingestellt ist?
Der Pilot ist aufgestanden. Ihn drücken andere Sorgen. Als Hauptmann im Militärdienst sieht er sich schon aufgeboten. Die Verantwortung für seine Kompagnie beschäftigt ihn. "Wird geflogen?" fragt er lakonisch den Flugleiter. "Bis jetzt ist nichts anderes bekannt", antwortet dieser. "Gut, dann hauen wir ab."
Durch aufgestapelte Postsäcke bahnt sich die Besatzung einen Weg zum Pilotenraum. Alles in Ordnung, die Maschine rollt, hebt ruhig ab, der Nachtflug beginnt. Es ist phantastisch. Miriaden von Lichtern oben und unten. Basel, Freiburg, Strasbourg grüssen herauf. Silbern glänzt der Rhein im Mondlicht. Sieht dies nach Krieg aus? Einfach lächerlich! Es muss ein Missverständnis vorliegen, liebe Leute da unten.
Auch der Funkverkehr wickelt sich normal ab. Die Deutschen melden dienstbeflissen den französischen Stationen den Durchflug eines Schweizer Flugzeuges. Diese danken höflich und geben die Meldung weiter. Wenn es so weitergeht, haben wir noch hundert Jahre Frieden!
Der Pilot schweigt immer noch und schaut geistesabwesend nach unten. Denkt er vielleicht an seine Soldaten? Dann hebt er den Kopf und sieht zu, wie der Funker am Empfänger herumkurbelt. Dessen Mienenspiel scheint ihm zu gefallen. "Erfreulichere Nachrichten?" frägt er ein wenig später. "Ach wo, es war der zweite Satz aus Mozarts kleiner Nachtmusik." Er lächelt nachsichtig, nimmt seinen eigenen Kopfhörer und hört den dritten Satz auch mit an. Mit der rechten Hand trommelt er auf den Gashebel.
Mitternacht. Die letzten Takte sind verklungen. Ein energischer Sprecher kündigt mit klarer Stimme grosse Ereignisse voraus. Das Pulverfass kann jeden Moment explodieren.
Schnurgerade zieht sich die Autobahn nach Norden und zeigt den Weg zum Ziel. Im Frankfurter Flughafen ist nichts Besonderes zu entdecken. Erst beim Aussteigen merkt man die Veränderung. Die Postflugzeuge für Berlin, London und Köln stehen mit abgestellten Motoren herum. Niemand interessiert sich für die Ladung. Im Pilotenzimmer fehlt der obligate Teekübel mit der Tasse ohne Henkel. Noch gestern Nacht sassen alle hier beieinander und erzählten sich handfeste Fliegerwitze. Jetzt steckt ein Teil der Besatzungen bereits in Militäruniform und wartet auf Befehle.
Der Flugleiter kommt auf die Schweizer zu. "Wir raten euch, sofort wieder zurückzufliegen, statt flugplanmässig", meint er, "die Post könnt ihr dalassen, wir werden für Weiterbeförderung sorgen." Der Abschiedsgruss ist ein wenig feierlicher als sonst. Dann überqueren die beiden den grossen Platz vor dem Abfertigungsgebäude und gehen zu ihrer Maschine. Niemand kümmert sich mehr um sie. Die Ladung werfen sie auf den verlassenen

Bordfunker Pierre Maeder (1909–1989). Er schrieb die eindrückliche Schilderung des letzten Nachtpostfluges der Swissair vor Kriegsausbruch.

Postwagen, schliessen die Kabinentüre und klettern auf die Sitze. Dann stehlen sie sich davon; knapp über die Baumwipfel flitzt die Douglas.
Der Rückflug verläuft ohne grosse Ereignisse. Hie und da blitzt ein Scheinwerfer auf und sieht sich den Vogel an, der zu solch ungewohnter Stunde nach Süden fliegt. Aha, die Fliegerabwehr ist bereits auf beiden Seiten auf den Posten!
In Basel schläft alles. Nur ein Offizier rekognosziert Unterkunftsmöglichkeiten für seine Truppe. Jetzt weiss die Besatzung, dass dies für lange Zeit der letzte Nachtflug war."

Letzter Rückflug von Amsterdam

Am 28. August 1939 fand der letzte Rückflug von Amsterdam nach Dübendorf statt, allerdings auf Umwegen. Der Hinflug war am 26. August erfolgt. Nach einer Übernachtung sah sich die Besatzung der DC-2 HB-ISI – Pilot Anton von Tscharner, Bordfunker Othmar Breitenstein und Stewardess Erna Nikles – mit der Tatsache konfrontiert, dass der Luftraum über Frankreich und Deutschland gesperrt worden war. Erst am folgenden Tag, einem Montag, traf von Berlin die Bewilligung ein, auf 500 Metern über Boden nach Berlin-Tempelhof zu fliegen. Wie die Swissair-Besatzung beobachtete, war dieser Flugplatz voll belegt mit tarnfarbigen deutschen Militärflugzeugen. Nach einiger Zeit wurde der Weiterflug bewilligt, jedoch – mit einer kurzen Zwischenlandung in Halle/Leipzig – nur bis Stuttgart. Auch diese Flugstrecke musste in niedriger Höhe im Sichtflug zurückgelegt werden. Inzwischen war es bereits Abend geworden. Mit der Begründung, es sei nicht mehr möglich die deutschen Flab-Batterien zu avisieren, wurde der Start für den Flug nach Dübendorf vorerst verweigert. Von Tscharner schlug eine Route via Rheintal vor, wo bestimmt keine Flab sein könne. Die Diskussion ging hin und her, bis bei Nachteinbruch die Aufforderung des Flugleiters, "auf eigene Verantwortung abzuhauen", schnellstens befolgt wurde. Othmar Breitenstein konnte sich noch nach fünfzig Jahren an das grosse Aufatmen beim Überfliegen des silbernen Bandes des Rheins, und damit der Schweizergrenze, erinnern.
Nach der Landung in Dübendorf wurde die Besatzung von Direktor Groh mit den – baseldeutschen – Worten begrüsst: *"Moorn fliege mr wiider."* Von Tscharner ging nach Hause. In der Nacht erhielt er das militärische Aufgebot und anderntags rückte er ein zu seiner Fliegerkompanie nach Biel-Bözingen.
Am 29. August 1939 erliess der Bundesrat ein Verbot für jeglichen zivilen Flugverkehr, und am 30. August beschloss er die Generalmobilmachung der Schweizerarmee auf den 2. September.

Die Douglas DC-2 HB-ISI wird im Lichte des starken Platzscheinwerfers mit Postsäcken für den Nachtflug nach Frankfurt beladen.

Flugplatz Basel-Birsfelden, das "Sternenfeld", Startort der Nachtpoststrecke nach Frankfurt. Anstelle einer Pistenrandbeleuchtung wurde ein grosser Teil des Flugfeldes mit einem sogenannten Flächenscheinwerfer erhellt. Ganz im Vordergrund, wie auch oben rechts am Bildrand, der Rhein.

1939: Das erste Kriegsjahr

Herbst 1939 –
Ausbruch des Zweiten Weltkrieges

"SWISSAIR" Zürich-Flugplatz, den 28.8.1939.
UK/M

An sämtliche SWISSAIR-Dienststellen
Reise-Agenturen,
Luftfracht-Spediteure

An die Kreispostdirektionen Zürich, Basel, Bern,
Genf, Lausanne.
An die Kreiszolldirektionen Basel, Genf, Lausanne.
An die Flugplatzdirektionen Zürich, Basel, Bern,
Genf, Lausanne.

Betr. Einstellung des internationalen Luftverkehrs.

Zufolge der durch die gegenwärtigen politischen Verhältnisse geschaffenen Situation sind wir in die Zwangslage versetzt worden, den internationalen Luftverkehr auf den Linien :

1077, Zürich - Basel - Paris v.v.
1075, Zürich - Basel - London v.v.
1080, Zürich - Wien v.v.
  12, Zürich - Stuttgart - Halle - Berlin v.v.
 930, Amsterdam - Rotterdam - Basel - Zürich v.v.
1081, Zürich - St. Gallen - München v.v.
 229, Genf - Paris v.v.

sowie die Nachtpoststrecke

1090 PF Basel - Frankfurt a/M. v.v.

mit sofortiger Wirkung und auf unbestimmte Dauer einzustellen.

Aus den gleichen Gründen mussten auch die ausländischen Luftverkehrsgesellschaften auf folgenden von und nach der Schweiz führenden Flugverbindungen den Betrieb einstellen :

228, Paris - Zürich v.v.   ) Air France
251, Genf-Lyon-Genf   )
640, London - Basel - Zürich v.v.   Imperial Airways
1085, Stockholm - Copenhagen - Berlin - Zürich v.v.
                                     A.B. Aerotransport
                                     (Schwed.)
 22, Stuttgart - Genf - Marseille   Deutsche Lufthansa A.G.
 41, Zürich - München - Salzburg - Wien D.L.H./Malert
 44, Zürich - Stuttgart - Halle/Leipz. - Berlin D.L.H.

./.

- 2 -

Vorläufig werden nur die internen Linien der Swissair und der Alpar beflogen, d.h. :

1082, St. Gallen - Zürich - St. Gallen
1080a Basel - Zürich - Basel
1101, 1102 & 1103, Genf - Lausanne - Bern - Zürich v.v.
1106, Bern - Lausanne v.v.
1101 & 1102, Bern - Zürich (Sonntagsdienst)
1105 & 1107, Bern - Basel
1114 , Bern - La Chaux-de-Fonds.

Wir bitten unsere sämtlichen Dienststellen, angesichts dieser Gründe einstweilen von Platzreservationen abzusehen, sei es für die vorerwähnten Flugverbindungen wie auch für jegliche andere europäische und aussereuropäische Fluglinie.

Obwohl die derzeitige internationale Lage als sehr verworren gelten muss, und demzufolge vorläufig wenig Aussicht besteht, dass der Verkehr auf unsern Strecken in den allernächsten Tagen wieder aufgenommen werden kann, hoffen wir doch, dass sich die Verhältnisse in absehbarer Zeit klären werden.

Wir werden nicht verfehlen, Sie über den weitern Verlauf der Dinge zu unterrichten, und bitten Sie vorläufig um Kenntnisnahme.

Mit vorzüglicher Hochachtung
" S W I S S A I R "
Schweizerische Luftverkehr-
Aktiengesellschaft

Generalmobilmachung

Am 2. September 1939 erfolgte die Generalmobilmachung der Schweizerarmee. Von total 179 Swissair-Angestellten rückten 131 in den Militärdienst ein. Einige wenige erhielten einen sogenannten Kriegsdispens und konnten wieder an ihre Arbeitsplätze zurückkehren.

Die Zurückgebliebenen scheinen sich offenbar recht bald um "ihre" Wehrmänner gekümmert zu haben, schrieb doch bereits am 12. September 1939 ein K.A. Haegler *"auf dem pflätschnassen Gotthard"* den folgenden Dankesvers nach Dübendorf:

*Es gibt immer gute Dinge,
So die Swissair-Schreiberlinge.
Sie versüssen heiter eben
Hartes Soldatenleben.
Hier in Regen, Schnee und Eis
Machen solche Briefe heiss.*

*Ihnen, Fräulein Schiwonn Merz,
Überläuft Ihr gutes Herz.
Neuste Nachrichten dem Chef,
Alles Liebe – enfin bref,
Sogar die Frau Tschümperlin
War noch ungelesen drin.
Flotter als ein Schweizer Tank:
Darum allerbester Dank!*

*Hier in Uniform, nicht im Frack,
Dank auch Ihnen, Fräulein Brack.
Flügellahme Douglas-P.S.
Wirklich jammerschade ist es.
Ja, ein Krieg war nie ein Witz,
Und hat wirklich keinen Spitz.
Doch was nützt's, wir bleiben oben:
Und Ihr sollt die Mannen loben.*

*Handgeschrieben und auch feiner,
Schrieb die Hilde Obersteiner.
Jawohl, Euch wird man jetzt schätzen,
Ihr müsst alle uns ersetzen.
Fein, dass Ihr viel Arbeit habt,
Lange Weile geht bergab.
Schafft nicht zu viel, tut auch "Ruhn",
Lasst uns auch noch was zu tun.*

usw., usw.

Bern, Samstag
2. September 1939

Redaktion,
Verlag, Druck und Expedition:
Effingerstraße 1
Telephon: 21.211
(21.212, 21.213, 21.214)
Postcheckkonto Bund III.79

Der Bund erscheint zehnmal in der Woche, am Sonntag statt „Der kleine Bund" und Beilagen

Der Bund

Organ der freisinnig-demokratischen Politik
Eidgenössisches Zentralblatt und Berner Zeitung

Samstags-Ausgabe
90. Jahrgang

Inserate
Publicitas A.-G.
Inseraten-Annahme in Bern:
Schanzenstraße 1
Telephon: 20.002
Postcheckkonto Publicitas III.327

Jede Verbindlichkeit für die Aufnahme von Inseraten an bestimmten Stellen oder Tagen wird abgelehnt

Nr. 408

Generalmobilmachung

Der Bundesrat hat die Mobilmachung der schweizerischen Armee auf den 2. September beschlossen.

Die Generalmobilmachung wurde auf Antrag des Generals von allen Bundesräten einstimmig beschlossen.

Mobilmachungsbeschluß

I.

ag. Der Bundesratsbeschluß betr. die Kriegsmobilmachung der Armee lautet:

Der schweizerische Bundesrat, auf Antrag seines Militärdepartements und gestützt auf Art. 102 der Bundesverfassung und die Art. 198, 199, 202 und 217 der Militärorganisation vom 12. April 1907, beschließt die Kriegsmobilmachung der ganzen Armee.

Der 2. September 1939 ist der erste Mobilmachungstag.

1. Es haben gemäß den Weisungen des Mobilmachungszettels im Dienstbüchlein und den nachstehenden Bestimmungen einzurücken:

a) Alle noch nicht aufgebotenen Stäbe, Truppenkörper und Einheiten des Auszuges, der Landwehr, des Landsturms und der aus diesen Heeresklassen entstehenden Truppen;

b) die Stäbe und Formationen des Transportdienstes, des rückwärtigen Dienstes und des Territorialdienstes;

c) die zur Verfügung des Bundesrates stehenden Offiziere;

d) die Angehörigen der Hilfsdienste, deren Mobilmachungszettel im Dienstbüchlein das Einrücken am Vortag des 1. Mobilmachungstages, am 1., 2. oder 3. Mobilmachungstag vorschreibt;

e) die Schatzungskommissionen für Fahrräder.

2. Die mit den Grenztruppen eingerückten, aber wieder auf Piket entlassenen Mobilmachungsfunktionäre der Platzkommandostäbe, Pferdestellungskommissionen und Motorfahrzeugstellungskommissionen sowie die Trainmannschaften der Stammbataillone der Grenztruppen haben sofort wieder einzurücken.

3. Stellung der Pferde und Maultiere.

Alle Gemeinden haben die Stellung der Pferde und Maultieren gemäß den Bestimmungen der Pferdestellungsbefehle auszuführen. Soweit die Zeit reicht, führen die Gemeinden die Vormusterung durch und lassen das Beschläg in Ordnung bringen.

4. Stellung der Motorfahrzeuge:
a) Alle Motorfahrzeuge (Personenwagen, Lastwagen, Traktoren, Anhänger, Motorräder usw.), deren Fahrzeugausweis mit einem roten Aufgebotszettel versehen ist, sind gemäß den Bestimmungen dieses Zettels zu stellen.

b) Alle Motorfahrzeuge, deren Fahrzeugausweis mit einem grünen Aufgebotszettel versehen ist, sind gemäß den Bestimmungen des Aufgebotszettels auf den Fahrzeughalter zugehenden Befehl zu stellen.

Allgemeine Bestimmungen

1. Durch diesen Beschluß aufgebotene Offiziere, Unteroffiziere und Soldaten, die sich in Kaderschulen, Kaderkursen und Rekrutenschulen befinden, sind sofort zu entlassen; sie haben sich gemäß den Bestimmungen des Mobilmachungszettels im Dienstbüchlein auf dem Korpssammelplatz ihres Stabes oder ihrer Einheit zu begeben.

2. a) Das Eidg. Militärdepartement, die kantonalen Militärbehörden, die Kommandanten der Stäbe, Truppenkörper und Einheiten, die Kommandanten der Schulen und Kurse, die Platzkommandanten, die Pferdestellungsoffiziere und die Motorfahrzeugstellungsoffiziere führen die Mobilmachung gemäß den Bestimmungen der Kriegsmobilmachungsvorschrift 1938 und den besonderen Weisungen der Generalstabsabteilung durch. b) Die überzähligen diensttauglichen Pferde und Maultiere sind ihren Besitzern zurückzugeben; sie bleiben auf Piket gestellt.

III.

Kriegsbetrieb der Transportanstalten

Der Kriegsbetrieb der Eisenbahnen und anderen öffentlichen Transportanstalten beginnt mit dem ersten Mobilisationstag 00.01 Uhr.

IV.

Piketstellung

Es sind auf Piket gestellt: a) alle nicht der aufgebotenen Hilfsdienstpflichtigen; b) die nicht von der Armee in Dienst genommenen Pferde, Maultiere, Brieftauben und Kriegshunde; c) alle nicht von der Armee in Dienst genommenen Fuhrwerke, Karren, Motorfahrzeuge aller Art und Luftfahrzeuge.

V.

Verbot von Veräußerung und Ausfuhr

Jede Veräußerung und Ausfuhr von Pferden, Maultieren, Brieftauben, Kriegshunden, Motorfahrzeugen und Luftfahrzeugen ohne Erlaubnis der eidg. Militärbehörden ist bis auf weiteres verboten.

Wer diesem Verbot zuwiderhandelt, wird durch das Bundesstrafgericht mit Geldbuße von Franken 100—10 000, womit Gefängnis bis zu sechs Monaten verbunden werden kann, bestraft.

Militäreisenbahndirektor

Zum Militäreisenbahndirektor wurde Generaldirektor Pa i c h o u d von den SBB unter Beförderung zum Obersten ernannt.

Zum Mobilmachungstruppenoffizier 1 wurde er Oberst Chenaux, Direktor des Kreises 1, zum Betriebsdirektionen II Oberstlt. Luchini, Direktor des Kreises 2, unter Beförderung zum Oberst; zum Betriebsdirektor des III Oberst Bärlocher, Vizedirektor des Kreises 3.

Der Kriegsfahrplan in Kraft

ag. Die Schweiz. Bundesbahnen teilen mit: Der Bundesrat hat die allgemeine Mobilmachung auf Samstag, 2. September, und damit im Zusammenhang die Unterstellung der öffentlichen Transportanstalten unter die Militärgewalt verfügt. Am ersten Mobilmachungstag, d.h. in der Nacht von Freitag zum Samstag, 2. September, 0.01, tritt der Kriegsfahrplan in Kraft. Dem Publikum ist der Kriegsfahrplan zur Verfügung. Besondere Auszüge werden zum Aushang eines Plakatschemas an den bedeutenderen Lokalen in öffentlichen und anderen Lokalen bekanntgegeben. Sie sind ferner in einem Kursbuch zusammengefaßt, welches bei den wichtigsten Stationen bezogen werden kann.

Für das Einrücken auf den Korpssammelplätzen verkehren heute und am 1. und 2. Mobilmachungstag Extrazüge, die mit besonderen Plakaten in den Bahnstationen und öffentlichen Lokalen bekanntgegeben werden. Es wird ausdrücklich darauf aufmerksam gemacht, daß für das Einrücken nur die Extrazüge benützt werden sollen.

In der Uebergangsnacht vom Freitag zum Samstag verkehren noch einzelne Züge, die gemäß gegenwärtig gültigen Fahrplan das Ziel erst nach Mitternacht erreichen, noch bis zu ihrer Bestimmung. Näheres ist bei den Stationen zu erfragen.

Frankreich respektiert die schweiz. Neutralität

ag. Bern, 1.d. Der schweizerische Gesandte in Paris, Minister Stucki, hat am Freitagvormittag die schweizerische Neutralitätserklärung dem französischen Außenminister Georges Bonnet übergeben. Dieser hat daraufhin dem schweizerischen Gesandten die folgende Erklärung überreicht:

„Ich habe die Ehre, Ihnen den Empfang der Neutralitätserklärung der schweizerischen Regierung zu bestätigen, die Sie mir unter heutigem Datum notifiziert haben. Ich nehme von dieser Mitteilung Kenntnis. Was Sie anlangt, wird die Regierung der Republik nicht verfehlen, peinlich die Neutralität der Schweizerischen Eidgenossenschaft und die Unverletzbarkeit ihres Gebietes zu beobachten, gemäß den Verträgen von 1815 und den sie ergänzenden Abmachungen."

Die Landesausstellung wird geschlossen

Die Direktion der Schweizerischen Landesausstellung teilt mit:

Im Hinblick auf die vom Bundesrat beschlossene Kriegsmobilmachung hat die Leitung der Landesausstellung angeordnet:

1. Die Landesausstellung wird sofort geschlossen.
2. Die Bewachung übernimmt die Stadtpolizei Zürich.
3. Alle Ausstellungsobjekte und Einrichtungen bleiben unverändert an Ort und Stelle.
4. Zeitpunkt und Umfang der Wiedereröffnung werden später bekanntgegeben.
5. Die Ausstellungsleitung führt ihre Arbeiten mit eingeschränktem Personalbestand weiter.

Deutschland schlägt los

Die militärische Aktion hat an verschiedenen Stellen begonnen

Warschau, 1.d. (United Preß.) Das polnische Außenministerium gibt folgende Erklärung heraus: „Kurz nach 7 Uhr morgens begannen die deutschen Truppen eine militärische Aktion an verschiedenen Punkten der Grenze. Es handelt sich zweifellos um einen deutschen Angriff gegen Polen. Der Kampf ist im Begriffe, sich zu entwickeln."

Die deutsche Mitteilung

Spt. Berlin, 1.d. In einer Sondermeldung des deutschen Rundfunks wurde am Freitagmittag bekanntgegeben: „Die deutsche Wehrmacht hat den aktiven Schutz des Reiches übernommen. In Erfüllung ihres Auftrages, der polnischen Gewalt Einhalt zu gebieten, sind Truppen des deutschen Reiches heute früh über alle deutsch-polnischen Grenzen zum Gegenangriff angetreten. Gleichzeitig sind Geschwader der Luftwaffe zum Niederkämpfen militärischer Ziele in Polen gestartet. Die Kriegsmarine hat den Schutz der Ostsee übernommen."

An maßgebender Stelle wird erklärt, daß heute morgen um 4 Uhr 30 jüni verschiedene Orte Polens einem Luftbombardement unterworfen wurden. Die Bombardements sind von einer verhältnismäßig geringen Zahl von Bomben ausgeführt worden. Der angerichtete Schaden ist zurzeit noch unbekannt und die Namen der bombardierten Ortschaften werden noch bekanntgegeben.

Kattowitz, Gdingen, Krakau bombardiert

Warschau, 1.d. (United Preß.) Wie angekündigt wird, haben deutsche Flugzeuge den polnischen Hafen Kattowitz bombardiert und Bomben über Gdingen abgeworfen, die jedoch ins Meer fielen. Auch Krakau ist bombardiert worden. Der Umfang des Schadens ist nicht bekannt.

Luftbombardements

Man hat in Warschau den Eindruck, daß die Luftangriffe seines sehr ernsten Charakters tragen und möglicherweise darauf berechnet waren, Eindruck auf das polnische Volk zu machen. Soweit jedoch der United-Preß-Korrespondent am Fenster seines Hotelzimmers feststellen kann, scheint die Bevölkerung nicht im geringsten beunruhigt.

Bestätigungen

Paris, 1.d. (United Preß.) Die amerikanische Botschaft in Warschau bestätigt offiziell, daß fünf polnische Städte bombardiert worden seien und daß Danzig besetzt sei.

ag. Bern, 1.d. Die polnische Gesandtschaft in Bern teilt mit: „Am Freitagmorgen 8 Uhr ist die deutsche Armee in die polnische Grenze an vier Orten überschritten."

Hitler hat in seinem Appell von einer angeblichen Verletzung der Grenze durch Polen gesprochen. Dies ist eine notorische Lüge. Die angebliche terroristische Bande in Gleiwitz ist eine Erfindung des deutschen Generalstabs.

Auf Grund der Pressenachrichten wurden heute morgen die folgenden verschiedenen Städte bombardiert: Krakau, Kattowitz, Grodno, Puck und Tjew. Es entstand kein beträchtlicher Schaden."

ag. Warschau, 1.d. Die Agentur Pat teilt mit: „Von deutscher Seite wurden die ersten Angriffshandlungen

in der Nacht zum Freitag

begangen. Die deutsche Luftwaffe ging zum Angriff über durch Bombenabwurf auf die polnischen Küstenort Puck in der Umgebung von Gdingen, der die Zerstörung des Flugplatzes zum Ziel hatte. Indessen entstand kein Schaden. Zum Sommerlein wurde ebenfalls bombardiert ohne Erfolg. Dann erfolgte ein deutscher Luftangriff auf die Stadt Biala Podlaska, in der Absicht, die dortige Flugzeugfabrik zu treffen. Die Bomben verfehlten das Ziel. Drei Bomben wurden auch Gdingen abgeworfen, ohne daß sie ihr Ziel erreichten.

Gegen die Städte Tichenow werden Aktionen der deutschen Truppen gemeldet, damit der deutsche Angriff auf Polen ein fait accompli."

England und Frankreich werden eingreifen

ag. London, 1.d. Offiziös wird mitgeteilt: In den offiziellen Kreisen wird betont, was die folgenden erwähnten polnischen Städte anbetrifft, wie es der Fall in den Proklamationen Hitlers, das bedeute, daß Deutschland den Krieg erklärt, so kann mit aller Autorität festgestellt werden, daß Großbritannien und Frankreich unbedingt entschlossen sind, ihre Verpflichtungen gegenüber der polnischen Regierung bis zum äußersten zu erfüllen.

Die deutschen Behauptungen von Verhandlungen werden in London als völlig irreführend bezeichnet. Am 29. August hat der deutsche Botschafter dem britischen Vertreter erklärt, daß ein polnischer Bevollmächtigter mit allen Vollmachten zu Verhandlungen nach Berlin eintreffen müsse, um über eine Regelung zu verhandeln. Die polnische Regierung war natürlich nicht geneigt, sich in eine solche demütigende Stellung zu begeben.

Die englische Stellungnahme kann kurz in folgender Weise umschrieben werden: Wenn die deutsche Regierung aufrichtig den Willen hat, den Konflikt durch Verhandlungen zu regeln, in einem Geist, wie sie ihn schon in früheren Fällen gezeigt haben, so haben die gegenwärtig stattfindenden militärischen Aktionen den Charakter eines Ultimatums, das mit dem Gegenteil von Verhandlungen identisch wäre. Das heißt mit der polnischen Regierung zu unterhandeln, wie es als normale Beziehungen zwischen zivilisierten Regierungen üblich ist. Die heute morgen erfolgten Mobilmachungen sind bisher von der polnischen Regierung nicht einwandfrei ausgeführt worden, so daß Warschau auch nicht geschützt hat, ob...

1939: Das erste Kriegsjahr

Verwaltungsratsausschuss-Sitzung mit Situationsbericht

Am 27. September 1939 fand im Restaurant Holbeinstube in Basel die 42. Verwaltungsratsausschuss-Sitzung der Swissair statt. Anwesend waren die Herren Dr. A. Ehinger, Präsident, Oberst E. Messner, Vice-Präsident, Oberst E. Schwarzenbach (die graue Eminenz) und A. Vassalli sowie von der Direktion die Herren H. Pillichody und E. Groh. *"Da Herr Oberst Messner auf der Herfahrt einen Autounfall erlitten hatte"*, konnte der Präsident die Sitzung erst mit Verspätung eröffnen.

Interessant ist vor allem der mündliche Situationsbericht von Direktor Groh über die Weiterentwicklung (Protokollauszug):

"Dazu berichtet Direktor Groh, dass wir trotz allen sich zeigenden Schwierigkeiten nach wie vor darum bemüht bleiben, den Aufbau eines Streckennetzes zu fördern und zum mindesten auch die Anfragen betreffend Sonderflüge zu verarbeiten, soweit dieselben von Interesse für die Wiederaufnahme des Luftverkehrs seien. Direktor Groh gibt bekannt, dass uns bereits eine ansehnliche Zahl interessanter Anfragen für Sonderflüge gestellt wurden, so u.a. für Flüge London–Schweiz für bedeutende Goldtransporte, ferner für einen Flug nach dem Süden und sogar solche nach Karachi.

Trotzdem es äusserst schwierig ist, gegenwärtig vom Schweiz. Armeekommando die Bewilligung für die Durchführung von Flügen nach kriegsführenden oder via solche Länder zu erlangen, und da auch seitens der zuständigen Militärbehörden dieser Länder die Überfliegungskonzessionen nur sehr schwer zu erhalten sind, glauben wir doch, dass es nach reiflicher Vorbereitung möglich sein dürfte, demnächst Sonderflüge von England nach der Schweiz durchzuführen. Jedenfalls ist die Direktion der Swissair darum bemüht, gegenwärtig die entsprechenden Vorkehrungen zu treffen, um einen ersten Versuch verantworten zu können. Diesbezüglich wurden auch bereits mit dem Ausland für die eventuelle Wiederaufnahme einzelner Strecken die entsprechenden Verhandlungen eingeleitet, worüber Direktor Groh vorläufig folgende konkreten Angaben macht:

Deutschland:
Zu verschiedenen Malen wurde bei der DLH (Deutsche Lufthansa) bezüglich Wiederaufnahme einer Verbindung mit Deutschland telephonisch Rücksprache genommen, wobei uns seitens der Direktion der DLH versprochen wurde, unsere Wünsche nochmals beim Ministerium vorzutragen, und zwar bezüglich Befliegung der Strecken Altenrhein–München, Altenrhein–Berlin und Überflug über deutsche Gebiete (Ostmark) für eine Verbindung Ungarn–Schweiz.

Frankreich:
Bereits sind durch die Swissair Versuche betreffend Wiederaufnahme eines Verkehrs zwischen Genf und Paris gemacht worden, und zwar hat sich die Direktion diesbezüglich sowohl schriftlich als auch mit dem von der Schweiz abgereisten Vertreter der Air France persönlich an diese Gesellschaft gewandt zwecks Prüfung des Problems für einen Korridor von Genf über Lyon.

Ungarn:
Die MALERT (später MALEV) hat grosses Interesse an einer Luftverbindung Ungarn–Schweiz und lässt uns ihrerseits alle notwendige Hilfe durch Vermittlung bei den Behörden angedeihen.

England:
In England verhandelt unser Vertreter, Herr Messmer, dauernd mit den zuständigen Stellen. Wir stehen mit ihm diesbezüglich ebenfalls in steter Verbindung. Gegenwärtig ist das Gesuch für einen erstmaligen Wiedereinflug nach England anhängig, und zwar für die Durchführung eines Sonderfluges.

Spanien:
Herr Savanay aus Madrid, der dem Luftfahrtministerium in Spanien nahesteht, hatte mit uns schon im Juni d.J. bezüglich einer Poolstrecke Spanien–Schweiz verhandelt. Noch vor kurzem hat er uns anlässlich einer telephonischen Unterhaltung versprochen, die nötigen Schritte für eine solche Verbindung in Spanien zu unternehmen, und er will für uns auch dem Direktor der landesansässigen Gesellschaft einen Besuch machen. Mit Italien, Belgien, Holland, Dänemark und Schweden unterhalten wir ebenfalls stets engen Kontakt auf schriftlichem Wege mit den Leitern der betreffenden Luftverkehrsgesellschaften. Es ist auch vorgesehen, dass demnächst unter den Direktoren der IATA-Gesellschaften in Den Haag eine Aussprache stattfinden soll zum Austausch der interessanten Projekte und zur Klärung der Pendenzen wie auch der neu geschaffenen Lage. Direktor Groh legt den Herren im gleichen Zusammenhang eine Karte vor, die das gegenwärtig in Betrieb stehende Streckennetz Europas zeigt. Demnach werden

im Verhältnis zur heutigen politischen Lage noch eine beträchtliche Zahl Luftverbindungen aufrechterhalten, und zwar besonders nach dem Süden (Italien und Spanien). Der Präsident nimmt diese Ausführungen zuhanden des Ausschusses entgegen, und sämtliche Mitglieder des Verwaltungsrats-Ausschusses vertreten allgemein die Ansicht, dass eine Wiederbelebung des schweizerischen Zivilluftverkehrs nach dem Ausland raschestens ermöglicht werden sollte. Zurzeit verfügen wir über genügend Benzin."

Es folgen Angaben aus der Betriebsrechnung per 31. August 1939, die mit einem vorläufigen Fehlbetrag von Fr. 67'074.40 abschliesst. Aus dem Protokoll: *"Dazu bemerkt Direktor Groh, dass in dieser Rechnung die vom Eidg. Luftamt reservierte Subvention pro 1939 von rund Fr. 300'000.– auch nicht zu einem Bruchteil eingerechnet sei, nachdem Herr Oberst Isler (Luftamt-Direktor, Red.) erklärt habe, dass diese Summe zur Deckung eines Defizites per Ende dieses Jahres erst herangezogen werden könne."*

Lebhaft diskutiert und schliesslich beschlossen wurde die von der Direktion vorgeschlagene Lohnregelung bis Ende Dezember 1939. Danach erhielten im Aktivdienst stehende, verheiratete Angestellte und Arbeiter 70% des bisherigen Fixums plus max. zwei Kinderzulagen von 5%. Ledige erhielten 50% des bisherigen Salärfixums. Für die Offiziers- und höheren Unteroffiziersgrade wurde, gemäss einem Bundesratsbeschluss, ein Teil der militärischen Besoldung an die Lohnbezüge angerechnet, so dass z.B. einem Fourier monatlich Fr. 10.50, bzw. pro Tag Fr. –.35, einem Oberleutnant Fr. 82.50, bzw. Fr. 2.75, am Lohn abgezogen wurden.
Eine spezielle Regelung galt für die Piloten, deren Salär zum grössten Teil aus der sog. Kilometer-Entschädigung bestanden hatte. Sie erhielten ein Netto-Salär, ohne Anrechnung ihrer militärischen Bezüge als Offiziere. Unterschieden wurden drei Kategorien, nämlich die Pionier-Flugkapitäne (Walter Borner, Otto Heitmanek, Alfred Künzle, Ernst Nyffenegger und Franz Zimmermann), die monatlich je Fr. 500.– bezogen, die übrigen Piloten (Robert Fretz und Hans Ernst je Fr. 300.–, Anton von Tscharner, verh., Fr. 400.–) und die Jungpiloten (Hans Kuhn, [I. Klasse], Fr. 250.–, Robert Heiniger und Alfred Reber je Fr. 200.–).
Diskutiert wurde schliesslich die stufenweise bzw. nach Kategorien vorzusehende Reduktion des Personalbestandes von 177 (Stand am 27.9.39) auf total 46 Personen.

Dr. Alphons Ehinger (1892–1953), Bankier in Basel und Verwaltungsratspräsident der Swissair von 1931 bis 1946. Vor dem Zusammenschluss der "Basler Luftverkehrs A.G. Balair" mit der zürcherischen "Ad Astra-Aero A.G." zur "Swissair, Schweizerische Luftverkehr A.G". (1931), war Dr. Ehinger Verwaltungsratspräsident der Balair seit deren Gründung im Jahre 1926. Im übrigen war er der Erfinder des Firmennamens "Swissair".

Eugen Groh (1898–1987), ursprünglich Versicherungsfachmann, war bereits bei der Balair als Prokurist tätig gewesen. Bei der Swissair befasste er sich vor allem mit buchhalterischen und kaufmännischen Belangen. Nach einiger Zeit erfolgte seine Beförderung zum Vizedirektor und 1938, nach dem Tod der beiden Swissair-Direktoren Walter Mittelholzer und Balz Zimmermann, wurde er zum kaufmännischen Direktor der Swissair ernannt.

Am 9. Oktober 1939 erhielt "Chauffeur Battr. mot. Can.1d.126" Paul Auberson (Bordfunker der Swissair) eine *"vertraulich zu behandelnde, da ein nur ganz ausnahmsweise erteiltes Entgegenkommen enthaltende"* Mitteilung mit dem erfreulichen Inhalt, dass *"weil Sie Ihre Mutter und eine Schwester zu unterstützen haben, ohne Präjudiz für die Zukunft"*, die monatliche Lohnvergütung von 50 auf 60%, d. h. auf Fr. 240.–, erhöht wurde. Eine spätere Bitte an die Swissair, sie möge sich für seine Beurlaubung aus dem Militärdienst verwenden, musste hingegen negativ beantwortet werden: *"Leider müssen wir Ihnen mitteilen, dass der gesamte schweizerische Luftverkehr immer noch vollständig lahm liegt und dass trotz aller unserer Anstrengungen, wenigstens auch nur teilweise unseren Flugbetrieb aufzunehmen, sich noch keine sichtbaren Erfolge für eine günstige Wendung der gegenwärtigen Lage gezeigt haben."*

Anstrengungen zur Wiederaufnahme des Luftverkehrs

Aus einem Briefwechsel zwischen Swissair-Direktor Groh und Umberto Klinger, "Presidente Amministratore Delegato" der ALA LITTORIA S.A. in Rom, geht hervor, dass eine Flugverbindung Richtung Italien auf den Sommer 1940 eventuell in Frage kommen könnte. So ist in einem Schreiben des ALA LITTORIA-Direktors vom 25. Oktober 1939 u. a. zu lesen: *"Ich weiss nicht, ob unser Luftfahrts-Ministerium ueber die, fuer den Betrieb dieses Dienstes von Seite meiner Gesellschaft, noetigen Geldmittel verfuegen werden kann, jedoch dessen unbeachtet glaube ich nicht, dass Schwierigkeiten fuer was Sie anbelangt bestehen duerften: jedenfalls beeile ich mich Sie zu versichern dass eine Anfrage von Ihnen meinerseits bei den befugten Behoerden mit groesstem Eifer unterstuetzt werden wuerde. Gestatten Sie mir einen Rat und zwar ich denke dass die gelegenste Zeit um diese Antraege einzureichen Januar oder Februar im naechsten Jahr sein koennte."*

Direktor Groh reist nach Berlin

Es folgte die erste Reise von Direktor Groh nach Berlin vom 22. bis zum 28. November 1939. Grohs "Kurzbericht über meine Reise nach Berlin" enthält soviel Interessantes, dass er hier, wenn auch nicht vollständig, so doch in ziemlicher Ausführlichkeit, wiedergegeben sein soll. Vorerst aber noch einige allgemeine Bemerkungen zu Grohs Reiseberichten: Direktor Groh war nur ganz ausnahmsweise allein unterwegs, erwähnt jedoch nie irgendwelche Begleitpersonen. So war er z. B. in Italien auf die Dolmetscherdienste der Herren Keller und Perrin angewiesen, da er selbst nicht italienisch sprach. Die meisten Reisen fanden per Bahn statt, in Deutschland ab Herbst 1940 wenn immer möglich per Flugzeug.

"Nach Ankunft in Berlin galt mein erster Besuch Herrn Direktor Luz von der D.L.H. ... Obwohl ich früher immer mit Herrn Luz sehr viel politisierte und er immer das Gefühl haben musste, dass ich eigentlich für seine politischen Ansichten wenig Sympathie hege, musste ich doch diesmal deutlich herausfühlen, dass gegenwärtig direkt eine Animosität, als Folge der politischen Lage, gegenüber den Schweizern besteht. Ganz offen und mit nicht gerade abgewogenen Worten erklärte er mir, es sei eine Schw..., wie die Schweizer Zeitungen über die armen Deutschen schreiben. Es sei ja ganz offensichtlich, dass alles, was Schweizer Zeitung heisse, von den Engländern und Franzosen und natürlich auch von den Juden gekauft worden sei, etc. Erst nach geraumen Stunden gelangten wir in etwas ruhigeres Fahrwasser und konnten zur eigentlichen Angelegenheit kommen, nämlich zur Besprechung über "Wiederbelebung des Luftverkehrs" zwischen Deutschland und der Schweiz...
Ich konnte gleich bei Ankunft in Berlin erfahren, dass das Reichsluftfahrtministerium der D.L.H. nahegelegt habe, es sei eigentlich momentan nicht opportun, dass die Swissair einen Direktionsvertreter nach Berlin entsende, da gegenwärtig gerade eine diesbezügliche Antwort an die Schweiz via Auswärtiges Amt unterwegs sei. Tatsächlich ist damals die Antwort auf das Gesuch unseres Politischen Departementes an das Auswärtige Amt Berlin – das in Berlin durch Dr. Frölicher bei Herrn Staatssekretär von Weizsäcker vertreten worden war – bereits nach Bern in negativem Sinne erledigt worden. ... Im Verlaufe dieser Besprechungen mit Herrn Luz habe ich dann fühlen können, dass die Sache Swissair/D.L.H. wieder eine freundlichere Note angenommen habe, zumal mir Herr Luz sagte, er wäre gewillt, bei Herrn Ministerialdirektor Fisch nochmals unsere Sache in wohlwollendem Sinne vorzutragen.

<u>*Besprechung bei Herrn Ministerialdirektor Fisch*</u> *am Samstag, 25.11.39, im Beisein von Herrn Legationsrat Kappeler; ferner waren zugegen die Herren Oberst*

Schwarz, Ministerialrat, sowie ein Legationsrat des Auswärtigen Amtes Berlin.

Ich legte Herrn Fisch unsere Bitte vor über die Wiederfortsetzung des durch die politischen Ereignisse unterbrochenen Luftverkehrs zwischen der Schweiz und Deutschland. ... Herr Fisch sprach mir dann von den allgemeinen Schwierigkeiten in militärischer Hinsicht und erwähnte, dass wenn ich die Flak-Bestückungskarte Deutschlands kennen würde, ich auch diese militärischen Schwierigkeiten ohne weiteres verstünde. Ich sagte, ich wisse schon, dass wir nicht die einzigen seien, die Luftverkehr mit Deutschland wiederaufnehmen wollten, indem ja bereits ein praktischer Luftverkehr bestehe zwischen Rom–Venedig–München und Berlin. Und dort, wo dies möglich sei, möchten wir die Verbindungen auch mit der Schweiz wiederherstellen ... einerseits in der Richtung nach dem Norden (mit München nach Berlin und Schweden) und anderseits nach dem Süden (mit Venedig, Rom).
Ich proponierte ihm, ... dass uns die Möglichkeit gegeben werden sollte, das Eis wenigstens an einem Orte zu durchbrechen, indem wir die Bewilligung einer Luftverbindung mit <u>flugplanmässiger</u> Regelmässigkeit zwischen Altenrhein und München erhielten. Es käme keine nur planlose Fliegerei in Frage, da die Hauptinteressenten, Postverwaltung, Handel und Industrie, nur auf eine verlässliche Verbindung zählen möchten. Diese meine Argumente wurden natürlich auch noch mit verschiedenen Gegenargumenten beantwortet. Doch konnten wir im Grossen und Ganzen feststellen, dass sich Herr Fisch doch einigermassen für unsere Sache erwärmt hatte ... Wir verabschiedeten uns in einem angenehm-herzlichen Tone."

Nach der Rückkehr in die Schweiz wurde eine ganze Serie von Dankesbriefen verschickt, so an Herrn Generalleutnant Fisch, Ministerialdirektor des Luftfahrts-Ministeriums: "... möchte ich nicht verfehlen, Ihnen für den überaus freundlichen und zuvorkommenden Empfang, den Sie mir im Beisein von Herrn Legationsrat Dr. Kappeler der Schweizer Gesandtschaft in Berlin zu Ehren kommen liessen, meinen verbindlichsten Dank auszusprechen." An Herrn Direktor W. Luz: "Mein lieber Herr Luz, es hat mich tatsächlich riesig gefreut, wieder einmal mit Ihnen persönlich über alle zu behandelnden Fragen zu reden, und ich empfand es bei meiner Abreise als grosse Genugtuung und innige Befriedigung, dass die alte Freundschaft zwischen Ihnen und mir noch

Lufthansa-Direktor Walter Luz, Mitglied des Vorstandes der Deutschen Lufthansa AG von 1933 bis 1945, war mit Swissair-Direktor Eugen Groh als Folge enger geschäftlicher Beziehungen freundschaftlich verbunden und wichtigster Ansprechpartner in Deutschland.

Wichtigster Entscheidungsträger für die Verhandlungen der Swissair mit Deutschland war Generalleutnant Willy Fisch, Ministerialdirektor des Luftfahrts-Ministeriums in Berlin; hier, auf der von der Lufthansa zur Verfügung gestellten Aufnahme, im Gespräch mit dem afghanischen Aussenminister.

in der gewohnten Weise weiter besteht." Auch die Herren Minister Dr. Frölicher, Schweizer Gesandter in Berlin, und Legationsrat Dr. Kappeler wurden nicht vergessen.

Direktor Groh reist nach Italien

Vom 12. bis 17. Dezember 1939 weilte Direktor Groh in Italien *"zwecks Aufnahme von Verhandlungen mit den dortigen Luftverkehrsgesellschaften und Behörden über eine event. Streckenführung nach oder via Italien".*

Auch aus dem Bericht dieser Reise lohnt es sich, längere Auszüge wiederzugeben, wobei zu bemerken ist, dass Eugen Groh nicht italienisch sprach und deshalb in Italien praktisch immer im Beisein der Herren Keller oder Perrin verhandelte.

"Rom, 13. Dezember 1939
Der KLM-Vertreter, Herr Meuser, ... gab mir eine Gesamtübersicht über das derzeitige Verhältnis als ausländische, luftverkehrtreibende Gesellschaft gegenüber dem Staat Italien. Er schilderte mir dieselben in folgenden Kennworten:
a) allgemein sehr entgegenkommend
b) gute Beziehungen von Dir. Plesman (Direktor der KLM) zum Staatschef Mussolini
c) KLM flog bzw. fliegt schon seit längerer Zeit nach bzw. via Italien. Sie machte sich nicht erst seit Kriegsausbruch in Italien ansässig.

... Seit Kriegsausbruch besteht keine Luftverbindung mehr zwischen dem Mutterland Holland und Italien. ... Es sind natürlich gewisse Schwierigkeiten für die Betriebsführung der K.L.M. aufgetaucht, die zur Hauptsache in der Entstehung von Kosten für die ... Bodenorganisation zu suchen waren. Diese Schwierigkeiten seien in erster Linie auf die Einstellung der Engländer seit Kriegsausbruch zurückzuführen gewesen. ... Die I.A.L. (Imperial Airways London) soll scheinbar für die Bodenorganisation in Rom eine Unsumme zahlen, man sagt, es seien monatlich Lstg. (£) 2'000.–, dabei hat die I.A.L. einen Stab von rund 100 Personen ... auf eigene Rechnung dort beschäftigt. ...
Herr Meuser machte mich ferner speziell darauf aufmerksam, dass ich bei den Verhandlungen mit den Italiener-Gesellschaften besonders darauf achten müsse, dass ich ja nicht eine Strecke zu betreiben wünsche,
die in Konkurrenz mit einer bereits von einer italienischen Gesellschaft beflogenen Linie stünde. Auf diesem Gebiet seien die Italiener überaus empfindlich. Speziell unter den derzeitigen Verhältnissen sei besonders aufzupassen, da sie nämlich immer noch ein gewisses Misstrauen hegen und anderseits überzeugt seien, dass sie vom Luftverkehr in jeder Beziehung mehr verstünden als andere.
Später fand ich dann auch Gelegenheit, mit den Herren der ALA LITTORIA zu sprechen, und zwar mit Herrn U. Klinger (Verwaltungsratspräsident). ... Ich unterbreitete ihm sogleich die von uns gehegten Pläne in allen Details und erklärte ihm, dass wir beabsichtigen würden, die folgenden Luftverkehrsverbindungen aufzunehmen:
1) eine Strecke: Locarno (–Mailand)–Venedig–Athen,
2) eine Strecke: Locarno (ohne Halt in Italien) nach Spanien, Ziel Barcelona.
Herr Klinger erklärte mir, sie hätten an diesen beiden Strecken kein Interesse und würden uns, mit anderen Worten, keine Schwierigkeiten in den Weg legen. Er empfahl mir auch, diese Angelegenheit, da ich mich schon in Rom befände, sofort noch seiner Exzellenz Pellegrini, dem Chef des Luftfahrtministeriums, vorzulegen. ...

Das italienische Luftfahrtministerium ist stark abgeriegelt wie eine Festung, und man braucht einen Spezialausweis (Passierschein), um dort eingelassen zu werden, welcher ausserdem einigemale gestempelt wird. Ecc. Pellegrini war sehr nett und begriff unser Anliegen sehr wohl. Er versicherte mir, dass er keine Schwierigkeiten darin sähe, unsern Plan, von Locarno aus Streckenluftverkehr durchzuführen, in die Wirklichkeit umzusetzen. ... Das Gesuch um die allgemeine Luftverkehrs-Konzession sei auf dem normalen Wege einzureichen, und um die politischen Verhältnisse zu prüfen, würde dieses Gesuch sowohl beim Politischen Departement sowie beim Departement des Innern zur Genehmigung vorgelegt. Da aber das Einvernehmen zwischen Italien und der Schweiz ein derart gutes sei, befürchte er für unser Gesuch keine Schwierigkeiten. ...
Hinsichtlich des <u>Platzes Mailand</u> ist noch zu erwähnen, dass derselbe sehr gut ist und schöne Einrichtungen aufweist. ... Der Platz ist sowohl als Land- als auch als Wasserflugplatz ausgebaut. ... Als weniger angenehm ist festzustellen, dass Mailand ziemlich viel Nebel aufzuzeichnen hat.

Am Sonntagvormittag hatte ich (in Mailand) dann auch noch Gelegenheit, unsere Pläne mit ... Col. Biondi durchzubesprechen. ... Ich sprach ihm von der projektierten Verbindung Locarno–Venedig–Athen, mit dem technischen Stützpunkt in Mailand, da Mailand in Frage stehe, weil Locarno nur Flugplatz 2. Klasse sei und keine Radioeinrichtungen besitze. Ausserdem sei auch Locarno nicht genügend eingerichtet für die Unterstellung von grossen Flugzeugen. Ferner würden wir eine Strecke von Locarno nach Spanien planen, und zwar ohne Halt in Italien, aber evtl. mit Halt in Marseille und vorläufig bis Barcelona.

Gegen unseren erstern Vorschlag hatte er wenig Einwendungen zu machen, nur wegen des Teilstücks Locarno–Venedig erwähnte er, dass AVIO selbst ebenfalls eine Linie Mailand–Venedig betreibe. Ich erklärte ihm, dass wir ihm auf dieser Linie, die ja bis Budapest gehe, jeweils die Post mitbringen würden aus dem Norden, zur Mitnahme ab Mailand oder Venedig und umgekehrt, was ihm wiederum einleuchtete. ...

Auch dass wir den Plan einer Strecke Locarno–Spanien hegten, war für ihn sichtlich eine unangenehme Überraschung, da er scheints die gleichen Ziele ebenfalls verfolgte. ... Ich erklärte ihm auch, dass wir den regelmässigen Luftverkehr auf dieser Linie täglich durchführen möchten. Er könnte sich ja ebenfalls an dieser Linie in Form einer Poolgemeinschaft beteiligen, ... darüber lasse sich ja sicherlich reden. ... Auf seine weitere Frage, auf welchen Zeitpunkt wir rechnen, mit unserer Linienaufnahme beginnen zu können, sagte ich, dass wir diese auf Februar oder März 1940 wünschen möchten, damit wir in der Zwischenzeit in aller Ruhe die entsprechenden Flugpläne und Tarife sowie die Propaganda vorbereiten könnten. ...

Herr Col. Biondi anerbot sich noch, in nächster Zeit einmal nach Zürich zu kommen, wo er mit uns die schwebenden Angelegenheiten nach Rücksprache beim Ministerium besprechen wolle, was er für das Einfachste halte. Ich glaube, dass Col. Biondi sehr gerne reist, habe ihm aber im übrigen meinen Dank für sein freundliches Anerbieten übermittelt. Ich glaube, dass wir seinen Besuch schon bald erwarten dürfen. ..."

Verwaltungsratsausschuss-Sitzung in Zürich

Die 43. Verwaltungsratsausschuss-Sitzung der Swissair fand am 22. Dezember 1939 im Bahnhofbuffet H.B. Zürich, 1. Stock, statt. Anwesend waren wiederum die Herren Dr. Ehinger, Präsident, Oberst Messner, Vice-Präsident, Oberst Schwarzenbach, A. Vassalli sowie die beiden Swissair-Direktoren Pillichody und Groh. Zuerst berichtete Direktor Pillichody über seine Reise nach Paris und London vom 22. November bis 6. Dezember 1939. Er besuchte in England wie in Frankreich die nationalen Luftverkehrsgesellschaften und die zuständigen Landesbehörden für die Luftfahrt. Zweck der Reise war festzustellen, ob es für die Swissair möglich sei, ihren Luftverkehr nach England und Frankreich in absehbarer Zeit wieder aufzunehmen. Weiter aus dem Protokoll:

"In England sind die zivilen Behörden für Luftfahrt sowie die I.A.L. der Wiederaufnahme des Verkehrs England–Schweiz grundsätzlich sympathisch. Die Schwierigkeit liegt allein in der Tatsache, dass der Anflug von der Schweiz nach England normalerweise zwangsläufig über Frankreich führt, weshalb die zuständigen englischen Instanzen die grundsätzliche Frage der Wiedereröffnung des Luftverkehrs auf dieser Strecke den französischen zuständigen Behörden zur Prüfung und Vernehmlassung zu unterbreiten haben.

Die offizielle Stellungnahme der englischen zuständigen Luftfahrtbehörde lautet im Einverständnis mit dem französischen Luftfahrtministerium vorderhand negativ. Gegenwärtig wird die englische Luftfahrtbehörde es vermeiden, bei der französischen Regierung einen Druck auszuüben, um die Wiedererwägung des negativen Bescheides zu erwirken.

In Frankreich hat die Air France bei den zuständigen Luftfahrtbehörden die Frage der Wiederaufnahme einer Luftverbindung zwischen Frankreich und der Schweiz ventiliert. Sie hat auch das Überfliegen des französischen Territoriums grundsätzlich anhängig gemacht. Es wurde ihr mitgeteilt, dass es gegenwärtig nicht opportun sei, den Luftverkehr durch fremde Gesellschaften über französischem Hoheitsgebiet zu gestatten. Schon die bescheidenen Dienste der Air France und der I.A.L. zwischen Le Bourget und Heston sowie zwischen Le Bourget und Marseille seien, trotzdem auf jeder genannten Strecke nur ein Flugzeug pro Tag kursiere, für die Organisation der Fliegerabwehr eine ständige Störung. Die Abschussgefahr bestehe unbedingt. Es wurde schon mehreremale auf Verkehrsflugzeuge namentlich zwischen Paris und Marseille geschossen, und die Maschinen haben auch schon gefährliche Treffer erhalten.

Die französischen Militärbehörden, die heute für die Zivilluftfahrt allein zuständig sind, lehnen es wegen der

1939: Das erste Kriegsjahr

bestehenden Abschussgefahr im gegenwärtigen Moment ab, das Überfliegen von französischem Hoheitsgebiet durch fremde Flugzeuge zu gestatten. ..."
Es wird festgestellt, dass momentan ein Überfliegen von Frankreich nicht zu erreichen ist und dass in absehbarer Zeit kaum eine anderslautende Stellungnahme seitens der französischen Behörde zu erwarten sei. Ausserdem schliesse sich die englische Meinung "schattengetreu" an diejenige ihres Verbündeten an.
Anschliessend berichtete Direktor Groh über seine Reise nach Deutschland vom 22. bis 28. November 1939, im Sinne des hier schon vorher wiedergegebenen Reiseberichtes, worauf *"die Herren gerne davon Kenntnis nahmen, dass für eine, wenn auch nur teilweise, Wiederaufnahme unserer Flugtätigkeit in Richtung Süden erfreuliche Aussichten bestehen."*

Unter dem Traktandum Personelles teilte Direktor Groh mit, dass seit der letzten Ausschuss-Sitzung an Saisonarbeitern und Angestellten
35 kaufmännische Angestellte
33 technische Angestellte und Arbeiter
  6 Stewardessen und
10 Saisonarbeiter
d.h. total 84 Personen entlassen worden seien. Demnach verbleibe auf den 1. Januar 1940 noch ein Bestand von 93 Personen. Weiter aus dem Protokoll:
*"Von den entlassenen, militärfreien und weiblichen Angestellten haben unseres Wissens sozusagen alle wieder mit unserer Unterstützung eine Anstellung gefunden, und es ist zu hoffen, dass es auch gelingen wird, für diejenigen, die gegenwärtig noch im Militärdienst weilen, einen passenden Broterwerb zu finden, sobald dieselben für längere Zeit beurlaubt werden.
Im Zusammenhang mit den allgemeinen Sparmassnahmen haben wir uns ferner bemüht, in Zusammenarbeit mit der Kriegstechnischen Abteilung in Bern eine Anzahl unserer Facharbeiter, die noch in unserem Anstellungsverhältnis sind, in Betrieben zu plazieren, wo gegenwärtig für die schweizerische Luftwaffe Arbeiten ausgeführt werden. Im weiteren können wir eine Anzahl Spezialarbeiter und einen Teil unserer Werft samt Einrichtung den Dornierwerken überlassen, welche in Dübendorf den Einbau von Waffen in Flugzeuge besorgen. Daraus dürfte eine weitere Lohn- und Mietkostenreduktion zu erwarten sein."* (Anm.: Um was es sich dabei handelte, geht aus dem "Bericht über das Geschäftsjahr 1940" hervor, wo Fr. 4'494.– als Einnahmen für Untermiete mit folgender Bemerkung verbucht sind: *"Während der ersten vier Monate des Jahres montierten Mechaniker der Aktiengesellschaft für Dornier-Flugzeuge, Altenrhein, in unserer Werft die Bewaffnung zu [schweizerischen] Morane-Militärmaschinen. Als Miete konnten wir obige Summe verrechnen.)*
*Direktor Groh bringt anschliessend noch eine Bitte vor, die sich auf die seit Jahren übliche Auszahlung von "Pionier-Prämien" an unsere Pionier-Flugkapitäne bezieht. Er erklärt, dass der jährlich bisher ausbezahlte Betrag von Fr. 3'000.– an die Stelle der seinerzeit ausgefallenen Militärtrainings-Prämie von Fr. 4'000.– getreten sei. Direktor Groh schlägt vor, man möchte unseren verdienten Mitarbeitern, nämlich den 5 Flugkapitänen Borner, Heitmanek, Künzle, Nyffenegger und Zimmermann, auch dieses Jahr wenigstens einen pro-rata-Anteil von Fr. 2000.– ausrichten.
Ferner stellt er noch für das übrige Personal die Bitte um Gewährung einer Entschädigung für die während des Jahres 1939, d.h. bis Abbruch der Flugtätigkeit, geleisteten Sonderdienste für unsere Gesellschaft. Er möchte diese Vergütung nicht als die bisher übliche Gratifikation beantragen, dazu sei heute besonders im Falle der Swissair nicht der Zeitpunkt; dagegen schlägt er vor, allgemein Fr. 50.– an ledige und Fr. 100.– an verheiratete Angestellte zu entschädigen, was sicherlich ganz besonders bei unseren Wehrmännern ausserordentlich geschätzt würde."*

Der Verwaltungsratsausschuss erklärte sich mit diesen Vorschlägen einverstanden. Er stimmte auch einem Antrag zu, die gegenwärtigen Lokalitäten des Luftreisebüros am Bahnhofplatz 7 zu kündigen (Jahresmiete Fr. 19'000.–) und dafür als Provisorium den bisherigen Warteraum I. & II. Klasse im Hauptbahnhof zu mieten (ca. Fr. 7'000.– p.J.). Schliesslich wurde noch davon Kenntnis genommen, dass auf eine Anfrage bezüglich Sonderflüge im Rahmen der Pro-Finnland-Aktion für Transporte von Sanitätspersonal und -material wegen offensichtlicher Undurchführbarkeit nicht eingetreten werden kann. (Anm.: Finnland befand sich seit dem 30. November im Krieg mit der Sowjetunion.)

Winter 1939/40: Die gesamte Swissair-Flotte zusammengepfercht in einem Hangar in Dübendorf. Aus der Beantwortung einer Anfrage an der Verwaltungsratssitzung vom 14. März 1940 geht hervor, dass diese Flugzeuge auf Anordnung des Luftamtes "wegen der ständigen Startbereitschaft" zudem alle vollgetankt waren! In vorderster Position die DC-3 HB-IRU, die, erst kurz vor Kriegsausbruch an die Swissair geliefert, im Mai 1940 nach Schweden verkauft wurde.

Jahresende und Abschluss

Der Brief an die Pionier-Flugkapitäne, der die Mitteilung über die Ausrichtung der Pionier-Prämie für 1939 von Fr. 2'000.– enthielt, schloss wie folgt:
"Wir können Ihnen noch streng vertraulich verraten, dass für einen evtl. Flugbetrieb nach dem Süden im Jahre 1940 Aussichten bestehen, so dass wir hoffen dürfen, dass dieses neue Jahr für Sie und unsere Gesellschaft wieder bessere Zeiten bringen wird. Mit den besten Glück- und Segenswünschen für das Jahr 1940, auch für Ihre Familie, begrüssen wir Sie hochachtungsvoll ..."

Zum Schluss noch einige Angaben aus dem Bericht über das abgeschlossene Geschäftsjahr der Swissair vom 1. Januar bis 31. Dezember 1939:

In der Bilanz per 31. Dezember 1939 sind Flugzeugzellen und Motoren getrennt bewertet. Als Totalverlust abgeschrieben figurieren die DC-2 HB-ITA (Fr. 1.–) und die Ju-86 HB-IXA (Fr. 42'248.80).

Im Bestand aufgeführt sind:
DC-2 HB-ITE, HB-ITO, HB-ISI, abgeschrieben auf je Fr. 1.–
DC-3 HB-IRA Bilanzwert Fr. 152'154.15
HB-IRI 152'154.10
HB-IRO 341'790.40
HB-IRE 387'556.30
HB-IRU 244'933.90

Letzterer Betrag *"als Anteil auf unsere eigene Rechnung"*, nach vorgenommener Abschreibung von Fr. 17'500.–. Der Anschaffungspreis für die HB-IRU hatte Fr. 612'433.90 betragen, jedoch *"Gemäss Vereinbarung mit dem Eidg. Volkswirtschafts-Departement vom 8. August 1939 geschah dieser Ankauf auf Initiative des Kriegstransportamtes, weshalb uns ein Kostenanteil von Fr. 350'000.– zu leisten ist."*

HB-LBO (Fokker F VIIa) und HB-IKO (AC 4) erscheinen ebenfalls mit Fr. 1.–, während HB-APA (Dragon DH 89), per 1939 um 50% abgeschrieben, noch mit Fr. 1835.50 zu Buche steht.

Die DC-2 und DC-3 gelangten auf den Strecken von Zürich nach Berlin, London, Paris, Frankfurt Nachtpost, Genf–Paris und teilweise Zürich–Wien zum Einsatz, die HB-IXA (früher IXE) auf der Strecke Zürich–Wien. Mit der HB-APA wurden die Strecken St.Gallen–Zürich und Zürich–St.Gallen–München geflogen. Für Rund- und Sonderflüge wurden HB-LBO und HB-IKO verwendet.

Die Liste der fliegenden Besatzungen umfasste Ende 1939 folgende Namen:
Piloten
Walter Borner, Otto Heitmanek, Alfred Künzle, Ernst Nyffenegger, Franz Zimmermann, Hans Ernst, Robert Fretz, Anton von Tscharner
Jungpiloten
Hans Kuhn, Robert Heiniger, Alfred Reber
Bordfunker
Paul Auberson, Othmar Breitenstein, Jules Gloor, Jost Guyer, Christian Schaaf, Werner Wegmann, Pierre Maeder.

Ausserdem erfahren wir, dass der Swissair-Film "Der schönste Tag meines Lebens" in einer deutschen und einer französischen Version auf sage und schreibe lediglich Fr. 14'662.25 zu stehen kam, die Herausgabe der Swissair-Broschüre "20 Jahre Luftverkehr", ebenfalls in deutscher (5'750 Ex.) und französischer (3'200 Ex.) Sprache, auf Fr. 17'605.–, mit der Bemerkung: *"Gegenwärtig sind diese Broschüren wegen der darin enthaltenen Luftphotos von der Zensur des Armeekommandos zum Verkauf nicht zugelassen."*

Beim Ertrag sind die Streckeneinnahmen, inkl. Postentschädigung und Subventionen, mit total Fr. 2'585'864.05 ausgewiesen. Merklich verbessert wurden die Strecken-Transportergebnisse Genf–Paris v.v. *"Grund: Bedeutende Verkehrszunahme durch englische Feriengäste"* und Basel–Zürich v.v. *"Grund: Zunahme der Lokalpassagier-Frequenz wegen der Landesausstellung."* Einen auffallenden Rückgang des Transportertrages verzeichnete hingegen die Strecke Zürich–Wien v.v. *"Grund: Ausfall der Emigranten"*. (Anm.: Dies war eine direkte Auswirkung der 1938 erfolgten Einverleibung Österreichs in das "Grossdeutsche Reich".)

Durch den Einsatz grösserer Flugzeuge, mit einer Angebotssteigerung gegenüber 1938 um ca. 1/6, sank die Ausnützung von 55,54% (1938) auf 51,78% (bis zum Betriebsunterbruch Ende August). Dazu die folgende bemerkenswerte Feststellung: *"Die Gegenüberstellung der Flugzeiten zeigt ebenfalls eine Verbesserung, indem im Jahre 1939 zur Beförderung eines Tonnenkilometers nur 8 7/10 Sekunden aufgewendet werden mussten, gegenüber 9 Sekunden im Jahre 1938. Diese Verbesse-*

rung ist auf den vermehrten Einsatz von Flugzeugen Typ DC 3 zurückzuführen (schnellere Maschinen)."

Die **Gewinn- und Verlustrechnung** schliesst praktisch ausgeglichen, mit einem *"Verlustsaldo auf neue Rechnung"* von Fr. 5'978.75, ab. Dazu die Bemerkung: *"Um das Gleichgewicht weiterhin beibehalten zu können, ist es aber unumgänglich, dass unsere Gesellschaft im Jahre 1940 die Flugtätigkeit wieder aufnehmen kann. Die derzeitigen Aussichten lassen dies zuversichtlich hoffen."* Vorgängig wird das abgelaufene Geschäftsjahr als schicksalsschweres Jahr bezeichnet. *"Schon zu Beginn des Jahres 1939 (am 7. Januar) hatten wir den grossen Unfall bei Senlis (Paris) zu beklagen, und kaum ein halbes Jahr später (am 20. Juli) hat uns das schwere Unglück bei Konstanz einen weiteren harten Schlag zugefügt. Der Mobilmachungstag (2. September 1939) brachte unserer Gesellschaft durch die plötzliche Stillegung des gesamten Betriebes neue grosse Sorgen."*
Es folgt die angesichts dieser Umstände beinahe makaber anmutende Bemerkung: *"Unter Berücksichtigung dieser Geschehnisse ist es schlussendlich doch angenehm, feststellen zu dürfen, dass wir sozusagen eine ausgeglichene Jahresrechnung ausweisen können."*

1940
Das zweite Kriegsjahr

1940
9. April:
Deutscher Überfall auf Norwegen.

10. Mai:
Deutscher Einmarsch in Holland, Belgien und Luxemburg.
Beginn des Frankreichfeldzuges.

Mai/Juni:
Fliegerzwischenfälle Deutschland–Schweiz.

14. Juni:
Besetzung von Paris.

22. Juni:
Deutsch-französischer Waffenstillstand.

Ab Juli:
Deutsche Luftangriffe auf England,
"The Battle of Britain".

1940/1: Flugbetrieb ab Locarno

Die Fülle der Ereignisse im Jahr 1940 bedingt die Unterteilung des umfangreichen Stoffes in vier Hauptabschnitte, deren Inhalte sich zeitlich z.T. überschneiden:

**1940/1:
Flugbetrieb ab Locarno-Magadino**

**1940/2:
Evakuierung der Swissair ins Tessin**

**1940/3:
Verkauf der DC-3 HB-IRU**

**1940/4:
Wiederaufnahme der Flüge ab Dübendorf**

Locarno, Februar 1940. Vorbereitung des Flugbetriebs ab Locarno-Magadino. Prof. Ing. Robert Gsell (mit Brille) vom Eidg. Luftamt im Gespräch mit Hans Brechbühler (rechts) vom technischen Dienst der Radio Schweiz AG. Der dritte Gesprächsteilnehmer konnte nicht identifiziert werden.

1940/1:
Flugbetrieb ab Locarno-Magadino

Der wohlvorbereitete Streckenbetrieb der Swissair ab Locarno ist nicht zu verwechseln mit der im Hauptabschnitt 1940/2 beschriebenen, aus Angst vor einem deutschen Einmarsch im Mai 1940 durchgeführten Evakuierung und vorübergehenden Verlegung der gesamten Verwaltung (für wenige Tage) und des technischen Dienstes (für einige Monate) ins Tessin.

Vorbereitende Verhandlungen

Wie in der Chronik über das Jahr 1939 ausführlich dargestellt, weilte Direktor Eugen Groh vom 12. bis 17. Dezember 1939 in Rom und in Mailand *"zwecks Aufnahme von Verhandlungen mit den dortigen Luftverkehrsgesellschaften und Behörden über eine eventuelle Streckenführung nach oder via Italien"*. Am 22. Dezember berichtete er darüber an der Verwaltungsratsausschuss-Sitzung in Zürich.
Im Januar 1940 fanden in Zürich weitere Verhandlungen mit Direktor Farini von der AVIO LINEE ITALIANE statt, wobei die Strecken Locarno–Barcelona direkt und Locarno–Athen via Mailand und Brindisi zur Diskussion standen. Direktor Groh berichtete hierüber ausführlich in einem Schreiben vom 18. Januar 1940 an den Direktor des Eidg. Luftamtes, Oberst Isler. Danach hätten sich die Italiener an der Strecke nach Barcelona gerne in einer Betriebsgemeinschaft mit der Swissair mit je drei wöchentlichen Flügen beteiligt. Für die Strecke nach Athen war Mailand als technische Basis vorgesehen.
"Nach eingehender Überprüfung der praktischen Durchführung dieser Luftverkehrslinie möchten wir vorschlagen, dass wir den Zubringerdienst ab Locarno mit einer kleinen Maschine, Typ Dragon DH-89, besorgen und in Mailand den Anschluss a) an unsere Strecke nach Brindisi–Athen, b) an die Poolstrecke Avio Linee/Malert nach Budapest und evt. Bucarest sichern."

Technische Bereitstellung

Die "Beanspruchung des Flugzeugparkes" sah man wie folgt:

1 DC-2 mit Unterstellung auf dem Flugplatz Barcelona
1 DC-2 mit Unterstellung auf dem Flugplatz Locarno, als Reserve für die Strecke nach Barcelona
1 DC-3 mit Unterstellung auf dem Flugplatz Athen
1 DC-3 mit Unterstellung auf dem Flugplatz Mailand, als Reserve für die Strecke nach Athen
1 Dragon DH-89 mit Unterstellung auf dem Flugplatz Locarno.

Nun galt es, auf dem Flugplatz Locarno, der erst im Juli 1939 offiziell eröffnet worden war, die notwendige Infrastruktur für einen regelmässigen Linienverkehr mit Grossflugzeugen bereitzustellen. Am 2. Februar fanden diesbezügliche Besprechungen in Locarno statt. Mit Vertretern der Post wurde die Einrichtung eines Postbüros besprochen, ebenso die Einführung von Zubringerdiensten. Für die Erörterung der technischen Probleme trafen sich gleichentags Direktor Groh von der Swissair, Prof. Gsell vom Eidg. Luftamt, Oblt. Marazza, Flugplatzchef von Locarno, und Architekt Cavadini, "der Erbauer des Flugplatzes Locarno", Präsident der S.A. Aeroporto di Locarno.
Der Bau eines grossen Hangars stand kurz vor der Vollendung. Von der Swissair wurde für die Jahresmiete ein schätzungsweiser Betrag von Fr. 3'500.– genannt. Bereits Mitte Februar wurde der mangels Flugbetrieb "arbeitslos" gewordene Flugleiter von Basel-Birsfelden, Heinrich Kauert, nach Locarno-Magadino beordert, um die dortige Station einzurichten und zu leiten. Vorbereitungen traf auch die Radio Schweiz AG, die beim Bauernhof jenseits der Verbindungsstrasse am östlichen Flugplatzende eine Funk- und Peilstation einrichtete.
Es waren vor allem die beiden Radio-Telegraphisten bzw. Peilbeamten, Josef Schlegel und Hans Rutishauser, die in der Folge das neueste Hasler-Produkt, einen der modernsten Mittelwellenpeiler Europas, sowie, über Fernbedienung, die Mittelwellen-Sendestation HEL auf dem Monte Ceneri betrieben.

Der Flugplatz Locarno-Magadino war im Juli 1939 in Betrieb genommen worden. Für die Unterbringung von Verkehrsflugzeugen wurde mit grosszügiger Unterstützung des Eidg. Luftamtes ein neuer Hangar errichtet.

15. März 1940: Besprechung auf dem Flugfeld zwischen (von links) Chefpilot Nyffenegger, Architekt Cavadini ("der Erbauer des Flughafens Locarno") und Flugplatzchef Marazza.

1940/1: Flugbetrieb ab Locarno

Erstmals auf dem Flughafen Locarno: Die beiden zweimotorigen Douglas DC-2 der Swissair, HB-ITE und HB-ISI, die am 15. März 1940 durch die Flugkapitäne Nyffenegger und Heitmanek von Dübendorf nach Locarno überflogen worden waren.

Die neuerstellte von der Radio Schweiz AG. betriebene Funkstation auf dem Flugplatz Locarno-Magadino. Auf dem Dach eine Bellini-Tosi-Peilantenne, die später durch eine Peilrahmenantenne ersetzt wurde.

Hans Rutishauser am Fernschreiber für die Verbindung mit der Flugsicherung Dübendorf. Nach Einstellung des Flugbetriebs in Locarno wurde dieser Fernschreiber vor allem für die Übermittlung der Berichte der Funküberwachung an den Stab Flieger und Flab verwendet.

Fototermin nach dem Überflug der beiden Swissair-DC-2 von Dübendorf nach Locarno. V.l.n.r.: Josef Schlegel, Chef der Funkstation der Radio-Schweiz AG; 2x unbekannt; Jules Gloor, Bordfunker; Ernst Nyffenegger, Chefpilot der Swissair; Architekt Cavadini, Präsident der S.A. Aeroporto di Locarno; Oblt. Italo Marazza, Flugplatzchef Locarno; unbekannt.

Zwei Funkbeamte der Radio Schweiz AG, Hans Rutishauser (vorne) und Josef Schlegel, am Peilerarbeitsplatz, mit (v.l.n.r.) Goniometer, Mittelwellenempfänger und Kurzwellenempfänger des Militärs.

Orientierung des Verwaltungsrates

An der 44. Verwaltungsratsausschuss-Sitzung der Swissair vom 6. Februar 1940 im Bahnhofbuffet Zürich orientierte Direktor Groh die Herren Dr. A. Ehinger, Präsident, Oberst E. Messner, Vicepräsident, Oberst E. Schwarzenbach und A. Vassalli über "Die Entwicklung unseres Projektes Luftverkehr nach dem Süden". Bezüglich Bewilligungen für die beiden vorgesehenen Flugstrecken äusserte er sich dahingehend, dass keinerlei Bedenken zu erwarten seien. Zum Ausbau des Flugplatzes Locarno lesen wir im Sitzungsprotokoll: *"Der noch primitiv eingerichtete Platz soll unter tatkräftiger Mitwirkung des Eidg. Luftamtes für unsere Zwecke brauchbar hergerichtet werden, sowohl was die Gebäude als auch die allgemeinen Platzverhältnisse und Radioeinrichtungen betrifft. Dementsprechend würde dann eine Unterstellung von zwei Grossflugzeugen Typ DC-2 bzw. DC-3 ermöglicht. Grundsätzlich hat sich auch der Oberbefehlshaber unserer Armee, General Guisan, dem Post- und Eisenbahndepartement gegenüber für die Überlassung des Platzes Locarno für den Zivilluftverkehr erklärt. Dem heutigen Stand entsprechend, dürften die Detailvorbereitungen bis zum projektierten Betriebsbeginn Mitte März 1940 abgeschlossen sein."*

Für Mailand wurde die Unterkunft für zwei Grossflugzeuge nebst technischen und kaufmännischen Installationen auf der technischen Basis Milano/Forlanini in Aussicht gestellt. Hingegen musste Direktor Groh bekanntgeben, dass die organisatorischen Vorbereitungen für das Teilstück Brindisi–Athen noch nicht erledigt werden konnten.

Kommerzielle Schwierigkeiten und Streckenänderung

Jetzt begann es aber doch zu harzen. Aus einem Schreiben von Direktor Pillichody an das Eidg. Luftamt vom 21. Februar geht hervor, dass man zu diesem Zeitpunkt noch immer auf die offizielle Zustimmung der italienischen Behörden für die Durchführung des beabsichtigten Luftverkehrs wartete und dass es deshalb nicht als opportun betrachtet wurde, die offiziellen Schritte für die erforderlichen Bewilligungen in Griechenland bzw. Spanien einzuleiten. Am 26. Februar 1940 *"referierte E. Groh mit Herrn Oberst Isler über die pros und contras bezüglich der geplanten zwei Strecken Locarno–Barcelona und Locarno–Griechenland"*. Fazit: Betreffs Barcelona galt es noch kommerzielle Schwierigkeiten zu überwinden bezüglich Transfer der Einnahmen aus Spanien. Auf die Strecke Locarno–Mailand–Brindisi–Athen wollte man hingegen ganz verzichten, *"da eine kommerzielle Basis fehlt"*, d.h. die etwas spät vorgenommenen Detailabklärungen betreffs Kosten und Ertrag ergaben ein negatives Resultat. Als Ersatz für die fallengelassene Linie schlug die Swissair vor, eine Direktstrecke Locarno–Rom zu fliegen, womit sich Herr Oberst Isler einverstanden erklärte.

Die Vorbereitungsarbeiten wurden energisch vorangetrieben. Ein Streckenprogramm Sommer 1940 sah den Einsatz von DC-3 auf der längeren Strecke Locarno–Barcelona und von DC-2 für die Flüge nach Rom vor. Man war recht optimistisch, rechnete mit 7½ Monaten Betriebsdauer, d.h. je 392 Kursen und kam, inkl. eventuellen zusätzlichen Verlängerungen, auf eine Streckenleistung von 694'800 km. In der Berechnungsgrundlage für die Strecke Locarno–Barcelona vom 13. März 1940 rechnete man mit Einnahmen von Fr. 890'000.–, wovon 25% Anteil Spanien, bei einem gleich hohen Totalbetrag für die Ausgaben.

Neuer Flugplan und weitere Verwaltungsratssitzung

Der Flugplan Frühjahr/Sommer 1940 vom 11. März ging von einer Betriebsaufnahme am 18. März für beide Strecken aus. Der werktägliche Abflug nach Barcelona war auf 14.35 h, nach Rom nur fünf Minuten später auf 14.40 Uhr angesetzt, die Landungen auf 11.15 Uhr von Rom bzw. 12.30 Uhr von Barcelona (später geändert auf 13.15 Uhr).

Am 14. März 1940 fand in der Kunsthalle in Basel am Vormittag eine Verwaltungsratsausschuss-Sitzung und am Nachmittag eine Plenar-Verwaltungsratssitzung der Swissair statt. Bei beiden Gelegenheiten orientierte Direktor Groh über die Wiederaufnahme des Streckenverkehrs. Er begründete die Umstellung bezüglich der geplanten Verbindung via Mailand–Brindisi nach Athen mit den ungewöhnlich hohen Kosten für die Bodenorganisation in Brindisi und Athen, mit der hohen Gebühr für die Benützung des privaten Funkfeuers der Air France in Korfu sowie mit den Betriebsstoffzöllen in Italien von einem Franken pro Liter. Die Verbindung nach Rom wurde vor allem auch mit der dort für 1942 vorgesehenen

Weltausstellung als besonders interessant dargestellt. Bei dieser Gelegenheit musste Direktor Groh mitteilen, dass *"wegen verschiedener Schwierigkeiten in Spanien"* die Strecke nach Barcelona nicht gleichzeitig mit der Linie nach Rom aufgenommen werden könne. Angenehmer war die Mitteilung, dass am Eröffnungsflug nach Rom am 18. März die Teilnahme einer Reihe prominenter Gäste *"unter Mitwirkung der Herren des Swissair-Verwaltungsrates"* vorgesehen sei. Gemäss definitiver Teilnehmerliste waren dies dann allerdings lediglich die Herren Oberst Emil Messner und Albert Vassalli sowie Direktor Eugen Groh.

18. März 1940: Eröffnungsflug nach Rom

Im "Bund" vom 16. März 1940 erschien die folgende Meldung:
"Zwei Douglas-Flugzeuge bereit. Die Überführung der beiden Douglas-Flugzeuge DC-2 der Swissair von Dübendorf nach Locarno, die für den am 18. März beginnenden Linienbetrieb vorgesehen sind, erfolgte am Freitag früh. Die Verkehrsmaschinen waren von einem Militärflugzeug eskortiert und landeten nach dreiviertelstündigem Fluge glatt auf dem Flugplatz Locarno-Magadino um 8 Uhr 15."

Aus dem Programm für diesen am Montag, den 18. März, durchgeführten Eröffnungsflug nach Rom ist ersichtlich, dass die Teilnehmer vor dem auf 14.40 Uhr festgesetzten Start von der Flugplatzgesellschaft Locarno zu einer Begrüssung mit anschliessendem Festessen im Hotel Esplanade in Locarno eingeladen waren, zusammen mit Vertretern der Tessiner Regierung, der Stadt Locarno und Journalisten.

18. März 1940. Die Douglas DC-2 HB-ISI rollt zum Start für den Eröffnungsflug von Locarno nach Rom.

Fluggäste und Empfangskomitee bei der Ankunft in Rom am 18. März 1940. Auf der Treppe bei der Flugzeugtüre Chefpilot Ernst Nyffenegger; vierter von links Swissair-Direktor Eugen Groh und von ihm etwas verdeckt Verwaltungsrat Vassalli; vor Flugkapitän Nyffenegger, mit hellem Hut in der Hand, Oberst Emil Messner, Vizepräsident des Verwaltungsrates der Swissair.

1940/1: Flugbetrieb ab Locarno

Der Chef der Swissair-Vertretung in Rom, Ulrich Keller, mit der Flugzeugbesatzung (v.l.) Bordfunker Christian Schaaf, Flugkapitän Ernst Nyffenegger und Bordfunker Jules Gloor. Zwischen Keller und Gloor Stationsmechaniker Robert Stocker.

Die Gästeliste für den Flug umfasste, nebst den oben erwähnten Herren von der Swissair, die folgenden Namen:
Regierungsrat A. Martignoni, Lugano
Generalkonsul Conte G. della Croce di Lojola, Lugano
Chefredaktor G. Schürch, "Bund", Bern
Direktor Dr. Job, Radiostudio Zürich, Zürich
Dr. Peretta, Verkehrsdirektor, Locarno
Mario Musso, "Pro Ticino", Zürich
Carlo Castelli, Landessender Monte-Ceneri
Heinz Guggenbühl, Zürich

Für diese Herren (damals selbstverständlich immer nur Herren!) waren im Grand Hotel in Rom Zimmer reserviert. Die Einladung schloss mit dem P.S.: *"Die Mitnahme eines Gesellschaftsanzuges (Smoking oder dergl.) ist nicht notwendig."*
Trotz Teilnahme des Chefredaktors begnügte sich "Der Bund" vom 19. März 1940 mit einer kurzen ag.-Meldung: *"Auf dem Flugplatz Littorio hatten sich zum Empfang der schweizerische Gesandte in Rom, Dr. Paul Rüegger, Legationsrat Micheli und Pius Gusberti, Direktor der schweizerischen Bundesbahnagentur, eingefun-*

Die DC-2 HB-ISI nach der Ankunft auf dem Flugplatz Roma-Littorio.

den. Italienischerseits waren erschienen Generaldirektor der Zivilluftfahrt, General Aldo Peligini, und der Präsident der "ALA LITTORIA", Klinger. Um 18 Uhr bot die schweizerische Abordnung einen Empfang, auf den am Abend in einem Hotel der Stadt ein vom Direktor der "ALA LITTORIA" gebotenes Essen folgte."

Damit war die Swissair-Strecke 1086 Locarno–Rom eröffnet. Der sechsseitige, in italienischer Sprache abgefasste "Contratto di rappresentanza generale e di assistenza" zwischen der Swissair und der S.A. ALA LITTORIA wurde am Eröffnungstag in Rom unterzeichnet. Der werktägliche Flug wurde schnell zur Selbstverständlichkeit, und gemäss NZZ vom 1. April 1940 *"ist seine Ankunft für die Einheimischen bereits eine gut gehende Uhr geworden, die ihnen pünktlich und regelmässig die Essenszeit ankündigt."*

Das Déplacement

Bezüglich des Personals der Swissair scheint es nur ein Problem gegeben zu haben: die Regelung der Déplacements-Verhältnisse.
Bereits am 7. März wurde eine Liste mit den Entschädigungsansätzen erstellt. Danach erhielten Verheiratete im ersten Monat zwischen Fr. 160.– und 200.–, vom 2. Monat an Fr. 130.– bis 170.–, *"je monatlich, solange sie ihre Familien auswärts haben, und ohne Präjudiz für event. Zivilstandsänderungen"*. Die diesbezügliche Namenliste: Flugleiter U. Keller und H. Kauert, übriges Personal Walter Haerry, Hans Dütsch, Karl Formanek, Bruno Teucher und Ferdinand Keller. Ledige erhielten keine feste Déplacements-Entschädigung, sondern nur für den ersten Monat eine sog. Übergangszulage von Fr. 30.–. Verheirateten Angestellten, *"deren Familien noch am bisherigen Wohnort domiziliert bleiben"*, wurde pro Monat ein Bahnbillett III. Kl. Locarno–Wohnort *"zwecks Ermöglichung eines monatlichen Besuches daheim"* gewährt, ledigen Angestellten *"die noch ihre Eltern haben"*, innerhalb von zwei Monaten ein Bahnbillett III. Kl. Als zusätzliche Information diente die Angabe des offiziellen Verkehrsbüros Locarno über monatliche Pensionspreise. Danach waren für "mittlere Verhältnisse" Pensionen für Fr. 130.– bis 150.– monatlich erhältlich.
Die Flugkapitäne Walter Borner, Otto Heitmanek, Alfred Künzle und Ernst Nyffenegger wurden am 16. März dahingehend orientiert, dass ihnen *"während der eigentlichen Flugtätigkeit als Pilot"* auf den jeweiligen Aufenthalt in Rom als Déplacements-Zulage pro Tag, einschliesslich Nachtessen, Übernachten, Morgen- und Mittagessen, Fr. 20.– vergütet würden. Auch sie gelangten in den Genuss eines monatlichen Billetts III. Klasse, zwecks Ermöglichung eines Besuches daheim.

Verhandlungen mit Spanien und Flugzeug-Bereitstellung

Inzwischen wurden die Verhandlungen mit Spanien intensiv weitergeführt. Zu diesem Zwecke weilten die Herren Direktor Pillichody und Charles Messmer während einiger Zeit in Barcelona und Madrid. Hauptschwierigkeit bildeten die finanziellen Bedingungen, d.h. der Zahlungsverkehr. Es gibt aber auch Informationen, wonach das Ganze schlicht und einfach ein Schmiergeldproblem gewesen sein soll. Erst am 29. März erteilte das "Instituto Español de Moneda Extranjera" sein Einverständnis, dass
1) die fremden Passagiere ihre Billette in Devisen bezahlen,
2) die spanischen Passagiere ihre Billette in Peseten bezahlen,
3) die aus dem Billettverkauf stammenden Devisen für die Bezahlung des Brennstoffes verwendet werden können,
4) ein allfälliger Devisenüberschuss in die Schweiz transferiert werden kann …

Im Handelsamtsblatt vom 30. März 1940 wird dieses Abkommen als "tragbar" bezeichnet. *"Somit dürfte der für 1. April 1940 geplanten Aufnahme des Flugdienstes Locarno–Barcelona, die die Schweiz und Spanien auf eine zeitliche Distanz von nur 3½ Stunden einander näherückt, nichts mehr im Wege stehen."*

Nun mussten auch Douglas DC-3 von Dübendorf über den Gotthard gebracht werden. Chefpilot Ernst Nyffenegger schilderte einen dieser Überflüge: *"Militärischen Geleitschutz gab eine Messerschmitt Me-109. Eine kompakte Wolkendecke lag in den Alpen auf. Während die DC-3 kühn in sie hineinstach, schwenkte der Militärpilot die Flügel und drehte ab; da konnte er nicht mithalten. Als der Flugkapitän Gewissheit hatte, unter sich die Po-Ebene zu haben, stach er wieder hinunter und nahm über Mailand Kurs nach Magadino."*

1940/1: Flugbetrieb ab Locarno

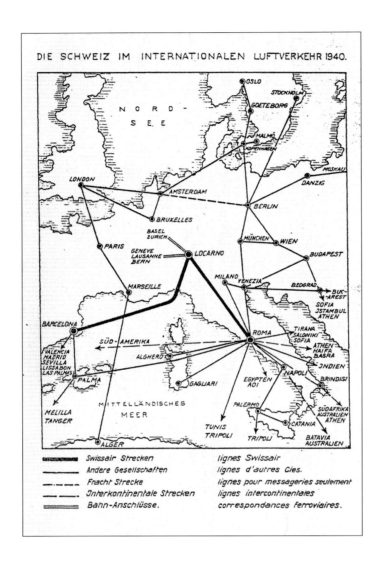

1. April 1940: Eröffnung der Spanien-Strecke

Der Eröffnungsflug Locarno–Barcelona fand am Montag, den 1. April 1940 statt. Diesmal gab es vor dem Start kein Festessen, war die Ankunft der Teilnehmer doch erst auf 13.50 Uhr in Bellinzona, mit Abflug in Locarno um 14.35 Uhr, vorgesehen. Dafür figurierte auf dem Reiseprogramm eine kurze Einweihungsfeier auf dem Flugplatz Barcelona, Aeropuerto Muntadas, mit kaltem Buffet, offeriert von der Swissair. Zimmer mit Bad waren im Grand Hotel Ritz in Barcelona reserviert. Die Liste der Teilnehmer, die für Spanien alle ein Einreisevisum benötigten, umfasste die folgenden Namen:

S. E. Herr Minister Domingo de las Barcenas, Spanischer Gesandter in Bern, Herr Regierungsrat A. Martignoni, Lugano, Herr Dr. W. Bierbaum, Redaktor der NZZ, Zürich, Herr Generaldirektor A. W. Glogg, Schweiz.Rundspruchdienst, Bern, Herr Vizekonsul F. Gschwind, Zürich, Herr Mahert, Redaktor der Tribune de Genève, Genève, Herr R. Morax, Schweizerische Handelsförderung, Lausanne, Herr Oberst M. Ruoff, Bern, Herr Dr. Plinio Verda, Direktor "Il Dovere", Bellinzona, Herr G. Nadal, II.Sekretär der spanischen Gesandtschaft, Bern;
von der Swissair:
Herr Dr. A. Ehinger, Präsident des Verwaltungsrates der Swissair, Herr H. Pillichody, Direktor

Im Gegensatz zu Rom *"ist die Mitnahme eines Gesellschaftsanzuges (Smoking) zu empfehlen."*

Über den Empfang in Barcelona berichtete die NZZ wie folgt:
"Barcelona selbst musste im allerschnellsten Eilschritt erledigt werden; der Eröffnungsflug fiel mit dem Nationalfeiertag zusammen, der sich bis in die Nacht in den reich dekorierten Strassen abspielte. So wurde der von der Swissair der Schweizerkolonie gebotene Empfang im Hotel Ritz zu einer intimen Zusammenkunft; der Tessiner Staatsrat Martignoni überbrachte dabei in einer schwungvollen Ansprache die Grüsse der Schweiz ..."

Die direkte Flugverbindung nach Barcelona macht's möglich: Verlad von Postsäcken für Portugal und USA.

"Die Luftreise nach Barcelona"

In einem längeren Beitrag beschrieb Redaktor Dr. Bierbaum in der NZZ vom 5. April 1940 anschaulich seine "Luftreise nach Barcelona". Hier einige Auszüge:
"Kaum ist die mächtige Maschine für Rauchen und Konsumation eingerichtet (wenn uns diesmal auch keine Stewardess begleitete) in den Lüften, liegt dem Fluggast der dunkelgrüne Langensee in seiner ganzen Ausdehnung zu Füssen ... Schon nach 5 Minuten sind wir in italienischer Luft. Die Alpen zur Rechten präsentieren sich in vollster Klarheit mit dem Monte Rosa im Zentrum; nicht lange dauert es, und auch das Matterhorn schiebt sich ins Bild, doch zeigt es von hier aus nicht seine imposante Zermatter Front ... Das Trio im Steuerraum funktioniert in klassischer Ruhe, am Steuer Pilot Künzle, an der Funkapparatur die Funker Saaf (sollte natürlich Schaaf heissen, Red.) und Wegmann. Sie peilen den Kurs mit Locarno, Genua, Marseille, Barcelona an und die automatische Steuerung ist der Vierte im Bunde als allzeit getreuer und zuverlässiger Helfer, ein Wunderwerk der Flugtechnik, ein Triumph des Luftverkehrs. Turin bleibt rechts im Dunst, der Alpenflug beginnt. Das Tal spendet seine letzten Blinkfeuer durch die Sonne, die in die Fenster scheint; der schwarze Douglas-Schatten ist unser getreuer Begleiter. Feierliche Stille unter uns im Bereich der Seealpen: In weissen Bändern kurven sich Strassen in Serpentinen bis zu den höchstgelegenen Alphütten dicht an der Schneegrenze ... Ventimiglia, Menton, Monte Carlo, Nizza, Cannes ... es ist ein Parademarsch weltberühmter Kurorte, auf weite Distanz betrachtet, wie sie die jetzige Zeit kategorisch verlangt. Eine Drei-Meilen-Zone ab französischer Küste ist den Flugzeugen vorgeschrieben, und man tut gut, sich an diesen Befehl zu halten ...
Das Bild wird lebendiger, da wir uns der spanischen Küste nähern; der Pilot steuert Cabo de Créus an, das wir nach zweieinhalbstündigem Flug passieren ... Noch werfen wir rasch einen Blick zu den fernen Balearen, dann liegt die Stadt unter uns, wir überkreisen ihr Häusermeer in zweimaligem Tiefflug und stehen um 18 Uhr 23 auf spanischem Boden, herzlich begrüsst von den Behörden der Schweizerkolonie und der schweizerischen Jugend, die mit ihren hellen Stimmen zeigt, dass sie auch in fernen Landen ihre Heimatlieder nicht vergessen hat. Es dauerte einige Zeit, bis die Zoll- und Passformalitäten nebst Geldkontrollen erledigt waren und wir die Stadt, die die Nationalfeier beging, erreichten ...
Um 9 Uhr 51 treten wir am nächsten Morgen die Heimfahrt an, doch hatten sich zwei unserer Mitreisenden verspätet, und ihretwegen werden wir, als wir gerade die Meeresküste erreicht hatten, zurückgerufen; im Bahnverkehr kennt man solchen "Dienst am Kunden" wohl nirgends ... Um 10 Uhr 4 Minuten steigen wir zum zweiten Male ins spanische Luftgebiet. Die Sicht ist schlecht, und bald ist kaum etwas anderes sichtbar als die Flügel unseres Flugzeuges ... Dann heisst es im Schlussgalopp wieder über die Berge zu fliegen. Auf eine Distanz von mehr als 200 km sehen wir zum zweiten Mal die ganze Alpenkette in hellstrahlendem Silber aus dichten Wolkenpolstern heraussteigen ... Bei Arona erreichen wir den Langensee (für einen Flug im 300-km-Tempo nicht ganz der richtige Name!) und zehn Minuten später überfliegen wir die Stadt Locarno und landen glatt und frohgemut ...
In sechs Stunden und sechzehn Minuten erledigten wir ohne das geringste Hindernis die Luftreise Locarno–Barcelona–Locarno; mit der Eisenbahn braucht man in der jetzigen bösen Zeit mehr als das Zehnfache, und man weiss nicht, was einem unterwegs alles passieren kann." Bb.

Sonderpost Erstflug Barcelona

Definitiver Sommerflugplan 1940 und Erstflug-Sonderluftpost

Jetzt konnte der Sommerflugplan 1940 in der 2. Vorausgabe als Faltprospekt gedruckt werden. Darin waren vor allem auch die Bahnanschlüsse von und nach Basel, Luzern, Schaffhausen, St. Gallen, Zürich und Genf enthalten.
Die Flugpreise:
Locarno–Rom   einfach Fr. 85.–, retour 153.–
Locarno–Barcelona einfach Fr. 200.–, retour 360.–

Aus einer Zusammenstellung der PTT geht hervor, dass auf dem Erstflug Locarno–Rom vom 18.3.40 total 14'088 Sonderluftposten (13'035 Schweiz und 1'053 Liechtenstein) befördert wurden. Auf dem Erstflug Locarno–Barcelona waren es 16'427 Sonderluftposten (15'050 Schweiz und 1377 Liechtenstein). Im ausserordentlich sorgfältig redigierten Schweizerischen Luftpost-Handbuch kann überdies nachgelesen werden, dass Flugkapitän Ernst Nyffenegger Kommandant des Erstfluges nach Rom und Flugkapitän Alfred Künzle Kommandant des Erstfluges nach Barcelona war.

Komplizierte Zahlungsmodalitäten

Als Vertreter der Swissair in Barcelona hatte sich Charles Messmer in einer Bürogemeinschaft mit dem Spanien-Büro der Zentrale für Handelsförderung, Zürich, etabliert. Im April kam es zu endlosen Korrespondenzen betreffs Zahlungsmodalitäten zwischen Spanien und der Schweiz, vor allem auch um den Erlass des Benzinzolles für die in Barcelona aufzutankenden Swissair-Flugzeuge. Schwierigkeiten scheint es auch bezüglich Einreise-Visa für die Schweiz gegeben zu haben. Zahlungsmodalitäten mit Spanien waren auch in der Folge Anlass zu einem umfangreichen Briefwechsel zwischen der Schweizerischen Gesandtschaft in Madrid, der Swissair-Vertretung in Barcelona, der Swissair in Zürich und dem "Instituto Española de Moneda estranjera". Daran änderte nicht einmal der deutsche Grossangriff im Westen etwas, der die im nachfolgenden Hauptabschnitt 1940/2 beschriebene vorübergehende Verlegung der gesamten Swissair in das Tessin zur Folge hatte. Zwei Tage nach Beginn der deutschen Westoffensive, am 12. Mai 1940, teilte die Direktion der Swissair in einem Pressecommuniqué mit, *"dass ihr derzeitiger internationaler Flugverkehr, d.h. die werktäglichen Direktstrecken Locarno–Rom und Locarno–Barcelona, keinen Unterbruch erleiden und im gleichen Umfange flugplanmässig weiterbetrieben werden; ebenfalls die Indien-Linie der holländischen Fluggesellschaft K.L.M. erfährt keine Aenderungen. Die zweimal wöchentlichen Kurse ab Neapel nach Batavia mit Anschluss nach Australien werden nach dem bisherigen Flugplan auch weiterhin durchgeführt."*

Die Sonderflüge

Nebst dem relativ reibungslos verlaufenen, flugplanmässigen Verkehr wurden im Mai und Juni 1940 von Locarno aus auch eine ganze Reihe von Sonderflügen durchgeführt. Es handelte sich dabei zum grössten Teil um Goldtransporte im Auftrag des Schweizerischen Bankvereins. Am 10., 11., 14. und 15. Mai wurde mit der HB-IRO in Sarajewo Gold abgeholt. Der deutsche Vormarsch im Westen liess die Schweiz als sicheren Hort für den jugoslawischen Staatsschatz jedoch fraglich erscheinen, und so erfolgte der Rücktransport nach Belgrad am 25. und 27. Mai sowie am 13. Juni. Laut Heitmanek ist das Gold den Deutschen ein Jahr später in Jugoslawien prompt in die Hände gefallen. Ein weiterer Sonderflug ging im Auftrag der Bulova Watch am 10. Juni nach Barcelona (DC-2, HB-ITE) und der letzte am 22. Juni mit Emigranten nach Belgrad, wiederum mit der HB-IRO. Betrugen die Einnahmen für die Goldtransporte pro Flug Fr. 8'500.– bis 9'500.–, so knöpfte man den Emigranten für die gleiche Flugleistung insgesamt nicht weniger als Fr. 15'600.– ab.

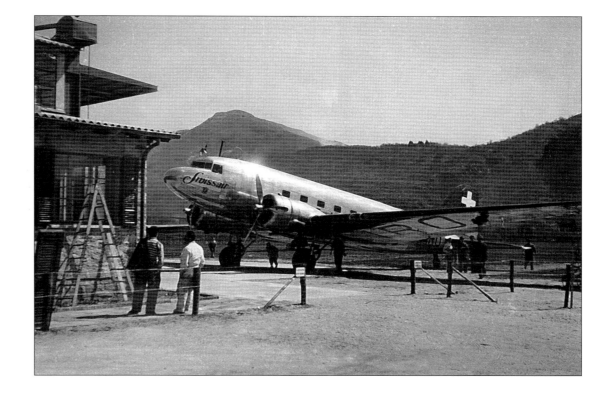

Die Douglas DC-3 HB-IRO auf dem Flugplatz Locarno-Magadino. Mit diesem Flugzeug wurden im Mai und Juni 1940 einige Sonderflüge – in der Hauptsache Goldtransporte – zwischen Locarno und Belgrad durchgeführt. Leider sind die Bordbücher dieses Flugzeuges abhanden gekommen, so dass Details über diese interessanten Flüge nicht nachkontrolliert werden können.

Otto Heitmanek war mit Jahrgang 1903 der jüngste der sechs Flugkapitäne der Swissair (Stand 1940). Von 1928 bis 1931 war er in den USA als Pilot tätig gewesen und verfügte deshalb, im Gegensatz zu den meisten seiner Kollegen, über ausgezeichnete Englischkenntnisse. Während des Krieges erhielt er an den vom Eidg. Luftamt durchgeführten "Wettbewerben für Piloten Boden- und Bordfunker" zweimal den ersten Preis.

Festgehalten in Mailand

Nicht ganz übereinstimmende Berichte liegen über den Sonderflug vom 13. Juni vor, der auf dem Rückflug von Belgrad des schlechten Wetters wegen in Mailand landen musste. Heitmanek schreibt von einem nicht enden wollenden Verhör, weil die äusserst misstrauischen italienischen Militärs und Beamten beim Funker einen Fotoapparat gefunden hatten. Als es auf dem Flugplatz Fliegeralarm gab, seien die Beamten in den Luftschutzkeller geeilt, währenddem die Swissair-Besatzung im dritten Stock eines Gebäudes auf dem Flugplatz eingeschlossen wurde. *"Das ganze Theater endete damit, dass man die Besatzung wieder laufen liess und samt Flugzeug nach Magadino zurückschickte."*

Bordfunker Paul Auberson hat dies wesentlich dramatischer in Erinnerung:
"Auf einem dieser Flüge war ich mit Otto Heitmanek, und wir hatten ausnahmsweise sieben Passagiere dabei. Der Flug ging von Locarno via Belgrad nach Sarajewo. Bei der Zwischenlandung in Belgrad kam ein Deutscher zum Flugzeug, den ich kannte. Ich glaube, er hiess Richter und war vor dem Krieg Lufthansa-Vertreter in Bern. Er fragte, was das für Passagiere seien und was die hier wollten. Eigentlich wusste ich es gar nicht. Ich sagte, das seien Touristen, denn sie hatten Foto- und Filmkameras bei sich. Nun, wir flogen weiter nach Sarajewo und von dort zurück Richtung Schweiz. Das Wetter war so schlecht, dass wir in Milano-Linate landen mussten. In Linate gab es Fliegeralarm, und plötzlich wurden Heitmanek und ich weggeführt. Ich durfte nicht einmal mehr allein auf die Toilette, da kam ein Carabiniere mit. Im Hochhaus-Hotel in Linate wurden wir zuallerobest in ein Zimmer gesperrt. Am andern Morgen erklangen Trompetentöne, und als wir aus dem Fenster schauten, hörten wir die Wehrmacht-Sondermeldung "Parigi è caduto!". Wir wurden dann immer wieder einzeln verhört, und das Flugzeug wurde beinahe auseinandergenommen. Die Kontrolldeckel an den Flügeln und die Rumpfspitze wurden geöffnet. Sogar in der Batterie suchten sie nach Filmen. Erst am andern Tag durften wir wieder starten, aber ich habe das Flugzeug gründlich kontrolliert, und tatsächlich waren die Batteriedeckel nicht mehr aufgesetzt worden. Vor dem Start kam ein italienischer Oberst zu uns und entschuldigte sich. Die ganze Untersuchung sei von den Deutschen verlangt worden. In Locarno hat uns dann Heiri Kauert gestanden, dass es sich bei den Passagieren um englische Offiziere gehandelt habe."

In den Swissair-Unterlagen ist über dieses Vorkommnis nichts ersichtlich. Der Sonderflug vom 13. Mai 1940, um den es sich gehandelt haben muss (denn Paris ist tatsächlich am 14. Mai gefallen) wird lediglich als *"HB-IRO, Locarno–Belgrad–Locarno, Schweiz. Bankverein"* erwähnt, ohne Hinweis auf eine Verlängerung nach Sarajewo und, was bei der peinlich genau geführten Abrechnung schwerer wiegt, ohne zusätzliche Einnahmen für Passagiertransport. Heinrich Kauert konnte sich auf Befragung, die allerdings erst 1983 erfolgte, nicht an solche "Spezialpassagiere" erinnern. Verbrieft ist hingegen, dass die Besatzungen für diese Sonderflüge vom Auftraggeber ansehnliche Spezialprämien in bar erhielten, nebst – im Falle Auberson – einem schönen türkischen Kaffeeservice.

Der Streckenflug

Auch vom Linienflugbetrieb ab Locarno weiss der damalige Bordfunker Paul Auberson interessante Details zu berichten:
"Die Flugroute nach Rom führte über das Ende des Langensees bei Sesto-Calende, von dort nach Venedig, dann ausserhalb der Territorialgewässer der Adria entlang bis auf die Höhe von Ancona und von dort quer durch den Stiefel nach Rom. Vor jedem Start in Locarno

kam jemand vom italienischen Konsulat mit einem grossen versiegelten Couvert, das wir erst im Flug öffnen durften. Darin war eine geheime Decknamenliste, die sogenannten "parola controparola". Wenn wir per Telegraphie Kontakt aufnahmen, kam zum Beispiel das Codewort "Lina". Dann mussten wir auf der geheimen Liste "Lina" suchen und mit dem dazugehörenden Codewort antworten. Damit wollte man verhindern, dass feindliche Flugzeuge unser Rufzeichen verwenden konnten, um zu einer Peilung zu kommen. (Anm.: Dieses Verfahren wird in den Swissair-Unterlagen allerdings erst für den kurzen Flugbetrieb im Januar 1941 erwähnt.) Wettermeldungen wurden keine ausgestrahlt und waren über Funk nicht erhältlich. Nur vor dem Start erhielten wir eine Information.
Nach Barcelona flogen wir über Asti und Genua und von dort ausserhalb der Territorialgewässer, aber nicht nur im Dreimeilenabstand zur Küste, sondern auch um die Iles d'Hyères, d.h. man musste mit der DC-3 sehr weit ins Meer hinaus. Da waren wir im Cockpit jeweils eine Dreimann-Besatzung mit einem zweiten Funker. Dieser bediente eine speziell mitgeführte HF-Station und war mit dieser in ständigem Kontakt mit der Schweiz, um im Falle einer Panne oder eines Vorfalles die Position durchgeben zu können."

Dass auch noch andere Wege nach Rom führten als die von Paul Auberson beschriebene Route, ist in den Memoiren von Flugkapitän Heitmanek nachzulesen. Er berichtet dort von einem Schlechtwetterflug nach Rom, bei welchem er auf ungefähr 3'000 Metern zwischen Korsika und dem Festland nach Süden flog und dabei wegen schwerer Vereisung die Höhe nicht halten konnte. Nachdem er den plötzlich zwischen Wolken auftauchenden Bergen der Insel Elba im letzten Moment noch hatte ausweichen können, bereitete er sich auf eine Notwasserung in Küstennähe vor. Die auf tiefer Flughöhe wärmere Luft bewirkte jedoch ein rechtzeitiges Abtauen des Eises, so dass Heitmanek seine ausnahmsweise vollbesetzte DC-2 wohlbehalten auf dem Römer Flugplatz absetzen konnte.

Abenteuerliche Anflüge bei schlechtem Wetter mit niedriger Wolkendecke soll es aber auch auf den Flugplatz Locarno-Magadino gegeben haben, indem von Süden her im Tiefstflug mit Sicht dem Ufer des ganzen Lago Maggiore entlang navigiert wurde.

In der ersten Jahreshälfte 1940 wurden die Streckenflugzeuge der Swissair zwecks besserer Identifikation (auch gegenüber der eigenen Fliegerabwehr!) mit einem rotweissen sog. Neutralitätsanstrich versehen. Hier zwei DC-2 in Locarno, wovon erst eine mit dem neuen Décor bemalt ist, das Flugzeug im Hintergrund zudem noch die alte (uneinheitlich) schräge Swissair-Beschriftung am Rumpfbug trägt.

Direktor Groh orientiert

An der Verwaltungsratsausschuss-Sitzung vom 8. Juni 1940 in Zürich erstattete Direktor Groh einen mündlichen Bericht über den Streckenverkehr ab Locarno. Danach war die Regelmässigkeit in den Monaten April und Mai, mit je einem Ausfall auf den Flügen nach Rom und Barcelona, "relativ erfreulich". Hingegen bezeichnete er das kommerzielle Ergebnis als weit hinter den Erwartungen zurückgeblieben. Anstelle der bis Ende Mai budgetierten Einnahmen von Fr. 248'640.– betrug das effektive Ergebnis lediglich Fr. 126'804.–. Als Gründe für dieses enttäuschende Resultat nannte er die allgemein grossen Schwierigkeiten im Reiseverkehr mit Italien und das auf erschwerte Visumserteilung und Devisenvorschriften zurückzuführende, äusserst geringe Passagieraufkommen auf den Rückflügen von Barcelona. Bezüglich der Goldtransporte von und nach Jugoslawien teilte Direktor Groh mit, dass diese nach Erteilung von "Unbedenklichkeits-Erklärungen" seitens des Kommandos der Flieger- und Flab-Truppen, des Politischen Departementes und der Schweizerischen Nationalbank ausgeführt werden konnten.

1940/1: Flugbetrieb ab Locarno

Heinrich Kauert (1904–1987), vor dem Krieg Stationsleiter der Swissair auf dem Flugplatz Basel-Birsfelden, wurde bereits im Februar 1940 nach Locarno beordert, um die dortige Station zu organisieren und zu leiten.

Probleme mit Passagieren

Der damalige Flugleiter Heinrich Kauert bezeichnete die Linie Locarno–Rom als totalen Irrtum, mit hie und da ein bis zwei Passagieren und ein paar Briefen. Demgegenüber sei die Strecke nach Barcelona im Hinflug praktisch immer ausgebucht gewesen. Bei diesen Passagieren habe es sich beinahe ausschliesslich um jüdische Emigranten gehandelt, die bereit gewesen wären, jeden Preis zu bezahlen. Es habe bei weitem nicht Platz gehabt für alle, und so sei er einige Male spät nachts in seiner Wohnung in Minusio von Emigranten "heimgesucht" worden, die ihn zwecks einer Passage bearbeiten wollten und ihm Angebote machten. Dies sei so weit gegangen, dass er sich bei der Polizei habe beschweren müssen. Immer wieder habe es auch Billette mit gefälschten Buchungsbestätigungen gegeben. Für die Passagierbuchungen in Locarno war übrigens Fräulein Nelly Fankhauser zuständig, Direktor Grohs spätere zweite Frau.

Flugplatz Locarno-Magadino, Frühjahr 1940. Eine Mechanikergruppe gönnt sich eine Pause an der Tessinersonne. V.l.n.r.: Albert Würmle, Jost Gujer, unbekannt, Anton Matt, Othmar Breitenstein, Viktor Allegri. Gujer und Breitenstein waren zwar Bordfunker, wurden als ehemalige Flugzeugmechaniker angesichts des reduzierten Flugdienstes jedoch auch im technischen Dienst am Boden eingesetzt.

Vom 27. bis zum 29. April 1940 weilte eine Gruppe von 12 italienischen Journalisten auf Einladung der Swissair in der Schweiz. Das Foto zeigt die Reisegesellschaft bei der Ankunft auf dem Flugplatz Locarno am 27. April. Links im Bild, mit dem Rücken zur Kamera, Flugkapitän Alfred Künzle.

Flugplatz Locarno-Magadino: Romantischer Durchblick vom Restaurant auf das Flugfeld mit einer DC-2 der Swissair im "new look".

Flieger-Hochzeit im Kirchlein Witikon am 26. April 1940: Swissair-Stewardess Doris Hamm heiratet als erste ihres Berufsstandes einen Swissair-Piloten; bzw. Flieger-Oberleutnant Hans Kuhn, Linienpilot 1. Klasse der Swissair, heiratet als erster seines Berufsstandes eine Stewardess. Hochzeiten mit dem Bräutigam in Militäruniform waren während des Krieges durchaus üblich, als verheiratete Frau weiterhin als Stewardess tätig zu sein hingegen unvorstellbar (oder – wie im Fall Doris Kuhn-Hamm geschehen – im Notfall kurz und nur aushilfsweise!).

Kriegseintritt Italiens und Betriebseinstellung

Am 10. Juni 1940 erklärte Italien Frankreich und England den Krieg. Die Flüge nach Barcelona mussten daraufhin sofort eingestellt werden, und nur mit knapper Not gelang es, das reguläre Kursflugzeug sowie eine Sonderflug-DC-2 am 10./11. Juni im Sichtflug nach Locarno zurückzubringen. Die Strecke nach Rom wurde vorläufig weiterbetrieben; hingegen konnte die Variante, Barcelona via Rom anzufliegen, nicht verwirklicht werden.

Am 20. Juni 1940 schrieb Direktor Eugen Groh an den Navigationschef, Flugkapitän Alfred Künzle, wie folgt: *"Laut der soeben eingetroffenen Nachricht von authentischer Quelle in Rom müssen wir zu unserem Bedauern hören, dass sich scheinbar die italienischen Behörden veranlasst sahen, die Strecke nach Rom einstellen zu lassen, weil unsere Piloten nicht genau den vorgeschriebenen Kurs einhielten, sondern hievon abkamen und militärische Punkte mit Truppenansammlungen überflogen. Wir bitten Sie, sofort zu untersuchen ..."* usw.

Unter gleichem Datum ging auch ein entsprechendes Schreiben *"An die Herren Piloten der Swissair"*, und am 24. Juni folgte die Mitteilung, dass *"der Flugbetrieb, d.h. die noch beflogene Strecke Locarno–Roma, ab morgen Dienstag, den 25. Juni, nach Rückkehr der Kursmaschine aus Rom, für eine gewisse Zeit eingestellt werden muss."*

Optimistisch schrieb Ulrich Keller, Stationsleiter in Rom, in seinem Situationsbericht vom 25. Juni 1940: *"Die Erlaubnis zur Wiederaufnahme des Betriebes wird für die nächste Zeit in Aussicht gestellt; die Ministerien und die Direktion der ALA LITTORIA sind der Ansicht, dass es sich voraussichtlich nur um wenige Tage handeln werde, bis der Entscheid gefällt werde. Ebenfalls sei anzunehmen, dass auf den gleichen Tag auch die Bewilligung erteilt werde zur Wiedereröffnung der Strecke 1087 Locarno–Barcelona. Die Aussichten, dass wir den Betrieb bald wieder aufnehmen können, sind günstig, und die Unterstützung der ALA LITTORIA in dieser Angelegenheit möchte ich besonders hervorheben. Die Betriebseinstellung wurde verlangt im Hinblick auf die bestehenden Unsicherheiten bezüglich der Entwicklung der Kriegslage und der sich daraus ergebenden Konsequenzen. Beispielsweise wurde angenommen, es könnten in unsern Flugzeugen Passagiere sitzen, die im Auftrage des englischen Geheimdienstes stehen. Diesen wäre die Möglichkeit geboten, am Abend nach Rom zu kommen, hier während der Nacht allerlei Erkundigungen einzuziehen und am andern Morgen wieder das Land zu verlassen ... Ebenfalls habe ich mich erkundigt, ob in der Ihnen vertraulich gemeldeten Angelegenheit offizielle Schritte seitens der italienischen Behörden unternommen würden. Es wurde mir geantwortet, dass diese Sache als erledigt zu betrachten sei, denn man wolle daraus keine Staatsaffäre machen, umsoweniger, als die festgestellte Abweichung von der Fluglinie erwiesenermassen durch schlechte atmosphärische Bedingungen bedingt gewesen sei."*

Von einer baldigen Wiederaufnahme konnte in Wirklichkeit aber keine Rede sein. Bis Ende Juni nahm die Auftragsliste für Sonder- und Charterflüge nach Spanien oder Portugal einen beträchtlichen Umfang an, die Flugzeuge blieben jedoch am Boden.

Verhandlungen in Turin

Am 15./16. Juli 1940 weilte Direktor Groh in Turin zwecks einer Zusammenkunft mit General Pellegrini. Dieser erläuterte das komplizierte Bewilligungsverfahren über die verschiedenen Waffenstillstandskommissionen. Da eine Überfliegung italienischen Territoriums nicht in Frage kam, wurde vorgeschlagen zu versuchen, von Berlin die Bewilligung zu erhalten, von Genf aus über französisches Gebiet Richtung Spanien zu fliegen. Bezüglich vermutlicher Kriegsdauer wurde Ende Jahr, bzw. bereits September, als der Zeitpunkt angenommen, zu welchem die Feindseligkeiten soweit beendet sein dürften, dass die Luftverkehrsverbindungen zwischen den einzelnen Ländern wieder normal funktionieren könnten.
Eindeutig als "Ente" erwies sich eine Meldung des deutschen Nachrichtendienstes vom 17. Juli 1940: *"Wie wir vom italienischen Luftfahrtministerium vernehmen, wird die seiner Zeit unterbrochene Luftverkehrslinie Schweiz–Spanien in den nächsten Tagen wieder aufgenommen."*

Enttäuschte Hoffnungen

Wie sich die Lage im August weiterentwickelte, ist aus diversen Schreiben Direktor Grohs an den Präsidenten der ALA LITTORIA in Rom und an den Swissair-Vertreter Charles Messmer (*"Mein lieber Messmer"*) in Barcelona zu entnehmen. Danach hoffte Groh, mit dem Angebot einer Poolstrecke von Genf nach Barcelona *"die spanische Regierung bzw. die spanische Luftverkehrsgesellschaft derart interessieren zu können, dass wir auf Grund ihrer Macht auch auf ihre tatkräftige Hilfe zählen dürfen"*. Die Rede war auch von der Vercharterung einer DC-2 an die spanische TAE zu einem Preis von 70 Rappen pro km oder Fr. 163.– pro Flugstunde.
Im September begann man sich auf Grund positiver Berichte des Direktors der ALA LITTORIA, Venturini, auf die Aufnahme eines Streckenbetriebes Locarno–Mailand–Rom–Barcelona am 14. Oktober 1940, einzurichten, und gemäss eines am 8. Oktober eingetroffenen Expressbriefes der ALA LITTORIA schien sich tatsächlich alles zum Guten gewendet zu haben: *"Abbiamo il piacere di communicarvi che il nostro Ministero dell'Aeronautica ha autorizzato la vostra Compagnia ad effettuare i seguenti servizi aerei:*

1) Locarno–Milano (con scalo obbligatorio a Milano) – rotta per Rimini (senza scalo) et Roma–Locarno (rotta per Rimini senza scalo o con scalo facoltativo a Milano);
2) Locarno–Milano–Barcelona e viceversa, con scalo obbligatorio a Milano." etc.

Zwecks Detailabklärungen hätte nun Charles Messmer von Barcelona nach Rom reisen sollen, erhielt aber vorerst kein Visum. Zu diskutierende Hauptprobleme bildeten die obligatorische Zwischenlandung in Mailand und die Frage der Notwendigkeit eines Transitvisums für Spanien-Reisende. Wie Direktor Groh den Verwaltungsratsausschuss an dessen Sitzung vom 15. Oktober 1940 in Zürich orientierte, konnte deshalb die beabsichtigte Wiedereröffnung des Linienbetriebes Süd auf den 14. Oktober nicht erfolgen. *"Unter tatkräftiger Mitwirkung der Schweizerischen Gesandtschaft in Rom ist zurzeit unser Vertreter damit beschäftigt, diese Fragen bei den verschiedenen Stellen in Rom zu bereinigen. Die von ihm erhaltenen bisherigen Berichte lassen darauf schliessen, dass der Verkehr hingegen in allernächster Zeit eröffnet werden kann."*

Verhandlungen in Rom im Oktober

Leider erwies sich auch diese Lagebeurteilung als zu optimistisch. Am 20. Oktober reiste Direktor Groh nach Rom, um zusammen mit dem seit einigen Tagen dort weilenden Prokuristen Messmer weitere Verhandlungen zu führen. Der als vertraulich angeschriebene Bericht über diese Reise enthält einige höchst interessante Hinweise. So empfahl z.B. Direktor Venturini, den Flugbetrieb auf Grund seines Schreibens vom 5. Oktober sofort zu beginnen, wollte sich aber über das Risiko wetterbedingter Flugwegabweichungen nicht äussern. Es wurde vereinbart, diese Angelegenheit am 22. Oktober mit dem Chef des Luftfahrtministeriums zu besprechen. *"Im letzten Moment war scheinbar Col. Spernardori verhindert gewesen, und zwar wegen dem englischen Fiegerbesuch (womit zweifellos ein Bombenangriff gemeint ist, Red.) via Schweiz nach Oberitalien. Ich wurde deshalb von seinem Stellvertreter, Col. Preceruti, empfangen. Dieser Empfang war verglichen mit den früheren Besprechungen ziemlich kühl."* Am nächsten Tag kam es dann zu einer Zusammenkunft mit Col. Spernardori. *"Gleich am Anfang richtete er die Frage an mich, ob wir in der Schweiz noch nicht ver-*

dunkelt hätten. Ausser den übrigen Detailfragen ist doch von Interesse, eine kleine Passage dieses Gesprächs festzuhalten. Er erwähnte mir nämlich streng vertraulich, die Sache sei die, man hätte doch eine gewisse Angst vor dem Secret Service, der in der Schweiz Fuss gefasst habe. Es sei zu berücksichtigen, dass man gar keine Garantie besitze, ob nicht im Zusammenhang mit unseren Swissair-Linien Spionage betrieben werden könnte. ... Eine weitere Schwierigkeit bestünde, so fuhr er fort, in den Wettermeldungen. Wenn wir Ihnen auf funktelegraphischem Weg das Wetter übermitteln, dann wissen wir, dass diese Meldung in der Schweiz von so und so vielen schwarzen Empfängern vom Secret Service aufgefangen wird."

Eine weitere Zusammenkunft war auf den 25. Oktober angesetzt, wurde aber immer wieder verschoben und fand schliesslich erst am 30. Oktober statt. Grund für diese Verzögerungen war der am 28. Oktober erfolgte Angriff Italiens auf Griechenland. Definitiver Bescheid wurde auf den 5. oder 6. November versprochen. Wiederum kam Col. Spernardori auf den Secret Service zu sprechen. Es halte unter den heutigen Verhältnissen schwer, rein psychologisch gesehen, eine ausländische Fluggesellschaft zuzulassen. Erwähnt wurden geheime Stationen in der Schweiz, welche vermutlich den Überflug feindlicher Flugzeuge dirigierten. Überdies gelte es zu berücksichtigen, dass in Zürich das Gerücht umgehe, die Spanien-Linie sei ja nur für die Juden und die Goldtransporte bestimmt. *"Es war mir ein leichtes, Colonnello Spernardori erklärlich zu machen, dass diejenigen Leute, die das Geld wegschaffen wollten, dies schon längst getan hätten. Was die Judenfrage anbetreffe, sei es so, dass die Juden nicht nur von der Schweiz, sondern von allen übrigen Staaten Europas auszuwandern suchen ... Er kam dann auch auf den Firmennamen Swissair zu sprechen, es töne englisch, meinte er ..."*

Direktor Groh äusserte sich in seinen Schlussfolgerungen eher skeptisch: *"Man hat mir bei den Stellen, mit denen ich vertraulich sprechen konnte, mehrere Male zu verstehen gegeben, dass unsere Angelegenheit von gewissen Seiten nicht gerne gesehen werde. Zu bemerken ist noch, dass bei jedem Besuch im Luftfahrtministerium mindestens 10 Wagen der deutschen Wehrmacht beim Parkplatz des Ministeriums gestanden haben."*

Groh reist im November nochmals nach Rom

In der Folge sollte sich die Skepsis von Direktor Groh als berechtigt erweisen. Wohl trafen positive Schreiben des italienischen Luftfahrtministeriums und der ALA LITTORIA ein, aber die definitive Bewilligung für die Wiederaufnahme des Flugbetriebes fehlte nach wie vor. Wiederum unternahm es Direktor Groh, am 13. November nach Rom zu reisen, wo er am nächsten Tag eintraf. Bei einem ersten Besuch bei Col. Spernardori musste er erfahren, dass immer noch keine definitive Antwort vom Generalstab eingetroffen sei und dass eine solche wahrscheinlich ungünstig lauten werde. Groh sprach deshalb bei Exzellenz Liotta vor, um diesem die Wünsche der Swissair betreffend Verkehr nach und über Italien vorzutragen. Am 16. November traf die Nachricht ein, die definitive Antwort des Generalstabes sei in Vorbereitung. Da am 18. November immer noch nichts vorlag, sprach Groh am 19. November ein weiteres Mal bei Exzellenz Liotta vor. Dieser *"betonte die Bedenken, die in bezug auf Spionagegefahr bestünden. Die Hauptgefahr liege in Richtung Barcelona, da sich heute das grösste Spionagenest in Portugal bzw. Lissabon befinde."*
Erst am 24. November reiste Direktor Groh wieder zurück in die Schweiz. *"Der Abschied bei allen Stellen war eigentlich sehr herzlich, besonders bei General Liotta. Er erwähnte, dass es ihn anlässlich der Wiedereröffnung der Strecke freuen würde, uns willkommen heissen zu dürfen ... In Rom waren ständig hohe Persönlichkeiten anwesend. Ein Besuch löst den andern ab, General Antonescu, Seldte, Himmler etc."*
Am 29. November teilte die Swissair der Direktion der IBERIA in Madrid mit, dass die Strecke Locarno–Barcelona ab 9. Dezember dreimal wöchentlich wiederaufgenommen werde.

Das Warten geht weiter

Aber auch diese Planung erwies sich als Illusion. Da nützte auch eine hochkarätige, vertrauliche Besprechung am 4. Dezember 1940 im Konferenzzimmer der Generaldirektion der PTT in Bern nichts. Anwesend waren u.a. H. Hunziker, Generaldirektor der PTT, Dr. Herold vom Vorort des Schweiz. Handels- und Industrievereins Zürich, H. Vollenweider, Bankiervereinigung, Zürich, Dr. Keller, Basler Handelskammer, Basel, R. Jouvet, Chambre de Commerce, Genève, Dr. Koch,

Handelsabteilung des Eidg. Volkswirtschaftsdepartementes, Bern. Zu mehr als der Formulierung von Wünschen und Hoffnungen kam es nicht.

Und wiederum traf ein positiver, geheimer Bericht ein, diesmal vom Ministero dell'Aeronautica in Rom. Er enthielt u.a. detaillierte Angaben über die Funkunterstützung bei schlechtem Wetter und über die Anweisungen für "parola e controparola", d.h. geheime Verschlüsselung des Funkverkehrs. Man glaubte, die Swissair werde am 9. Dezember den Flugbetrieb tatsächlich aufnehmen, und war in Rom erstaunt, als Direktor Groh mit seinen alten Fragen am 12. Dezember schon wieder auftauchte. In einem Schreiben aus Rom vom 14. Dezember an den Direktor des Eidg. Luftamtes, Oberst Isler, bemerkt Groh denn auch: *"Bei einer Stelle bemerkte ich einleitend, dass ich schon wieder belästigen müsste. Die Antwort war: Im Gegenteil, sie würden mit der Zeit die Ausdauer, die die Swissair an den Tag lege, schätzen. Gefühlsmässig hat dieser Herr jedoch bestimmt an eine Filzlaus gedacht; bitte entschuldigen Sie diesen schlechten Witz."*

Zermürbungstaktik und bescheidener Erfolg

Als Gründe für die erneute Verzögerung wurde das Fehlen der Antworten der Konsulate in Barcelona und Locarno angegeben. Es wurde versprochen, telephonisch nachzufragen, was jedoch gemäss einer Mitteilung von Samstag, den 14. Dezember, nicht erlaubt wurde. Groh wurde auf Sonntagmorgen wieder aufs Ministerium bestellt, erhielt wieder lediglich die Auskunft, es sei noch keine Antwort eingetroffen, und wurde erneut auf die Tätigkeit von "Major West", d.h. Secret Service, angesprochen. Am Dienstag immer noch nichts und auch am Donnerstag, den 19. Dezember, angeblich dasselbe. Groh beschloss nun, einen aussergewöhnlichen Schritt zu unternehmen, und begab sich auf das Auswärtige Amt, Abteilung Europa 1. Dort war die Meldung von Locarno seit Dienstag vorhanden, diejenige von Barcelona "soeben" eingetroffen. Telephonische Weitermeldung an das Luftfahrtministerium, Vertröstung auf Freitag und Konferenz mit General Liotta am Samstag um 19 Uhr. Erneute Besprechung mit General Liotta am Sonntag, den 22. Dezember, um 11.30 Uhr. Alles schien endlich geregelt und in Ordnung. Am Montag Einladung ins Ministerium, wo Direktor Groh um 16 Uhr die Mitteilung erhielt, dass am 2. Januar 1941 mit dem Streckenbetrieb nach Rom begonnen werden könne. Für Barcelona sei die Betriebsaufnahme aus verschiedenen Gründen jedoch noch nicht möglich, *"man habe aber keine Bedenken, dass wir auch diese Strecke beginnen könnten, sobald wir kurze Zeit nach Rom geflogen seien."*

Am 24. Dezember 1940 reiste Direktor Groh zurück nach Zürich, und am 30. Dezember orientierte er den Verwaltungsratsausschuss der Swissair an dessen 50. Sitzung im Restaurant Holbeinstube in Basel über den bescheidenen Erfolg seiner mit grossem persönlichem Einsatz und einer Hartnäckigkeit sondergleichen durchgeführten Verhandlungen.

1940/2:
Evakuierung der Swissair ins Tessin

Zweite Generalmobilmachung

Mit dem deutschen Einmarsch in Holland, Belgien und Luxemburg am 10. Mai 1940 ging die "drôle de guerre" zu Ende, und der Bundesrat erliess zum zweitenmal einen Generalmobilmachungsbefehl. Das militärdienstpflichtige Personal der Swissair wurde am 11. Mai mit einem streng vertraulichen Rundschreiben jedoch dahingehend orientiert, dass das in Dübendorf, Locarno und Genf stationierte Personal als kriegsdispensiert zu betrachten sei und demnach einem eventuellen Aufgebot keine Folge zu leisten habe.

Lagebeurteilung

In einem am 12. Mai 1940 datierten Bericht "Fragen zu einer Evakuierung der Hauptverwaltung Dübendorf der Swissair", analysierte Prokurist Gottfried Schärli in fundierter und umfassender Weise die allgemeine Lage, die Lage der Schweiz und die Situation der Swissair. Seine Erwägungen fasste er wie folgt zusammen:

"Nach reiflicher Überlegung habe ich versucht, die heutige Lage der Swissair in bezug auf die mit einer Evakuierung zusammenhängenden Fragen kurz zu umreissen. Meine Darlegungen erfolgten aus der Überzeugung, dass bei Überfall oder Verschlechterung der Lage weder genügend Zeit noch die notwendigen Transportmittel, Personal etc. zur Verfügung stehen würden, ganz abgesehen davon, dass in der Sprengung des Flugplatzes, der Verwirrung der Bevölkerung, behördlichen Evakuierungsmassnahmen etc. noch weitere, unübersehbare Hindernisse entstehen könnten. Der Flugplatz Dübendorf wird das erste Ziel eines feindlichen Bombenangriffs bilden. Die zurückgebliebenen Werte würden dabei vernichtet. Bei nicht rechtzeitig erfolgter Evakuierung wäre nicht nur die heutige Durchführung eines Flugbetriebes mangels der unentbehrlichen Spezialmaterialien, Werkzeuge und Einrichtungen gefährdet, sondern die Wiederaufnahme eines Nach-Kriegs-Luftverkehrs zum mindesten stark verzögert, ganz abgesehen vom rein finanziellen Verlust wertvollen Materials."

Er kam zum Schluss, dass eine Dislokation notwendig sei und sich die Wahl von Genf als neuem Standort aufdränge.

Hier sei eine kurze Erklärung zur Person Schärlis eingefügt. Es handelt sich bei ihm um einen ehemaligen Militärpiloten, der als sog. Hilfspilot beim Absturz einer dreimotorigen Fokker der Balair am 30. Oktober 1930 bei Essen schwer verletzt worden war (CH-161, Pilot Otto Berchtold). Er wurde in der Folge bei der neu gegründeten Swissair als technischer Einkäufer angestellt und befasste sich dabei vor allem mit der Beschaffung von Treibstoffen. Anfangs Krieg wurde er als Spezialist zu einer in der Nähe von Biel, in Le Landeron, domizilierten Bundesabteilung namens "Kraft und Wärme" detachiert. Er hatte sich dort u.a. mit Rationierungsaufgaben für Benzin zu befassen und konnte vor allem auch über Transportkapazität verfügen.

Evakuationsentschluss und Evakuationspläne

Am 14. Mai 1940 wurde der definitive Beschluss gefasst, die gesamte Swissair an einen vorderhand noch unbestimmten Ort zu evakuieren. Ob es auch einen Befehl seitens des Militärs oder des Luftamtes gegeben hat, Dübendorf zu räumen, geht aus den eingesehenen Akten nicht hervor. An diesem Tag sind jedoch detaillierte Evakuationspläne für die Passage- und Frachtabteilung, die Fotoabteilung, den technischen Einkauf sowie die allgemeine und die Verkehrsbuchhaltung erstellt worden. Es wurde schriftlich festgehalten, was durch wen in Kisten verpackt und zum Abtransport bereitgestellt werden sollte, welche Möbelstücke, inkl. Kassenschränke, mitzunehmen seien usw. In einem Rundschreiben vom 17. Mai "Personal-Dispositionen anlässlich Evakuation der Swissair" wurde bestimmt, wer vorläufig dem Betrieb in Zürich-Flugplatz bzw. dem Luftreisebureau Zürich zugeteilt blieb. An diesem Tag wurde auch offiziell mitgeteilt, dass die Zentralverwaltung, inkl. Direktion, in den Kanton Tessin evakuiere.

Für Hedwig Brack, Chefin Finanzverwaltung und Bilanzbuchhaltung, war das ganze Unternehmen eigentlich keine hektische Sache: *"Wir hatten mehrere Tage Zeit. Es war eine wertvolle Sicherheitsübung, die jedem zeigte, wo sein Platz war. Das einzig Aufregende war der Transport des Fotoarchivs. Es bestand aus lauter Glasplättchen verschiedener Grössen, weil Mittel-*

holzer ja mit ganz verschiedenen Apparaten fotografiert hatte. Beim Bahnverlad krachte eine Kiste auf den Boden. Herr Rüetschi schob sie ganz nach hinten, ohne ein Wort zu sagen. Beim Auslad war es dann tatsächlich nur noch ein Scherbenhaufen. Das war der grösste Verlust."

Der technische Dienst

Die Mitarbeiter im technischen Dienst erlebten dies allerdings wesentlich dramatischer. In einem tagebuchähnlichen Bericht der Ing.-Abteilung TIFG ist folgender Ablauf festgehalten:

"14.5.40 Dienstag, kurz vor Feierabend um 16.40 Uhr wird uns mitgeteilt, dass deutsche Truppen am Rhein stehen mit der Absicht, unser Land zu besetzen. Niemand der Belegschaft dürfe nach Hause gehen. Es müsse in dieser Nacht möglichst viel Material aus Werkstätten und Magazin auf Eisenbahnwagen verladen und an einen noch unbestimmten Ort evakuiert werden. Gleichzeitig wird uns mitgeteilt, sobald die Motoren der Messerschmitt-Jäger, die vor dem Sporthangar einsatzbereit stehen, laufen gelassen würden, sei dies das Signal, um Alarm zu machen, und alle sollen so schnell wie möglich das Areal verlassen und sich im alten Fabrikgebäude in Wangen oder unter der Bacheindeckung hinter der Flugbetriebshalle in Sicherheit bringen.

Um 18.00 Uhr kommt ein Zug Soldaten mit 4 Lastwagen, die das Material, teilweise in Kisten verpackt, aufladen und in die Eisenbahnwagen, die bereits auf dem SBB-Anschlussgeleise bei der Halle I eingetroffen sind, verladen.

Um 19.00 Uhr kommt ein Wachtmeister ins technische Büro und bittet uns, seiner Frau nach Hause telefonieren zu dürfen. Er erklärt ihr, dass der Angriff der deutschen Truppen auf die Schweiz unmittelbar bevorstehe. Mit weinerlicher Stimme nahm er Abschied von Frau und Kindern.

Um 21.00 Uhr hören wir, dass die Motoren der Messerschmitt-Jäger laufen gelassen werden. Sofort wird das Alarmsignal ausgelöst, und jeder flüchtet tempoteufel in Richtung Wangen in die stockdunkle Nacht hinaus. Ca. 45 Minuten später, als nichts weiter geschieht, gehen

wir wieder zurück an unsere Arbeitsplätze, wo wir vom Militär erfahren, dass die Motoren der Flugzeuge nur vorgewärmt worden seien. Nach Mitternacht waren die meisten Mitarbeiter wieder da, beim Packen und Verladen, und als der neue Tag anbricht, fehlen nur noch drei Mann. Die Träger der grossen Hangars sind bereits mit Sprengladungen versehen worden.

15.5.40, Mittwoch. Bis am Abend haben 13 Eisenbahnwagen Dübendorf mit unbekanntem Ziel verlassen. Ab heute steht eine DC-3 mit Besatzung in Genf zur Disposition der Bundesbehörden.

16.5.40, Donnerstag. Weiteres Material und diverse Einrichtungen werden transportbereit gestellt.

17.5.40, Freitag. Wir fahren fort mit Ausräumen des Magazins und der Werkstätten. Vier Bahnwagen sind verladen. Die Direktion gibt bekannt, dass sie samt kaufm. und techn. Personal nach dem Tessin evakuiert. Den Angestellten wird empfohlen, wenn möglich schon

Hedwig Brack (geb. 1909), schon vor der Gründung der Swissair bei der Ad Astra-Aero AG als Sekretärin Mittelholzers tätig, war während der Kriegsjahre bei der Swissair als Prokuristin vor allem für die Buchhaltung zuständig. Nachdem ihr 1934 der zukünftige Lebensgefährte durch einen tragischen Flugunfall entrissen worden war, absolvierte sie 1935 als erste Frau die eidg. Buchhalterdiplom-Prüfung.

heute oder morgen, evtl. mit Frau und Kindern, zu reisen. Alle Angestellten, die ins Tessin reisen, haben sich am Montag, den 20.5.40, um 08.00 Uhr im Hotel du Lac in Locarno zu besammeln, zur sofortigen Disposition der Direktion.
Robert Ernst, techn. Adjunkt und Meister Jakob Gehrig mit vier Mann, Jakob Hurter, Robert Huber, Furrer Oskar und Chauffeur Friedrich Burri, bleiben bis auf weiteres an ihrem Arbeitsplatz. Die drei Flugzeuge Fokker F-VIIa HB-LBO, Dragon DH-89 HB-APA und Comte AC-4 HB-IKO bleiben in Dübendorf. Die neue Douglas DC-3 HB-IRU ist an ABA Schweden verkauft und soll am Montag nach Stockholm überflogen werden durch schwedische Besatzung (s. S. 78ff.).

18.5.40, Samstag. Vormittags verlassen sechs offene und zwei geschlossene, mit Material vollbeladene Bahnwagen Dübendorf.

20.5.40, Montag. Douglas DC-2 HB-ITO Überflug nach Locarno-Magadino, Besatzung EW Borner und Othmar Breitenstein. Douglas DC-3 HB-IRU mit schwedischer Immatrikulation SE-BAG Überflug nach Stockholm mit Chefpilot Lindtberg der ABA.

21.5.40, Dienstag. Herr Fierz, techn. Leiter, begibt sich heute ebenfalls ins Tessin. Die folgenden Tage wussten wir Zurückgebliebenen in Dübendorf nicht, wie wir die Zeit verbringen sollten. Die Werkstätten und Magazine waren vollständig ausgeräumt. In der mittleren Halle standen nur noch die drei alten Flugzeuge ..."

In diesem Bericht merkwürdigerweise nicht erwähnt ist ein Vorfall, der sich am 22. Mai ereignete. Im Tagebuch der "Luftschutzorganisation Militärflugplatz Dübendorf" wird folgendes rapportiert:
"22.5.40 ... Um 18.00 Uhr ging ein Gewitter nieder, wobei durch einen Blitzschlag 91 Minen auf dem Flugfeld zur Entladung gelangten und der Flugplatz dadurch zum grossen Teil unbrauchbar wurde."
Dasselbe Gewitter hatte kaum eine halbe Stunde vorher bereits die Minen auf dem Militärflugplatz Kloten zur Explosion gebracht!

Vorzeitige Lohnzahlung und Schwierigkeiten

Bereits am 15. Mai 1940 hatte das Personal der Swissair von der Direktion die folgende Mitteilung erhalten:
"Angesichts der ausserordentlichen Verhältnisse, besonders auch mit Rücksicht auf die gegenwärtige Evakuation unserer Zentralverwaltung von Zürich-Flugplatz, haben wir uns entschlossen, Ihnen das Mai-Salär 1940 schon heute zugehen zu lassen."

Da anfänglich Genf als Bestimmungsort im Vordergrund gestanden hatte, waren die mit technischem Material beladenen Eisenbahnwagen vorerst in die Gegend von Biel geleitet worden. Nach dem Tessin-Entscheid scheint es dann einige Verwirrung gegeben zu haben, galten doch sechs Eisenbahnwagen vorübergehend als vermisst.

Kurzer Aufenthalt im Tessin

In Locarno, wo die Verwaltung sich einzurichten versuchte, waren die eisenbahntechnischen Platzverhältnisse äusserst prekär, besonders nachdem auch die Stationen Genf und Basel mit mehreren Wagenladungen angerückt kamen. Es konnte überhaupt nichts ausgeladen werden, und man musste sich bei Bedarf das notwendige Material aus den Wagen holen. Eine normale Arbeitsabwicklung war unter diesen Umständen nicht möglich. So kann sich der damalige Mitarbeiter Hans Nicole vor allem an längere Jasspartien auf der Hotelterrasse mit seinen Kollegen Imhof und Thomann erinnern. Für die Zentralverwaltung begann bereits nach wenigen Tagen, am 22. Mai, die Rückverlegung in den Norden, allerdings nicht mehr (bzw. noch nicht) nach Dübendorf, sondern nach Zürich in den Walcheturm.
Weil Dübendorf nach wie vor gesperrt war, blieb der technische Betrieb im Tessin. Am 27. Mai konnten bei den Synthic-Werken in Bodio die notwendigen Räumlichkeiten bezogen werden, und der grösste Teil der Bahnwagen wurde bereits am 28. Mai entladen.

Direktor Groh orientiert

Am 8. Juni 1940 orientierte Direktor Groh den Verwaltungsratsausschuss über die Evakuation des technischen und kaufmännischen Betriebes von Dübendorf wie folgt: *"Bereits am 10. Mai 1940 erachtete es Herr Oberst Isler (Direktor des Eidg. Luftamtes, Red.) als notwendig, dass die Direktion der Swissair, ebenso wie dies bereits beim Armeeflugpark Dübendorf geschehen war, sich mit der Evakuation vor allem des technischen Betriebes befasse. Auf Empfehlung von Herrn Oberst Isler und nach Rücksprache mit SBB-Generaldirektor Dr. Paschoud wurden alle zwanzig Wagen Umzugsgut auf ein Industriegelände am Bielersee befördert bis zur endgültigen Abklärung der neu zu beziehenden Lokalitäten. Das vorerst als Ziel ins Auge gefasste Genf musste nach Rückfrage bei Herrn Oberst Isler fallen gelassen werden, da sämtliche dortigen Flugplatzanlagen im Ernstfall militärisch besetzt würden. Auf seinen Hinweis suchten wir in der Leventina von Biasca aufwärts, und der Zufall wollte es, dass wir in Bodio die den dortigen Verhältnissen entsprechend günstigen Werkstatträume in den Fabrikanlagen der Synthic S.A. fanden, wo der Auslad der dorthin dirigierten Wagen dank dem Geleiseanschluss und der Laderampe innerhalb von drei Tagen erfolgen konnte ... Für die Zeit des Flugbetriebes in Locarno kann die Lösung der technischen Basis Bodio als günstig bezeichnet werden, da dieselbe sowohl den Material- als auch den Personalaustausch innert kurzer Frist gewährleistet und damit Kostenersparnis bringt.*

Vom Flugzeugpark wurden <u>sämtliche Douglas</u> von Dübendorf weggenommen, und zwar für den Streckendienst in Locarno drei DC-2 und zwei DC-3 Maschinen sowie für eventuelle Spezialaufgaben für das Kommando in Genf zwei DC-3 Maschinen ...

Für die Zentralverwaltung wurde zuerst ebenfalls die Verlegung nach Genf und später Locarno erwogen. Erfahrungsgemäss strahlen aber unsere hauptsächlichen Geschäftsverbindungen von der deutschen Schweiz und hauptsächlich von Zürich aus, trotzdem gegenwärtig der Flugbetrieb von Locarno aus vor sich geht. Aus Gründen militärischer Art (Unterminierung des Platzes) schien das Verbleiben in Dübendorf aber nicht ratsam, weshalb ein vorläufiger Umzug in den Walcheturm in Zürich (7. Stock) erfolgte ..."

Es fällt auf, dass in diesem Rapport – wie später auch im Geschäftsbericht der Swissair für das Jahr 1940 – lediglich von einer Verlegung der Verwaltung von Dübendorf nach Zürich die Rede ist. Der Abstecher ins Tessin wurde ganz einfach unterschlagen.

Ende der Übung

Die Rückverlegung des technischen Dienstes nach Dübendorf begann am 7. August, der letzte Bahnwagen und das Personal verliessen Bodio am 16. August, und am Montag, den 19. August 1940, war wieder Arbeitsaufnahme in Dübendorf. Damit fand das Kapitel "Evakuation der Swissair ins Tessin" seinen Abschluss.

1940/3: Verkauf der DC-3 HB-IRU

Am 12. Juni 1939 war in Dübendorf die letzte Vorkriegs-DC-3 der Swissair, die HB-IRU, eingetroffen. Dieses Flugzeug wurde, ohne dass es je zum Streckeneinsatz gelangt wäre, im Frühjahr 1940 nach Schweden verkauft.

Anschaffung auf Initiative des Bundes

Dem Geschäftsbericht der Swissair für das Jahr 1939 ist zu entnehmen, dass die HB-IRU auf Initiative des Kriegstransportamtes angeschafft wurde und dass von diesem, gemäss Vereinbarung mit dem Eidg. Volkswirtschaftsdepartement vom 8. August 1939, ein Kostenanteil von Fr. 350'000.– zu leisten war. Der Anschaffungspreis betrug stolze Fr. 612'433.90, nachdem die kurz vorher abgelieferte HB-IRE noch für Fr. 442'921.50 zu haben gewesen war.

Nachträgliche Bedingungen

Aus dem Protokoll der Verwaltungsratsausschuss-Sitzung vom 22. Dezember 1939 geht hervor, dass der Vertrag zwischen dem Eidg. Volkswirtschaftsdepartement und der Swissair noch nicht zum Abschluss gebracht werden konnte, *"obschon die Maschine seitens des Eidg. Luftamtes in bezug auf die technischen Flugleistungen abgenommen worden sei und der Bezahlung des uns zustehenden Betrages von 50% vom Ankaufswert = Fr. 350'000.– nichts mehr im Wege stehe."* Die Schwierigkeit bestand darin, dass der Direktor des Eidg. Luftamtes, Herr Oberst Isler, seitens des Volkswirtschaftsdepartementes für den Vertragsentwurf zu Rate gezogen worden war und dieser nun wünschte, dass die folgende Klausel in den Vetrag aufgenommen werde: *"Für eine Anzahl von Jahren muss der Mindestbestand des Flugzeugparkes der Swissair auf neun Grossdistanz-Flugzeugen erhalten bleiben."*
Die Gründe, die Oberst Isler zu dieser Vertragsergänzung veranlassten, sind aus den eingesehenen Unterlagen nicht ersichtlich. Irgendwie scheint er schon zu diesem Zeitpunkt von Verkaufsabsichten der Swissair gehört zu haben und versuchte ein solches Vorhaben zu verhindern. Der Verwaltungsratsausschuss der Swissair vertrat jedoch die Auffassung, dass vor Abschluss des Kaufvertrages mit der Firma Fokker, die vor dem Zweiten Weltkrieg die Verkaufsvertretung von Douglas innehatte, in den entsprechenden Verhandlungen mit dem Eidg. Volkswirtschaftsdepartement eine solche Klausel nicht erwähnt worden war. Man war nicht bereit, auf diese Bedingung einzugehen, und beauftragte den Vizepräsidenten des Verwaltungsrates, Oberst Messner, nochmals persönlich mit dem Vorsteher des Volkswirtschaftsdepartementes, Bundesrat Obrecht, Fühlung zu nehmen.

Die Douglas DC-3 HB-IRU wurde kurz vor dem Krieg auf Veranlassung des Kriegstransportamtes angeschafft. Da die versprochene Kostenbeteiligung dieser Amtsstelle nachträglich an unzumutbare Bedingungen geknüpft wurde, verkaufte die Swissair das Flugzeug, trotz mehrerer Verhinderungsversuche durch das Eidg. Luftamt, im Mai 1940 an die schwedische Luftverkehrsgesellschaft "Aktiebolaget Aerotransport" ABA.

Zähe Verhandlungen

An einer weiteren Verwaltungsratsausschuss-Sitzung am 6. Februar 1940 musste Oberst Messner jedoch berichten, dass es ihm nicht möglich gewesen war, mit Herrn Bundesrat Obrecht Rücksprache zu nehmen, *"da Herr Obrecht krankheitshalber immer noch nicht im Amt sei"*. Hingegen gab Direktor Groh bekannt, dass er mit dem Eidg. Luftamt in Verbindung treten konnte und *"die Möglichkeit einer baldigen, unseren Wünschen entsprechenden Regelung bestehe"*. Eher zur Unterhaltung beigetragen haben dürfte die lebhafte Diskussion anlässlich der Verwaltungsratssitzung vom 4. März 1940 bezüglich des seitens des Volkswirtschaftsdepartementes verlangten Miteigentumsrechtes am Flugzeug HB-IRU. Herr Oberst Schwarzenbach erklärte nämlich, dass es keine Ausnahme sei, dass der Bund an Gegenständen, bei welchen er am Ankauf partizipierte, ein Eigentumsrecht verlange, und nannte als Beispiel – Kavalleriepferde!

Verkauf?

An der Verwaltungsratsausschuss-Sitzung vom 10. April 1940 berichtete Direktor Groh ausführlich über den weiteren Verlauf der Verhandlungen mit dem Volkswirtschaftsdepartement. Danach war, entgegen anderslautenden mündlichen Abmachungen, auch im letzten Vertragsentwurf vom 1. April die für die Swissair schwerwiegende Verpflichtung auf ständige Haltung von (jetzt nur noch) <u>acht</u> Grossflugzeugen enthalten. Nachdem daraufhin neuerdings geführte Verhandlungen ergaben, dass seitens des Volkswirtschaftsdepartementes auf diese Bedingung nicht verzichtet werde, hatte Direktor Groh vorgeschlagen, die Möglichkeit des Verkaufs der HB-IRU ins Auge fassen zu dürfen. Dies war vom Volkswirtschaftsdepartement mit Schreiben vom 9. April 1940 in zustimmendem Sinne bestätigt worden.

Offiziell zwei Varianten

Somit lagen zwei Möglichkeiten vor, nämlich den Vertrag mit der Verpflichtung auf ständige Haltung von acht Grossflugzeugen zu akzeptieren und als Gegenleistung vom Bund Fr. 350'000.– zu kassieren oder auf einen Vertragsabschluss zu verzichten und die Maschine zur Wiederausfuhr vorzusehen. Direktor Groh erklärte, dass seine Anregung für einen Wiederverkauf auf einer "kürzlichen" Anfrage von Capt. Florman, dem Chef der schwedischen Aktiebolaget Aerotransport ABA basiere. Er erwähnte auch die Kosten für Amortisation, Wartung und Versicherung des neuen Flugzeuges und wies darauf hin, dass durch den Verkauf Mittel frei würden für den Ankauf einer dem neuesten Stand der technischen Entwicklung entsprechenden Maschine nach dem Krieg.

Vertrag mit der ABA

An der Plenar-Verwaltungsratssitzung vom 24. April 1940 war dann schon alles gelaufen und die *"Genehmigung des Beschlusses des Ausschusses vom 10. April 1940 über die Verhandlungen mit dem Volkswirtschaftsdepartement bezüglich Verkauf der Maschine HB-IRU"* reine Formsache: Direktor Groh teilte mit, dass der Vertrag mit der ABA praktisch abgeschlossen sei und dass die Besatzung, die den Überflug zu besorgen habe, auf Ende nächster Woche erwartet werde. Als Nettoerlös wurde die Summe von US$ 170'000.– genannt, was zum Kurs von 4.46 den doch recht beträchtlichen Betrag von Fr. 758'000.– ergab. Damit verglichen wurden die Netto-Anschaffungskosten, ohne Radiogeräte, einschliesslich Zoll, von Fr. 597'000.– bzw. der gegenwärtige Buchwert von Fr. 572'000.– (nach Abzug der pro rata erfolgten Abschreibungen und der zu erwartenden Zollrückerstattung). Das heisst, dieser Handel versprach ein recht gutes Geschäft zu werden.

Sperrfeuer und diplomatische Démarche

Man schien jedoch die Rechnung ohne den Wirt gemacht zu haben. Es war ohne Zweifel Oberst Isler, der Direktor des Luftamtes, der erwirkte, dass die am 30. April 1940 von der Abteilung für Rüstungskontrolle des Militärdepartementes erteilte Ausfuhrbewilligung durch "militärische Gegenordre" auf unbestimmte Zeit zurückgezogen wurde. Der Chefpilot der ABA, Capt. Lindtberg, veranlasste daraufhin den schwedischen Gesandten in Bern zu einer Démarche beim Bundesrat. Ausserdem wurde die Swissair bei der Eidg. Zentralstelle für Kriegswirtschaft vorstellig und verlangte die Bezahlung der zugesagten Fr. 350'000.– bzw. andernfalls die Erteilung der Ausfuhrbewilligung.

Bezahlung und Ablieferung

Laut Protokoll war es die Intervention der Eidg. Zentralstelle für Kriegswirtschaft bei den Bundesräten Obrecht und Minger, die zur endgültigen Ausfuhrgenehmigung führte. Die Ablieferung schien durch die zweite Generalmobilmachung am 11. Mai 1940 nochmals gefährdet. Nachdem am 17. Mai die Überweisung der netto US$ 170'000.– durch die ABA zugunsten der Swissair, via deren Konto bei der Chase National Bank in New York, erfolgt war, stand der Überführung des Flugzeuges aber nichts mehr im Wege.

Der technische Betrieb der Swissair war inzwischen ins Tessin verlegt worden. Eine Gruppe blieb jedoch in Dübendorf zurück und erstellte an der HB-IRU die Startbereitschaft. Am 20. Mai 1940, währenddem der Westfeldzug der deutschen Armee in vollem Gange war, erfolgte der Überflug des mit der neuen Immatrikulation SE-BAG versehenen Flugzeuges von Dübendorf nach Stockholm.

Kleinmütiges Nachspiel

Als Nachspiel zu bezeichnen ist eine Besprechung von Direktor Groh mit Oberst Isler am 10. Juli 1940 in Bern. Offenbar spielte Groh mit dem Gedanken, weitere Flugzeuge zu verkaufen. Ob nicht sieben grosse Maschinen zu viel seien? Und ob es nicht zu berücksichtigen gelte, dass man in bezug auf den Nachschub von Ersatz- und Reservematerial vollständig auf Amerika angewiesen sei? Und ob, politisch gesehen, nicht eine gewisse Gefahr darin zu sehen sei, dass die Swissair ausschliesslich amerikanisches Material fliege? Wobei er gleichsam als Entschuldigung hinzufügte: *"Haben wir nicht als erste europäische Luftverkehrsgesellschaft mit der Rohölmaschine Ju-86 die Entwicklungsstufe mit diesem deutschen Fabrikat mitgemacht?"*
Oberst Isler wies all diese Argumente zurück. Reserveteile seien noch genügend vorhanden, und politisch müsse man einen schweizerischen Standpunkt vertreten. Ein gewisser Ausgleich werde ohnehin durch den vorgesehenen Ankauf deutscher und italienischer Militärflugzeuge geschaffen. Nachdem die HB-IRU ganz gegen seinen Willen und den Willen des Bundespräsidenten verkauft worden sei, könne die Landesregierung weitere Verkäufe nicht bewilligen.

Positive Bilanz

Im ausführlichen Geschäftsbericht der Swissair für das Jahr 1940 ist der Verkauf der HB-IRU mit einem Gewinn von netto Fr. 202'076.75 verbucht. Rückblickend kann man sagen, dass dieser ganze Handel von der Sache her richtig und zudem ein gutes Geschäft gewesen ist. Nach Kriegsende waren DC-3-Flugzeuge mit stärkeren Triebwerken und besseren Propellern zu sehr günstigen Bedingungen erhältlich. Dies war 1973, als Robert Fretz sein Buch "Swissair im Kampf und Aufstieg" schrieb, längstens bekannt. Dennoch blieb er bei seiner vorgefassten, negativ-kritischen Meinung:
"Kaum war der Krieg ausgebrochen, verkaufte man das zuletzt erworbene DC-3-Flugzeug, welches noch nie im Verkehr eingesetzt war, nach Schweden: ein Ausdruck des Mangels jeder Zukunftsgläubigkeit und Voraussicht."

Die HB-IRU, bzw. SE-BAG, wurde übrigens am 28. Oktober 1943 auf einem Linienflug von Skandinavien nach London durch deutsche Flugzeuge bei Smogen abgeschossen.

1940/4:
Wiederaufnahme der Flüge ab Dübendorf

Strecke 41 Zürich–München

Parallel zu den frustrierenden Verhandlungen mit Italien und Spanien über die Eröffnung neuer Flugverbindungen nach dem Süden wurde mit ähnlich grossem Einsatz versucht, auch den "Flugverkehr Nord" wieder in Gang zu bringen. Wie in der Chronik für das Jahr 1939 festgehalten, reiste Direktor Groh im November 1939 ein erstes Mal nach Berlin, traf dort allerdings auf ein frostiges Klima. Immerhin erhielt die Swissair im Januar 1940 ein Schreiben der Lufthansa, wonach das Reichsluftfahrtsministerium grundsätzlich bereit sei, einem Antrag des Eidg. Luftamtes auf Erteilung einer Genehmigung für die Luftverkehrslinie Altenrhein–München zu entsprechen. Nebst Vorschriften über die technische Durchführung solcher Flüge enthielt das Schreiben die einschneidende Bedingung, dass nur Post und Fracht befördert werden dürfe. Wie Direktor Groh dem Verwaltungsratsausschuss im Februar berichten musste, werde von den deutschen Behörden jedoch sämtliche Schweizer Post zur Zensur nach Frankfurt am Main dirigiert, so dass die geplante Flugverbindung nach München für die PTT keinen praktischen Wert besitze. Damit war dieses Projekt vorderhand gestorben, denn ohne die einer indirekten Subventionierung gleichkommenden Einnahmen aus der Postbeförderung war ein auch nur einigermassen kostendeckender Flugbetrieb undenkbar.

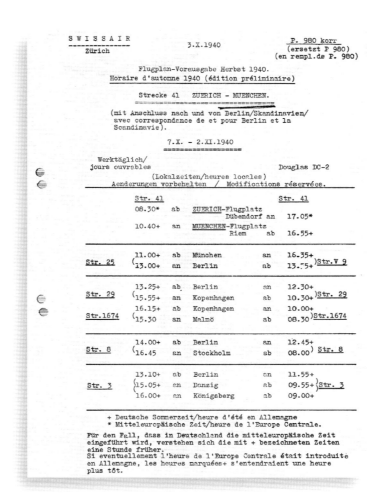

Wiederaufnahme des Flugverkehrs mit Deutschland: Ab 30. September 1940 wurde – als einzige Swissair-Strecke – ein werktäglicher Kurs nach München geflogen, und zwar vom für Verkehrsflüge wieder freigegebenen Flugplatz Zürich-Dübendorf aus. Zum Einsatz kamen Douglas DC-2-Flugzeuge. Auf dem Bild eine dieser Maschinen unter militärischer Bewachung vor dem Start in Dübendorf.

Probleme der PTT

Der Westfeldzug der deutschen Armee bildete den Anlass für die PTT, auf eine Flugverbindung Schweiz–Deutschland zurückzukommen. Da die Zugsverbindungen auf der Rheinlandstrecke "gewisse Schwierigkeiten" zeigten, musste die Post aus der Schweiz nämlich per Auto nach Freiburg im Breisgau gebracht werden, *"was bedingt, dass beispielsweise die Briefpost für Berlin spätestens bis 10 Uhr morgens aufzuliefern ist, um am andern Nachmittag in Berlin bestellt werden zu können"*(!). Direktor Groh sondierte vorerst einmal "ganz privatim" mit einem "Mein lieber Herr Luz"-Brief bei der Lufthansa bezüglich einer Flugverbindung, und dies am 6. Juni 1940, als die Schlacht um Frankreich in vollem Gange war (Dünkirchen war am 4. Juni eingenommen worden).

Ein vom 17. Juni 1940 datiertes Antwortschreiben des Lufthansa-Direktors lautete recht günstig. Bis es am 2. Juli endlich offiziell auf Grohs Schreibtisch landete, hatte sich jedoch einiges ereignet (Direktor Groh konnte bereits eine Woche vorher beim Vertreter der Lufthansa, Baron von Könitz, in eine unzensurierte Briefkopie Einsicht nehmen). So hatten über dem Jura, sehr zum Missfallen Deutschlands, Luftkämpfe zwischen schweizerischen und deutschen Fliegern stattgefunden, und der Westfeldzug war mit einem beispiellosen Erfolg der deutschen Streitkräfte zu Ende gegangen.
Im Juli 1940 berichtete das Eidg. Luftamt dem Politischen Departement in Bern, dass von deutscher Seite einer Genehmigung für die Luftverkehrslinie Altenrhein–München nichts mehr im Wege stehe. Allerdings müsse sich die Swissair damit einverstanden erklären, dass nur Post und Fracht befördert werde, die Flüge nur mit Erdsicht durchgeführt würden usw. Damit war man wieder etwa beim Stand Ende Januar angelangt.

Eine Gratulation

Am 22. Juli 1940 benutzte Oberst Edwin Schwarzenbach, der im Verwaltungsratsausschuss der Swissair als graue Eminenz galt, den Anlass der Beförderung des deutschen Fliegergenerals Milch zum Generalfeldmarschall zu folgendem Gratulationsschreiben:

"Sehr geehrter Herr General Feld Marschall, Seit unserer letzten Correspondenz vom April 1939, da weder Sie noch ich an die Möglichkeit eines Krieges glauben wollten, hat sich sehr vieles zugetragen und geändert im alten Europa. Der Zeitung habe ich entnommen, dass Sie von höchster Stelle zum General Feld Marschall ernannt worden sind. Zu dieser Ernennung gestatte ich mir, Ihnen meine allerherzlichsten Gratulationen auszusprechen. Diese Ernennung wird Sie mit berechtigtem Stolz erfüllen. Feld Marschall einer Wehrmacht zu werden, die das geleistet hat, was die Deutsche seit September 1939, ist nicht jedem beschieden ... Ich gestatte mir aber noch eine andere Angelegenheit, die mir am Herzen liegt, zur Sprache zu bringen. Es betrifft dies die Zukunft unserer Zivilaviatik ... Offizielle Gesuche der Swissair sind zur Zeit unterwegs nach Berlin ... Sollten Sie in der Folge Kenntnis von unserer offiziellen Démarche erhalten, wären wir Ihnen sehr zu Dank verpflichtet, wenn Sie die Angelegenheit wohlwollend prüfen und gegebenenfalls eine direkte Fühlungnahme anregen würden. Ich habe mir erlaubt, mich persönlich an Sie zu wenden, gestützt auf die angenehmen persönlichen Beziehungen und gestützt auf das stets freundschaftliche Verhältnis zwischen der Lufthansa und der Swissair. Indem ich hoffe, dass Sie und Ihre Familie wohlauf sind, und den Gruss meiner Tochter beifüge, bin ich Ihr sehr ergebener ...".

Oberst Edwin Schwarzenbach (1878–1952), Industrieller von Rüschlikon, hier zusammen mit Swissair-Direktor Eugen Groh (rechts). Edwin Schwarzenbach war einer der frühesten und verdienstvollsten Förderer des Luftverkehrs in der Schweiz, wozu auch der grosszügige Einsatz privater Mittel gehörte. In der Swissair galt er im Ausschuss des Verwaltungsrates als graue Eminenz. Wie viele seiner Zeitgenossen liess er sich vom Aufschwung und den militärischen Erfolgen Hitler-Deutschlands beeindrucken. Nicht viel anfangen konnte er mit all den – seiner Meinung nach – unrealistischen und übertriebenen Planungen für die Nachkriegszeit.

Generelle Flugbewilligung

Ende Juli/Anfang August weilte Direktor Groh eine ganze Woche in Berlin. Mit dabei war auch Hedwig Brack, zuständig für die Buchhaltung der Swissair, die mit dem Chefbuchhalter der Lufthansa Geldtransferprobleme besprach. Die persönlichen Bemühungen Grohs bei der Lufthansa und beim Reichsluftfahrtsministerium brachten keine greifbaren Resultate. Die Direktion setzte ihre Bemühungen jedoch auf schriftlichem Wege fort, tatkräftig unterstützt durch den Schweizer Gesandten in Berlin, Minister Dr. Frölicher. Am 24. September traf dann einigermassen überraschend aus Berlin per Telegramm des Reichsministers für Luftfahrt eine generelle Flugbewilligung, d.h. inkl. Passagiere, ein: *"Mit Befliegung der Fluglinie 41 München-Zürich durch die Swissair ab 30. September 40 nach folgendem Flugplan grundsätzlich einverstanden: 10.00 Uhr ab Zürich 10 Uhr an München 14.30 Uhr ab München 16.40 Uhr an Zürich stop* (Anm.: Eine Stunde Zeitverschiebung zwischen der Schweiz und Deutschland!) *Uhrzeiten gleich Landezeiten stop die Genehmigung in das Luftsperrgebiet über dem deutschen Reiche einzufliegen wird unter folgenden Bedingungen erteilt stop Flugweg Altenrhein–Schongau–Eglharting–München/Riem stop Flughöhe 200 bis 1'000 Meter über Grund stop Blindflug nach Weisung der Bodenfunk- und Peilstelle München gestattet stop es dürfen nur die gemeldeten Flugzeuge eingesetzt werden stop die Liste der zum Einsatz kommenden Besatzungen die bereits in Friedenszeiten als Verkehrsflieger tätig gewesen sein müssen ist vor Eröffnung des Fluglinienverkehrs einzureichen stop ..."*
Mitte August war der technische Betrieb der Swissair vom Tessin nach Dübendorf zurückverlegt und der Flugplatz für einen beschränkten zivilen Flugbetrieb freigegeben worden. Die Strecke nach München konnte deshalb ab Dübendorf geflogen werden und nicht, wie ursprünglich vorgesehen, ab Altenrhein.

Personalorientierung

Am 27. September wurde das gesamte Personal der Swissair mit Rundschreiben u.a. wie folgt orientiert: *"Die Durchführung unseres heutigen Luftverkehrs erfolgt unter ausserordentlichen Verhältnissen. Wir müssen verlangen, dass jedermann diesen Umständen, sei es im In- oder Auslande, gewissenhaft Rechnung trägt und sich nicht zu unbedachten Handlungen oder Äusserungen verleiten lässt, deren Rückwirkung für uns unabsehbare Folgen haben könnten. Nichtbeachtung dieser Tatsachen würden die schärfsten Konsequenzen nach sich ziehen, die sich in ihrer ganzen Schwere an dem Fehlbaren auswirken müssten."*

Vor dem Eröffnungsflug Zürich–München am 30. September 1940. Bordfunker Werner Wegmann (links) im Gespräch mit dem Vertreter der Deutschen Lufthansa in der Schweiz, Freiherr von Könitz. Rechts Linienpilot Anton von Tscharner. (Freiherr von Könitz wurde 1943 wegen Spionage verurteilt und eingesperrt.)

Eine DC-2 mit etwas Fracht für München vor dem mit grüner "Tarnfarbe" gestrichenen Abfertigungsgebäude in Dübendorf.

Betriebsaufnahme und Zukunftspläne

Die Betriebsaufnahme der Strecke Dübendorf–München–Dübendorf erfolgte am 30. September 1940, offenbar ohne irgendwelche Festivitäten. Am 15. Oktober berichtete Direktor Groh dem Verwaltungsratsausschuss von einer zufriedenstellenden Einführungszeit von vierzehn Tagen, wo auf dieser Strecke bereits eine durchschnittliche Frequenz von zwei Passagieren pro Kurs in jeder Richtung zu verzeichnen sei (!). Er fügte bei, dass er hoffe, schon in nächster Zeit eine Erweiterung bis Berlin erreichen zu können, *"wofür auf Grund der bisherigen freundschaftlichen Beziehungen gute Anzeichen vorhanden sind"*. Entsprechende Bemühungen der schwedischen ABA, ihre Linie Stockholm–Berlin bis Zürich zu verlängern, waren bei den deutschen Stellen auf wenig Gegenliebe gestossen.

Militärische Kontrolle

Minister Otto Köcher, Deutscher Gesandter in Bern, und Minister Hans Frölicher, Schweizerischer Gesandter in Berlin, erhielten – nach heutigen Begriffen – überschwengliche Dankesbriefe. Ganz anders war hingegen der Ton im zackigen *"Befehl betreffend die Kontrolle des Flugzeugverkehrs der Swissair Zürich–München"* des Armeestabs:

– *Der Flugverkehr ist auf Grund dieses Befehls zu überwachen. Zweck dieser Überwachung ist, Spionage und Sabotage zu verhindern.*
– *Die Kontrolle wird durch einen von der Spab (Spionageabwehr) bezeichneten Kommissär und durch einen diesem zugeteilten Polizisten der Zürcher Kantonspolizei durchgeführt.*
– *Auf dem Flugplatz und im Flugzeug dürfen nur Personen tätig sein, deren Anwesenheit vom Stab ausdrücklich bewilligt ist.*
– *Der Kommissär registriert Aus- und Einreisende in einer Spezialkartothek.*
– *Die Liste der Reisegäste ist spätestens am Vorabend des Reisetages den Kontrollorganen zu unterbreiten. Diese Liste muss ausser den genauen Personalien der Reisenden und der Passnummer auch Zweck und Ziel der Reise anführen.*
– *Jeder Einreisende hat vor Verlassen des Flugplatzes einen Einreiseschein wahrheitsgetreu und vollständig auszufüllen und zu unterzeichnen, usw.*

Arierausweise

Heute kaum mehr vorstellbar, damals, wenn auch ohne Begeisterung, allgemein akzeptiert war die Notwendigkeit der Beibringung sog. Arierausweise. Ohne einen solchen erhielten die Besatzungsmitglieder schlicht und einfach keine Flugbewilligung nach Deutschland. So bescheinigten die Zivilstandsämter der Bürgerorte unseren Piloten und Bordfunkern auf hochoffiziellen Formularen deren rein arische Abstammung *"und dass auch die Vorfahren väterlicher- und mütterlicherseits, soweit nachgeforscht werden kann, nie einer jüdischen Religionsgemeinschaft angehört haben"*. Da mussten alle mitmachen, ob es ihnen passte oder nicht.

Von Ja gleich Nein bis zum Jahresende

Vor jedem Start in Dübendorf musste per Funk aus München die Startbewilligung eingeholt werden. "Um den Feind zu täuschen", galt dabei "Nein" als "Ja" und umgekehrt. So einfach war das. Bordfunker Paul Auberson hat auf einem solchen Flug seine erste Million Flugkilometer erreicht. Speziell in Erinnerung geblieben ist ihm das Mittagessen zu seinen Ehren in München, und zwar weil es Spargeln gab, ein damals bei uns als exklusiv geltendes Gericht.

Am Jahresende zeigte sich für die Swissair als Hoffnungsschimmer die Möglichkeit, eine Flugverbindung nach Berlin zu eröffnen. Viele Leute in der Schweiz, wie in ganz Europa, rechneten ohnehin mit einem baldigen, für Deutschland siegreichen Kriegsende.

Die Ertragsrechnung

Gemäss Ertragsrechnung der Swissair für das Jahr 1940 beliefen sich die Einnahmen aus dem Streckenbetrieb nach München auf total Fr. 55'922.50. Die Betriebsrechnung 1940 schloss mit einem Verlust von Fr. 211'139.97 ab, wobei im Aufwand Abschreibungen im Betrage von immerhin Fr. 546'572.05 enthalten sind. Auf der Ertragsseite waren auch Einnahmen aus diversen Verkäufen aufgeführt, nämlich Fr. 202'076.75 Nettogewinn, der durch die Veräusserung der DC-3 HB-IRU erzielt wurde, sowie Fr. 40'000.– für die Verkäufe eines BMW-Flugmotors 132 Dc 1 (Reservemotor für die 1939 abgestürzte Ju-86 HB-IXA) und zweier Hamilton-Constant-Speed-Propeller an die Lufthansa.

In der in jeder Beziehung sehr sorgfältig abgefassten und ausführlichen Gewinn- und Verlustrechnung sucht man vergebens nach den Kosten für die Evakuation der Verwaltung ins Tessin im Mai 1940. Offiziell war von Dübendorf nach Zürich gezügelt worden, so steht es auch im Jahresbericht. Auf den etwas peinlichen, kurzen Abstecher nach Locarno wollte man auch von der Kostenseite her nicht noch unnötig aufmerksam machen.

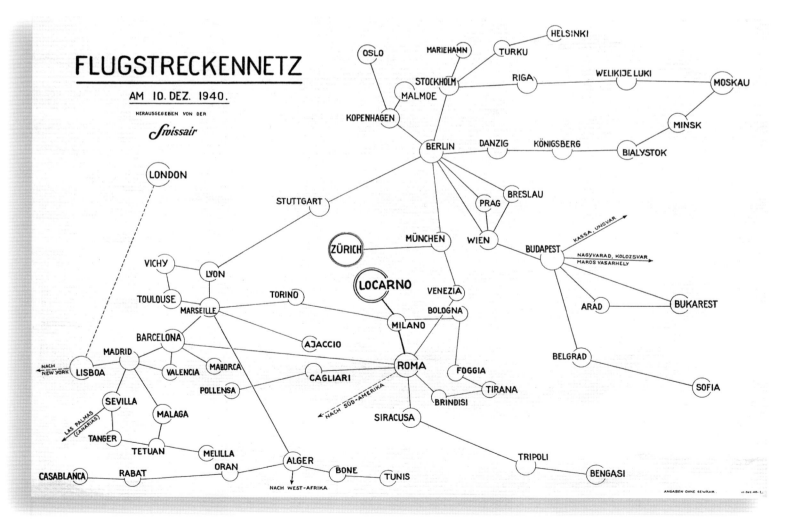

Ab Zürich via München mit Nord- und Ost-Europa und ab Locarno via Mailand und Rom mit dem Rest der Welt verbunden: So stellte man sich Ende 1940 bei der Swissair die unmittelbare Zukunft vor.

1941
Das dritte Kriegsjahr

1941
Ab Januar:
Kämpfe in Nordafrika.

6. April:
Beginn des deutschen Feldzuges gegen Jugoslawien und Griechenland.

22. Juni:
Beginn des deutschen Angriffes gegen die Sowjetunion.

7. Dezember:
Japanischer Angriff auf Pearl Harbour.

8. Dezember:
USA und Grossbritannien erklären Japan den Krieg.

11. Dezember:
Deutschland und Italien erklären den USA den Krieg.

Wiederaufnahme und Ende des Flugbetriebs ab Locarno

Am 2. Januar 1941 wurde die Strecke nach Rom wieder eröffnet, nach nur sechs Flügen in jeder Richtung am 14. Januar aber endgültig eingestellt. Laut Geschäftsbericht der Swissair wurde nicht eine einzige Passage verkauft. Die Frachteinnahmen betrugen Fr. 107.40, die Postentschädigung durch die PTT Fr. 7'236.40, das war alles.

Dabei hatte sich Direktor Groh, diesmal zusammen mit Verwaltungsrats-Vizepräsident Oberst Messner, vom 8. bis zum 11. Januar 1941 nochmals vier Tage in Rom aufgehalten und berichtete von einem recht herzlichen Empfang. Verhandlungsthema war vor allem die Wiederaufnahme der Strecke nach Barcelona; gesprochen wurde auch über die Bewilligung einer direkten Telefonverbindung Mailand–Locarno *"unter militärischer Aufsicht"*. Die Gründe, die zur abrupten Einstellung der Flugverbindung mit Italien führten, sind in einem streng vertraulichen Schreiben der Schweizer Gesandtschaft in Rom an Direktor Groh enthalten:

"Es unterliegt keinem Zweifel, dass dieser Beschluss von der politischen Behörde gefasst wurde. Es scheint, dass nach der letzten Wiederaufnahme die italienischen Behörden durch irgendeinen Bericht auf angebliche Gefahren aufmerksam gemacht worden sind, die mit der Betreibung der Linie entstehen könnten. Man erinnerte, dass die Kontrolle rasch vor sich gehen müsse, und wie es bei der Aviatik eben Gepflogenheit sei, in einem largen Geist durchgeführt werde. Gerade dies könne, auch ohne jegliches Wissen unserer Behörden und der Swissair, irgendwie von den Engländern benützt werden, um aus Italien rasch Nachrichten zu erhalten und daraufhin Nachrichten zu bringen. Man erwähnte wieder die Künste des "Secret Service" und die Tätigkeit von Commodore West (!). Von wem die vom Ministerium der Aeronautica erhaltenen Anhaltspunkte stammten, die zu dieser Massnahme veranlassten, wusste man nicht. Man kann ja vermuten, dass die italienischen Vertretungen in der Schweiz ihre Finger in der Sache haben. Der italienische Gesandte war in letzter Zeit in Rom, wie Sie wissen. Beiläufig erwähnte man auch die Haltung unserer Zeitungen und die Gerüchte, wonach der grösste Teil unserer Meinung ja bekanntlich gegen die Achse gerichtet sei! Sie können sich denken, wie sehr wir hier die Sache bedauern, nachdem Sie sich mit solcher Hingabe für die Überwindung der Schwierigkeiten während Wochen bemüht hatten." usw.

Diese Aufnahme ist höchstwahrscheinlich bei der vorübergehenden Wiederaufnahme des Flugverkehrs nach Rom am 2. Januar 1941 entstanden. Vor einer DC-2 mit Neutralitätsbemalung haben sich die folgenden Herren aufgestellt (v.l.n.r.): Ing. Marazza, Flugplatzchef Locarno; Heinrich Kauert, Flug- und Stationsleiter der Swissair in Locarno; Oberst Emil Messner, Verwaltungsrats-Vizepräsident der Swissair; Minister Paul Rüegger, Gesandter der Schweiz in Rom; Eugen Groh, kaufmännischer Direktor der Swissair (mit Stock, Groh hatte Rückenbeschwerden und wurde militärisch ausgemustert); die beiden Flugkapitäne Walter Borner und Alfred Künzle.

Ein ärgerliches Interview

Bei dieser Sachlage ist die unwirsche Reaktion Direktor Grohs auf ein – infolge der Streckeneinstellung allerdings nicht veröffentlichtes – Interview verständlich, das Flugkapitän Walter Borner einem Journalisten gewährte: "Wir hatten Gelegenheit, in diese Reportage Einsicht zu nehmen. Es ging daraus hervor, dass Herr Wyss über die Art der Abwicklung des Funkverkehrs, Passwort-Modalitäten etc. – also über interne Abmachungen zwischen den italienischen Behörden, unseren vorgesetzten Stellen und uns, die mit äusserster Diskretion zu behandeln waren – genau orientiert war. ... Er erwähnt, dass Sie ihm interessante Details über Spezialmissionen nach Athen und Belgrad erzählt haben. Ebenfalls, dass unser Kursflugzeug Locarno–Rom jeweilen von italienischen Jagdfliegern auf nahe Distanz angeflogen wurde und dass gemäss Ihrer Erzählung die ital. Jagdflieger dadurch geärgert wurden, dass sich der Swissair-Pilot in aller Gemütlichkeit eine Cigarette anzündete. ... Sie werden verstehen, dass wir nicht das geringste Interesse haben, die bereits schon bestehenden, fast unüberwindlichen Hindernisse durch solche Vorkommnisse zu vergrössern." usw.

Nie ohne Handschuhe: Walter "E.W." Borner (1901–1983), einer der sechs Pionier-Flugkapitäne der Swissair, musste anfangs 1941 eine Rüge einstecken, weil er einem Journalisten vertrauliche Informationen weitergegeben hatte.

Locarno wird aufgegeben

An der Verwaltungsratsausschuss-Sitzung vom 6. März 1941, im Restaurant Holbeinstube in Basel, gab Direktor Groh die Auflösung des Mietvertrages mit dem Flugplatzhalter in Locarno bekannt. Die Flugleitung Locarno der Swissair wurde am 15. März 1941 endgültig aufgehoben. Andererseits signalisierte das Eidg. Luftamt ein Interesse an der Aufrechterhaltung einer technischen Basis im Tessin für ein bis zwei Douglas-Flugzeuge. (In der Tat blieben im grossen, neuen Hangar, auf Veranlassung und auf Kosten des Eidg. Luftamtes, bis zum Kriegsende eine bis zwei Douglas DC-2 bzw. DC-3 als Reserve eingestellt.)

1941: Das dritte Kriegsjahr

Die Funkstation der Radio-Schweiz

Die Funkstation auf dem Flugplatz Locarno wurde bis zum Kriegsende in Betrieb gehalten, fand jedoch nur noch für Überwachungsaufgaben Verwendung. Die Hauptaktivität verlegte sich auf die Nachtstunden, wo auf Kurz- und Mittelwellen vor allem der Luftkrieg im Mittelmeerraum verfolgt werden konnte. Der bis Februar 1943 auf dieser Station im Dienst gestandene Peilbeamte Hans Rutishauser erinnert sich, darüber allmorgendlich per Telex an die Zentrale für Funküberwachung des Kommandos der Flieger- und Fliegerabwehrtruppen rapportiert zu haben. Empfänger dort war niemand anders als der spätere Korps-Kommandant Kurt Bolliger, damals noch als junger Leutnant bei der Nachrichtenübermittlung im Einsatz.

Nach der Aufhebung der Swissair-Station in Locarno am 15. März 1941 blieb die Peilstation der Radio-Schweiz weiterhin in Betrieb. Anstelle der alten Peileinrichtung mit einer Bellini-Tosi-Antenne war eine moderne Hasler-Anlage mit einer Peilrahmenantenne montiert worden. Im Hintergrund die 1939/40 erstellten Flugplatzgebäude mit dem Zivilhangar, den zivilen Abfertigungs- und Restaurantbauten sowie Baracken und Hangars des Militärs.

Bodenfunker Hans Rutishauser an der Arbeit mit dem neu installierten Hasler-Mittelwellenpeiler (linke Hand am Rad zum Einstellen des Peilrahmens auf dem Dach).

Hans Huggler (1910–1993), Leiter der Flugsicherung beim Eidgenössischen Luftamt, später technischer Chef der Swissair, bei einem Inspektionsbesuch der Peilstation Locarno. Hier prüft er offenbar den Zuckergehalt der Tessinertrauben.

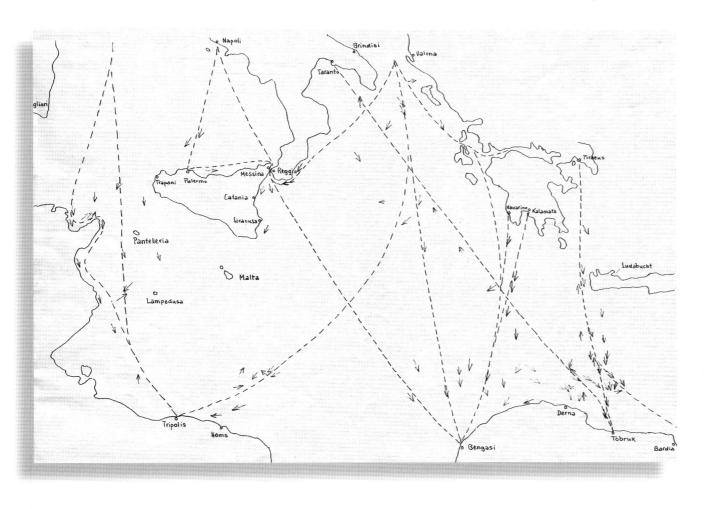

Funküberwachung Mittelmeerraum: Dank der Auswertung abgehörter Peilungen sowie Start- und Landemeldungen war es u.a. möglich, den Ablauf alliierter Bombenangriffe mit grosser Genauigkeit zu registrieren. Die Resultate wurden auf Karten eingetragen und von der Peilstation Locarno zusammen mit schriftlichen Rapporten an das Kommando Flieger- und Flab übermittelt.

Ein militärischer Kurzwellenempfänger ermöglichte während der Nacht die Funküberwachung der Fliegertätigkeit der Alliierten und der Achsenmächte im Mittelmeerraum.

"Bilanzgestaltung"

Schwer tat man sich mit dem Jahresabschluss 1940. Subventionsnachzahlungen und der Verkauf der HB-IRU hatten auf Ende Jahr einen einmalig hohen Liquiditätsgrad bewirkt. Das Guthaben bei der Zürcher Kantonalbank war auf über 1,4 Mio. Fr. angestiegen. Angesichts der voraussehbaren mageren Jahre hielt man es nicht für opportun, diesen Kontostand in der Bilanz der Öffentlichkeit bekanntzugeben, und nahm auf den Bilanzstichtag eine sog. Abspaltung auf ein Spezial-Sammelkonto bei der Zürcher Kantonalbank vor, *"welche den theoretischen Ausgleich von Konto-Korrentposten in der Höhe von total Fr. 1'314'681.73 bezweckte"*. Diese Abspaltung wurde per 25. Februar 1941 wieder rückgängig gemacht. An der Verwaltungsratssitzung vom 8. Mai 1941 wurde die Bilanzgestaltung *"speziell betreffend die Ausgleichung eines Teiles der Konto-Korrent-Passiven durch Bankguthaben"* durch den Bilanzspezialisten Dr. Speich begründet. Er erklärte, dass er unter den heutigen aussergewöhnlichen Umständen eine derartige Bilanzoperation vollständig begreife, und falls die Kontrollstelle mit diesem Vorgehen einverstanden sei, hätte er selbst nichts einzuwenden. Er bestätigte, dass diese Operation vielleicht formell nicht der Gesetzesvorschrift in bezug auf Bilanzwahrheit entspreche, doch sei zu berücksichtigen, dass die vorangeführten ausserordentlichen Umstände *"uns dazu zwingen, die Bilanzgestaltung in vorgeschlagenem Sinne durchzuführen, damit die Liquidität unserer Gesellschaft nicht allzu drastisch zur Geltung komme"*. Durch dieses Verfahren könnten auch Dritte, seien es Gläubiger oder Aktionäre, nicht zu Schaden kommen.

An der Verwaltungsratssitzung vom 30. Mai 1941 tönte es dann aber anders. In der Zwischenzeit hatten sich einzelne Mitglieder des Verwaltungsrates weiterhin mit dieser Bilanzgestaltung beschäftigt, und es wurde angeregt, doch nochmals zu prüfen, ob die bereits beschlossene Art nach allen Seiten "hieb- und stichfest" sei. An einer dieser Sitzung vorangegangenen Besprechung mit Herrn Generaldirektor Dr. Speich war u.a. festgehalten worden, dass die Verantwortlichkeit der Mitglieder des Verwaltungsrates unabhängig sei von derjenigen der Kontrollstelle und also die letztere gedeckt sein kann, ohne dass dadurch die Verwaltungsräte persönlich gedeckt werden. Dr. Speich hielt es nun *"nach reiflicher Überlegung und besonders im Hinblick auf die kommende Eidg. Wehrsteuer – laut welchen Vorschriften der Verwaltungsrat in bezug auf Versteuerung der stillen Reserven in vermehrtem Masse haftbar gemacht wird – doch für besser, wenn die Version 3 der von Direktor Groh unterbreiteten Bilanzgestaltung Anwendung findet"*. Nach dieser Version wurde das Bankguthaben von ca. 1,4 Mio. Fr. zwar ausgewiesen, jedoch unter Abzug von *"Für besondere Zwecke reservierte Guthaben"* (Ansprüche ausländischer Luftverkehrsgesellschaften und Rückstellungen für unerledigte Schadenfälle), so dass als *"verbleibende disponible Mittel"* offiziell lediglich noch Fr. 168'748.37 übrig blieben.

Dr. Rudolf Speich (1890–1961), Generaldirektor des Schweiz. Bankvereins, galt im Vorstand der Swissair als Finanzexperte. Seine allzukühnen Dispositionen im Zusammenhang mit dem Jahresabschluss 1940 führten zu Schwierigkeiten. (Dr. Spreich war nach dem Krieg, von 1947 bis 1951, Verwaltungsratspräsident der Swissair)

Direktor Groh reist zweimal nach Berlin

Im Auftrag des Eidg. Luftamtes weilte Direktor Groh vom 18. bis zum 23. Januar 1941 in Berlin, um den schon seit einiger Zeit geplanten Besuch von Luftamt-Direktor Isler in Berlin vorzubereiten. Er wurde ermächtigt, im Hinblick auf den Sommerflugplan mit der Lufthansa Verhandlungen zu führen über eine Flugverbindung Schweiz–Berlin, mit Anschluss an Skandinavien, Finnland, Russland, eventuell im Pool mit der Lufthansa, sowie über eine Verlängerung der Linie Zürich–München nach Wien bis Budapest, eventuell im Pool mit der ungarischen Luftfahrtgesellschaft. Da Dübendorf für fremde Flugzeuge nicht geöffnet war, musste vorgesehen werden, die Linie nach Berlin von Basel und die Linie nach Budapest von Altenrhein aus zu fliegen. Groh fand bei der Lufthansa Einverständnis und Unterstützung für diese Pläne. Oberst Isler war inzwischen erkrankt, und so musste sich Direktor Groh, nachdem er zur Berichterstattung und Einholung weiterer Instruktionen vorübergehend in die Schweiz zurückgekehrt war, am 4. Februar 1941 allein nach Berlin begeben zur Fortsetzung der Verhandlungen mit der Lufthansa und vor allem mit dem Reichsluftfahrtsministerium. Aus den Notizen über die Konferenz im Luftfahrtministerium mit Ministerialdirektor Fisch hier einige Auszüge:

*"Auffallend war, dass jeder Neuankommende sich nach dem Gesundheitszustand von Oberst Isler erkundigte und ob es so schlimm sei. Ich erwähnte immer wieder, es handle sich um eine Nervenentzündung, und eine solche sei natürlich schwerer zu behandeln als ein gewöhnlicher Rheumatismus. Man gab sich damit zufrieden. (Nach der Rückkehr in die Schweiz von meiner vorigen Berlinreise erfuhr ich, dass im Moment, wo ich in Berlin abgereist war, Baron von Könitz angefragt worden sei, ob er nichts über den Gesundheitszustand von Oberst Isler erfahren könne und ob es tatsächlich so sei, dass er krankheitshalber nicht habe nach Berlin kommen können oder ob vielleicht ein anderer Grund vorgelegen habe.)
Ministerialdirektor Fisch zeigte sofort sehr grosses Verständnis für unsere Wünsche. Er sagte mir wörtlich: "Nehmen Sie die Gewissheit mit nach Hause, dass ich alles tun werde, die heute bestimmenden militärischen/politischen Behörden zu überzeugen, dass Sie diese beiden Strecken, die m.E. in richtiger Form begründet sind, recht bald in Betrieb nehmen können." Bei der Verabschiedung sprach ich Ministerialdirektor Fisch meinen Dank aus für das grosse Verständnis. Er antwortete mir, sorgen Sie dafür, dass ich meinen alten Freund Isler recht bald wieder einmal in Berlin sehe, damit werden Sie mir eine grosse Freude bereiten.
Als Gastgeberin hat die DLH am Donnerstag zu einem Déjeuner ins Ministerialzimmer im "Haus der Flieger" geladen. Anwesend, in Uniform, war u.a. der Schweizerische Militärattaché Oberst von Werdt (Anm.: von Werdt galt als extrem deutschfreundlich. Er wurde 1943 abgelöst.) Auch hier kam deutlich die alte Freundschaft zum Ausdruck. Die DLH hat es sich nicht nehmen lassen, am Schluss mit 45-jährigem Cognac aufzuwarten. Einen Vergleich gezogen zwischen dem Besuch im Juli 1940 und heute, darf man sagen, dass, wenn damals nicht direkt eine Feindschaft, so doch eine grosse Reserve gezeigt wurde, bei diesem Besuch wieder die echte, frühere Freundschaft zum Ausdruck kam."*

Weitere Verhandlungen über eine Ausdehnung der Flugverbindungen nach Deutschland wurden hinausgezögert, u.a. auch durch den Beginn des Russland-Feldzuges am 22. Juni, bis dann plötzlich im November die Bewilligung zum Befliegen der Strecke 12, Zürich–Stuttgart–Berlin, eintraf. Dafür musste die Verbindung nach München aufgegeben werden.

Strecke 41, Zürich–München

Die am 30. September 1940 wiederaufgenommene Flugverbindung nach München wurde 1941 mit grosser Regelmässigkeit und zunehmender Rendite weitergeführt. Die anfänglich durchschnittliche Belegung mit zwei Passagieren pro Flug stieg im April auf 4,7 und im Mai bereits auf 6. Beanstandet wurde seitens der Swissair der Umstand, dass die Anschlussflüge ab München häufig ausgebucht waren und eine rechtzeitige Reservation für Passagiere von Zürich nicht vorgenommen werden konnte. Man drängte deshalb auf eine Ausdehnung der Swissair-Flüge über München hinaus, was jedoch abgelehnt wurde. Die Einstellung der Strecke am 14. November 1941 wurde nie richtig begründet. Es hiess einfach, anstatt nach München könne die Swissair jetzt nach Berlin fliegen. Laut Bordfunker Breitenstein wurden zu dieser Zeit auf dem Flugplatz München jedoch eine grosse Anzahl Militärflugzeuge für den Einsatz in Nordafrika zusammengezogen, und man habe gesagt, die Swissair-Besatzungen hätten ohnehin schon zuviel gesehen.

Notlandung in Altenrhein

Verwendet wurden ausschliesslich Douglas DC-2 Flugzeuge. Die Besatzung bestand normalerweise aus einem Piloten und einem Bordfunker, ohne Kabinenpersonal. Die HB-ITE beflog diese Strecke ohne jeden Zwischenfall 110mal, HB-ITO 62mal und HB-ISI 87mal. Auf einem der allerletzten Flüge, am 7. November 1941, ging es mit der HB-ISI allerdings um Haaresbreite an einer Katastrophe vorbei. Der lapidare Eintrag im Bordbuch lautet:

7.11.41
HB-ISI, Besatzung Zimmermann/Breitenstein
Start Zürich 10.56, Landung München 11.50
Start München 13.20, Landung Altenrhein 14.52
Start Altenrhein 15.58, Landung Zürich 16.33

Wie es zu dieser Zwischenlandung in Altenrhein kam, schildert der damalige Bordfunker Othmar Breitenstein wie folgt:
"Vom Start weg in München flogen wir im Dreck (d.h. in den Wolken). Ueber dem Bodensee hatten wir erstmals Bodensicht bei dichtem Schneetreiben. Beim Weiterflug Richtung Bischofszell setzten plötzlich beide Motoren aus. Ich schaltete sofort den Benzintank um und begann von Hand zu pumpen, da ich glaubte, der Tank sei leer. Das half aber nichts und ich stellte fest, dass der Tank noch genügend Benzin enthielt. Mit beiden Motoren leer drehend sanken wir ab Richtung St.Gallen-Breitfeld, doch da kam uns ein Berg entgegen und wir mussten weiter abdrehen Richtung Arbon-Rorschach. Es blieb uns nichts anderes übrig, als in ständigem Sinkflug dem Seeufer zu folgen, in der Absicht, in

Flugkapitän Franz Zimmermann (1901–1974) begann seine Verkehrspilotenlaufbahn 1926 bei der Balair. Bei der Swissair bekleidete er verschiedene Chefposten (1941 "Chef Flug- und Borddienst"), wobei es, vor allem infolge nicht genau festgelegter Kompetenzen, immer wieder zu Reibereien mit Chefpilot Ernst Nyffenegger kam. Im November 1941 gelang ihm mit einer DC-2 eine mirakulöse Notlandung in Altenrhein.

Othmar Breitenstein, geb. 1913, gelernter Flugzeugmechaniker, wurde anfangs der Dreissigerjahre zusammen mit einer ganzen Anzahl Kollegen zum Bordfunker umgeschult. Auf ausserordentliche Vorkommnisse scheint er abonniert gewesen zu sein. So war er auch dabei, als Flugkapitän Zimmermann im November 1941 in Altenrhein mit zwei stillstehenden Motoren eine Notlandung vornehmen musste.

Ufernähe auf dem Wasser niederzugehen, da es am Land kein geeignetes Gelände gab. Zimmermann sagte zu mir: "Lueg doch, chasch nüt mache, chasch nüt mache, muesch luege mir schlönd dä Charre zäme." Schliesslich hat es uns mit dem letzten Meter Höhe zum Flugplatz Altenrhein gereicht, wo wir in tiefem Schneematsch mitten auf dem Platz zum Stillstand kamen. Ein Passagier fragte, ob wir in der Schweiz seien, das sehe nicht aus wie Dübendorf. Dorthin haben wir dann telefoniert und den Vorfall geschildert. Es stellte sich heraus, dass der schwere Schneefall trotz eingeschalteter Vergaservorwärmung die Luftzufuhr der beiden Motoren verstopft hatte. Am Boden ist dieser Schnee dann nach relativ kurzer Zeit geschmolzen, und wir konnten nach Dübendorf weiterfliegen. Auf Grund dieses Vorkommnisses wurden in der Folge an sämtlichen DC-2 grobmaschigere Luftgitter eingebaut."

Intermezzi mit Pilot Hans Ernst

Bei zwei anderen Episoden, an die sich Othmar Breitenstein erinnert, war Swissair-Pilot Hans Ernst mit im Spiel. Im ersten Fall wurde dieser eines schönen Tages nach der Landung in München verhaftet und in die Stadt mitgenommen. Bordfunker Breitenstein sperrte man auf dem Flugplatz ein. Es stellte sich heraus, dass Hans Ernst vorgeworfen wurde, er habe am Tag vorher gesagt, es sei schon merkwürdig, dass hier Krieg sei und Frau Göring gleichzeitig mit ihren Kindern in der Schweiz Ferien machen könne. Flugkapitän Ernst scheint sich gebührend entschuldigt zu haben, denn nach ein paar Stunden wurde er wieder zum Flugplatz gebracht und konnte zum Rückflug starten.

Eher humoristisch war der Vorfall mit dem Uniformkittel. An einem heissen Sommertag startete die Besatzung Ernst/Breitenstein in Dübendorf mit offenen Cockpit-Seitenfenstern. Nachdem Bordfunker Breitenstein die schweisstreibende Arbeit des Einziehens des Fahrgestells – wozu bei der DC-2 ungefähr 33 Pumpenstösse notwendig waren – hemdsärmlig erledigt hatte, wollte Pilot Ernst die gleiche Tenu-Erleichterung vornehmen. Dabei geriet sein Uniformrock jedoch in den starken Luftsog vom offenen Fenster her und flog hinaus. Hans Ernst legte das Flugzeug sofort in eine Kurve, um zu sehen, wo sein Kittel landete, und Breitenstein meldete den Vorfall per Funk nach Dübendorf. Zufälligerweise wurde dieser Funkverkehr von einer Nachrichtenkompanie, die im Tösstal Militärdienst leistete, abgehört.

Die Soldaten sahen das Flugzeug kreisen und konnten das Swissair-Uniformstück nach kurzer Zeit sicherstellen. Zwei Tage später wurde sogar die herausgefallene Brieftasche noch aufgefunden und nach Dübendorf gebracht.

Hans Ernst (1907–1987), hier noch als Jungpilot beim Streckenstudium mit Hilfe einer Rollkarte (später durch den sogenannten "Blechesel" ersetzt), vor einer Douglas DC-2. Während der Kriegsjahre war er "Linienpilot 1. Klasse" (Vorstufe zu Flugkapitän). Mit über 1.90 m der grösste Swissair-Pilot, brachte er sich mit seinem draufgängerischen Wesen hie und da in Schwierigkeiten.

Zürich–Stuttgart–Berlin

Gemäss Berichterstattung von Direktor Groh an der Verwaltungsratsausschuss-Sitzung vom 25. November 1941 *"darf die Wiederaufnahme der ehemaligen Poolstrecke 12 Zürich–Stuttgart–Berlin erfreulicherweise als das Resultat der gemeinsamen unermüdlichen Schritte der Schweizer Gesandtschaft in Berlin und unserer eigenen Bemühungen angesehen werden"*. Im Vergleich zur Flugverbindung nach München, die leider aufgegeben werden musste, bot die Berlinerstrecke wesentlich bessere Post- und Passagieranschlüsse. Ausserdem bedeutete sie eine Vergrösserung der Flugkilometerleistung auf mehr als das Doppelte. Der erwarteten grossen Nachfrage wegen wurden DC-3 eingesetzt, anfangs allerdings noch ohne Kabinenpersonal.
Wettermässig war dieser Wiedereröffnung – der Erstflug erfolgte am 19. November 1941 – kein Glück beschieden. Am 19. und 20. November musste anstatt in Berlin in Dresden gelandet werden, und am 21. November wurde bereits in Stuttgart wieder umgekehrt. Im Einsatz stand die Besatzung Flugkapitän Franz Zimmermann mit Bordfunker Othmar Breitenstein auf der DC-3 HB-IRE. Erst beim vierten Versuch, am 22. November, erfolgte die erste Landung in Berlin-Tempelhof. Dafür endete der Rückflug, des schlechten Wetters in Dübendorf wegen, in Basel-Birsfelden. Bis zum Jahresende konnten lediglich 18 Rotationen flugplanmässig durchgeführt werden.
Diesen Widerwärtigkeiten zum Trotz betrugen die Streckeneinnahmen für die eineinhalb Monate Flugdienst nach Berlin fast 170'000 Franken, dies im Vergleich zu ca. 270'000 Franken für die zehneinhalb Monate der Strecke nach München.

Vom 18. bis zum 21. Dezember weilte Direktor Groh nochmals in Berlin. Vor seiner Abreise war er von Bundesrat Pilet-Golaz empfangen worden, der ihm als Wünsche eine Wiederaufnahme der Linie nach Wien und die Einrichtung einer Kurierstrecke zwischen der Schweiz und Lissabon mit auf die Reise gab. Diesen doch eher wirklichkeitsfremden Anliegen war erwartungsgemäss kein Erfolg beschieden. Groh konnte wenigstens Herrn Ministerialdirektor Fisch vom Reichsluftfahrtministerium seinen Dank für die Überlassung der Strecke 12, Zürich–Berlin, abstatten, was wahrscheinlich sowieso der Hauptgrund für seinen Besuch gewesen sein dürfte. Kaum vorstellbar ist es, dass man nicht über die Aufträge der Lufthansa bezüglich Revision von Douglas-Flugzeugen durch die Swissair gesprochen hat. Im Reisebericht steht jedoch nichts Derartiges.

Arbeitsaufträge von Dritten

Erstmals erwähnt wird diese Einnahmequelle im Protokoll der Sitzung des Verwaltungsratsausschusses vom 7. Mai 1941. Direktor Groh orientierte über die unternommenen Schritte zur Ermöglichung eines produktiven Verdienstes. Diese Bestrebungen umfassten Verhandlungen mit militärischen Stellen und mit der Zivilindustrie zwecks Erlangung von Aufträgen für die Revision oder Reparatur von Militär- und Zivilflugzeugen. Als ersten Erfolg konnte Direktor Groh einen Auftrag seitens der Dornier-Werke in Altenrhein nennen, der die Neuanfertigung von Flugzeugbestandteilen umfasste. Genauere Angaben finden sich erst wieder im Protokoll der Ausschuss-Sitzung vom 24. Juli 1941. Demnach handelte es sich um die Herstellung von 20 Motorhaubenringen für deutsche Dornier Do-17-Flugzeuge, wofür mit Brutto-Einnahmen von Fr. 13'500.– gerechnet wurde, sowie um die Anfertigung von 12 Sätzen Kabinenteile für Messerschmitt Me-109, mit Brutto-Einnahmen von ca. Fr. 15'000.–.
Erwähnt wird, dass sich der Arbeitsprozess verzögert habe durch Schwierigkeiten beim Materialnachschub zwischen den Dornierwerken in Friedrichshafen und Altenrhein.
Ein zweiter fester Auftrag wurde durch den Armeeflugpark für die Teilrevision einer Ju-52 erteilt. Im weiteren konnte Direktor Groh von einer Fühlungnahme mit der Deutschen Lufthansa berichten bezüglich der Überholung von Douglas-Maschinen, welche damals in Deutschland flogen. Es handelte sich um die von der KLM und der tschechoslowakischen Luftverkehrsgesellschaft CLS "übernommenen" DC-2 und DC-3.

Die Dougals DC-3 D-ATJG der Deutschen Lufthansa nach einer missglückten Landung in Oslo-Fornebu am 21. August 1941. Nachdem sich die Swissair bereiterklärt hatte, die umfangreichen Reparaturarbeiten durchzuführen, wurde das Flugzeug im November 1941 per Bahn nach Dübendorf transportiert. Damit begann eine hochwillkommene (aber auch umstrittene) Serie von total 11 Aufträgen an die Swissair zur Revision von Douglas DC-2- und DC-3-Flugzeugen der Lufthansa.

Lufthansa-DC-3 D-ATJG

Einem Situationsbericht vom 25. November 1941 ist zu entnehmen, dass ein grösserer Auftrag von der Deutschen Lufthansa entgegengenommen werden konnte, und zwar für die Reparatur und Grundüberholung einer Douglas DC-3-Zelle. Dieses Flugzeug gehörte als PH-ASM zur DC-3-Flotte der KLM, bis es am 16. Mai 1940 von den in Holland einmarschierten Deutschen beschlagnahmt und einen Monat später als D-ATJG bei der Lufthansa in Dienst gestellt wurde. Am 21. August 1941 wurde das Flugzeug bei einer missglückten Landung in Oslo-Fornebu stark beschädigt. Die schwedische Fluggesellschaft ABA lehnte es ab, die Reparatur auszuführen, und so wurde das Flugzeug im November 1941 per Bahn in die Swissair-Werft nach Dübendorf transportiert. Die Wiederinstandstellungsarbeiten erwiesen sich als äusserst schwierig. Da keine Konstruktionszeichnungen vorhanden waren, musste jede Spante einzeln gezeichnet und die Beplankung von Hand angefertigt werden. Die Alu-Profile wurden in den Aluminium-Werken in Chippis (Kanton Wallis) hergestellt. Mit der eigentlichen Reparatur konnte, der umfangreichen Vorbereitungsarbeiten wegen, erst im März 1942 begonnen werden. Für diesen Auftrag wurde mit einem Arbeitsaufwand von rund 18'000 Stunden gerechnet, was Beschäftigung für die gesamte Belegschaft für die Dauer von fünf bis sechs Monaten bedeutete.

Ausser den Angaben in den Sitzungsprotokollen und dem *"streng vertraulichen Bericht über die Bilanz per 31. Dezember 1941 und die Gewinn- und Verlust-Rechnung 1941"* war lediglich ein einziges weiteres Schriftstück zu finden, das im Zusammenhang mit diesen Fremdaufträgen steht. Es handelt sich um einen Brief an Pilot Hans Kuhn vom 11. November 1941 *"Betr. Spezialaufgabe anlässlich der Reparatur DC-3 D-ATJG, DLH"*. Darin wird die mündliche Vereinbarung bestätigt, *"dass Sie sich anlässlich der Reparaturarbeiten am obenerwähnten DLH-Flugzeug mit den notwendigen Schreib- und Zeichnungsarbeiten sowie mit den vor-*

1941: Das dritte Kriegsjahr

In den ersten Novembertagen 1941 traf die Lufthansa DC-3 D-ATJG – in für den Bahntransport geeignete Bestandteile zerlegt – auf dem Flugplatz Dübendorf ein. Hier der schwer beschädigte Rumpf vor der Überstellung in die Werfthalle der Swissair. Die Schienenanlage der Bahn auf dem Flugplatzgelände diente vor allem militärischen Zwecken (Benzin-Tankwagen) und hörte ca. 100 m vor der Swissair-Werft auf.

kommenden Berechnungen befassen, was auch Ihrer beruflichen Ausbildung entspricht. Sie haben deshalb in unserem technischen Dienst diese Tätigkeit am 8. November 1941 angetreten und werden bis auf weiteres täglich diese neue Aufgabe versehen. Während der ganzen Zeit Ihrer entsprechenden Beschäftigung zahlen wir Ihnen ausser Ihrem monatlichen Fixum von Fr. 300.– monatlich bzw. pro rata temporis als Lohnzuschlag Fr. 200.–." Das Fehlen jeglicher weiterer Korrespondenz dürfte damit zusammenhängen, dass – gemäss Aussage von Prof. Amstutz – Direktor Groh nach Kriegsende Angst hatte, die Geschäfte der Swissair mit dem Dritten Reich während des Zweiten Weltkrieges könnten ihn bei Bekanntwerden belasten.

Im obenerwähnten, "streng vertraulichen Bericht" findet sich noch die Angabe, dass von den Dornier-Werken in Altenrhein ein weiterer Auftrag, diesmal zur Anfertigung von Do-17 Haubendritteln, eingegangen war. Als "Total des anrechenbaren Ertrages aus fremden Aufträgen" wurden Fr. 70'362.14 ausgewiesen.

Ablad des D-ATJG-Rumpfes vom Bahnwagen für die Verschiebung in die Werfthalle. Man beachte die einfachen, von Hand zu bedienenden Hilfsmittel, die der zahlreichen Belegschaft zur Verfügung standen.

Die beiden Flügel der Lufthansa DC-3 haben Unfall und Transport relativ gut überstanden.

Beim Ablad der Flügel vom Bahnwagen packen kräftige Hände zu.

Auf zwei Eisenbahnwagen verteilt das Flügelmittelstück mit den beiden Motorböcken und die Flügel der D-ATJG.

Das Flügelmittelstück scheint hier mit Hilfe landwirtschaftlicher Transportmittel über das letzte Wegstück befördert zu werden.

Oberst Arnold Isler (1882–1941), erster Direktor des Eidg. Luftamtes seit dessen Gründung 1920, erkrankte anfangs 1941 und starb mitten aus seiner Tätigkeit heraus am 26. Mai 1941. Isler galt als ein Hauptbaumeister des schweizerischen Luftverkehrs; er war im In- und Ausland bekannt und anerkannt. Um seine Nachfolge als Luftamt-Direktor spielten sich einige Intrigen ab.

Verschiedenes

Tod von Oberst Arnold Isler

Oberst Arnold Isler, geb. 1882, starb am 26. Mai 1941. Damit verlor die schweizerische Zivilluftfahrt einen ihrer verdienstvollsten Förderer. Arnold Isler übernahm 1918 als Infanterie-Offizier das Kommando der Fliegertruppe. 1919 versuchte er mit Militärflugzeugen einen ersten zivilen Luftpostdienst, zeitweise sogar mit Passagiertransport, einzurichten. 1920 wurde er zum Direktor des neugeschaffenen Eidg. Luftamtes ernannt. Diesen Posten versah er bis zu seinem Tod mit ausserordentlichem Einsatz und Erfolg.

Intrigen um die Nachfolge des Luftamt-Direktors

Gemäss Prof. Eduard Amstutz hatte der vormalige Chef des Post- und Eisenbahndepartementes, Bundesrat Pilet-Golaz, einen Kompanie-Kommandanten aus seinem Bataillon, den Juristen Louis Clerc, der überhaupt keine Beziehung hatte zur Fliegerei, ins Luftamt berufen. Als Pilet-Golaz das Politische Departement übernahm, empfahl er seinem Nachfolger, Bundesrat Enrico Celio, Clerc "als Gegengewicht zum dortigen Fliegerklüngel" zum Direktor des Luftamtes zu ernennen. Aus Fliegerkreisen, mit Oberst Walo Gerber an der Spitze, wurde jedoch versucht, Oberst Fritz Rihner, Instruktionsoffizier und Regimentskommandant der Fliegertruppen, zu portieren. Hinter diese Kandidatur stellte sich auch der Verwaltungsratspräsident der Swissair, Dr. Ehinger. Es fanden verschiedene Unterredungen bei Bundesrat Celio statt, zu welchen zum Teil auch Prof. Amstutz – sozusagen als neutraler Experte – eingeladen wurde. Amstutz konnte sich eigentlich für keinen der beiden Kandidaten erwärmen und beschränkte sich deshalb weitgehend aufs Zuhören. Er wurde aber gebeten, sich an einer nächsten, entscheidenden Unterredung zu äussern. Um in Ruhe einen Entschluss fassen zu können, unternahm er am Tag vor dieser Sitzung eine mehrstündige Fahrt mit einem Kursschiff auf dem Vierwaldstättersee! In Bern votierte er dann, allerdings ohne Überzeugung, für Rihner. Bundesrat Celio verabschiedete ihn jedoch mit den Worten *"non monsieur, c'est vous"*. Jedermann betrachtete dies als eine Art Scherz; später bestätigte Celio aber am Telefon seine Absicht, Amstutz zum neuen Direktor des Luftamtes zu ernennen. Amstutz konnte und wollte seinen vor kurzem erhaltenen Lehrstuhl an der ETH nicht schon wieder aufgeben und lehnte ab. Nach einigem Hin und Her ergab sich dann die Lösung, dass Clerc, der kein Deutsch und noch viel weniger Englisch sprach, zum Chef (nicht Direktor) des Luftamtes ernannt wurde, während Prof. Amstutz, im Nebenamt, den neugeschaffenen Posten eines "Delegierten des Bundesrates für die Zivilluftfahrt", mit den Aufgaben "Vorbereitung des Nachkriegsluftverkehrs" und "Verhandlungen mit dem Ausland", erhielt. Amstutz kam dann bald in Opposition mit der Swissair. Der starke Mann im Verwaltungsrat, der Industrielle Oberst Edwin Schwarzenbach, soll ihm einmal gesagt haben, sie brauchen keine "Schnuderbuebe", die ihnen erzählen, wie man nach dem Krieg fliegen werde.

10 Jahre Swissair

Das zehnjährige Jubiläum der Swissair ging ganz einfach unter. Jedenfalls wird es nirgends mit einem Wort erwähnt. Hingegen fand das fünfzehnjährige Bestehen der Lufthansa im Januar 1941 ein gewisses Echo in der Presse.

Anbauschlacht

Im Interesse der individuellen Teilnahme an der sog. Anbauschlacht offerierte die Swissair den Firma-Angehörigen einen Vorurlaub im Frühjahr von zwei bis drei Tagen, *"um den vermehrten Anforderungen für den Gartenbau genügen zu können"*. Dies allerdings à conto des normalen Urlaubes.

Christian Schaaf

Der Cheffunker der Swissair, der im Frühjahr 1939 wegen Spionageverdachts vorübergehend inhaftiert gewesen war, wurde 1941 zur Maritime Suisse A.G. detachiert, um auf der "Generoso" als Schiffsfunker Dienst zu tun. Gemäss seinen umfangreichen Klagebriefen an die Direktion der Swissair muss sich dieses von der Migros gekaufte Schiff in einem pitoyablen Zustand befunden haben. Der Migros-Vertreter in Lissabon soll nach einer Besichtigung mit Experten nach Hause telegrafiert haben: *"Verhaftet die Käufer des Schiffes, mehr Rost und faules Holz konnte man wohl kaum noch kaufen."* Die Funkanlage war weitgehend unbrauchbar und musste durch Schaaf revidiert und – z.T. mit von ihm vorgeschossenem Geld – modernisiert werden.

Krach mit Henry Pillichody

Das Verhältnis von Eugen Groh, kaufmännischer Direktor, zum technischen Direktor Henry Pillichody war von allem Anfang an nicht das beste. Pillichody gehörte als Pilot zu den Fliegerpionieren der Schweiz. Er war Direktor der Alpar, als er 1937, ohne dass Groh konsultiert oder vorher orientiert worden wäre, als Nachfolger des verunglückten Walter Mittelholzer zum technischen Direktor der Swissair berufen wurde. Es scheint auch eine Salärdifferenz bestanden zu haben, wird doch 1941 in einem Protokoll erwähnt, das Salär von Direktor Groh sei mit Wirkung ab 1. Januar 1941 demjenigen von Direktor Pillichody – Fr. 24'000.– im Jahr – angepasst worden. Pillichody leistete als Fliegeroffizier Militärdienst, während Groh eines Rückenleidens wegen ausgemustert worden war. Überdies war Pillichody, im Gegensatz zu Groh, sprachgewandt. Es scheint, dass Groh eine Art Pillichody-Komplex hatte. Ende November 1941 wurde eine Anfrage von Pillichody, ob er auf Kosten der Firma Escher-Wyss nach Nordamerika reisen könne, um in den USA Lizenzverträge für den patentierten Escher-Wyss Verstellpropeller abzuschliessen, vom Verwaltungsratsausschuss mit – bestimmt von Groh inspirierter – Entrüstung zur Kenntnis genommen. Der Ausschuss vertrat die doch eher gesuchte Auffassung, *"dass die Verquickung einer Geschäftsreise für die Firma Escher-Wyss mit den Richtlinien und Interessen unserer Gesellschaft unvereinbar sei"*. Hingegen erklärte sich der Verwaltungsratsausschuss bereit *"das Vertragsverhältnis mit Herrn Direktor Pillichody auf kürzesten Termin zu lösen, um eventuell Herrn Pillichody die Gelegenheit zu geben, nach seinem Austritt aus der Swissair dem Wun-*

Prof. Eduard Amstutz (1903–1985), "the Grand Old Man of Swiss Aviation", wie er später genannt wurde, lehnte 1941 eine Berufung zum Nachfolger von Oberst Isler als Direktor des Eidg. Luftamtes ab. Um sich die umfassenden Kenntnisse dieser herausragenden Persönlichkeit dennoch sichern zu können, ernannte ihn der für die Zivilluftfahrt zuständige Bundesrat Enrico Celio zum "Delegierten des Bundesrates für Zivilluftfahrt".

Enrico Celio (1889–1980) war 1940 als Nachfolger des langjährigen Vorstehers des Politischen Departementes, Giuseppe Motta, in den Bundesrat gewählt worden. Bundesrat Pilet-Golaz übernahm das Departement Mottas und Enrico Celio von Pilet-Golaz das Post- und Eisenbahn-Departement. Damit unterstand ihm auch das Eidg. Luftamt, für welches er 1941, nach Arnold Islers Tod, einen neuen Chef zu ernennen hatte.

sche der Firma Escher-Wyss, jedoch in rein persönlichem Interesse, nachzukommen". So weit kam es vorläufig noch nicht.

Pillichody hatte allerdings nicht nur mit Groh Differenzen. In einem längeren Schreiben an Direktor Groh, betreffs Ungerechtigkeiten bei der Zuteilung von Flügen, beschwerte sich Bordfunker Paul Auberson bitter, *"dass Direktor Pillichody die Bemerkung gemacht hat, die Bordfunker seien keine Herren"*!

Der Jahresabschluss

Auf der Betriebsrechnung konnte ein Gewinn von Fr. 10'187.42 erzielt werden. Bei den Aktiven fällt wiederum der "grosszügige Umgang" mit der Position Bankguthaben auf. Von den total mehr als 1,3 Mio. Fr. werden beinahe 1,2 Mio. als "für besondere Zwecke reservierte Guthaben" abgezogen und als "verbleibende disponible Mittel" lediglich Fr. 151'927.35 zu den Aktiven gezählt. Im "Bericht über das abgeschlossene Geschäftsjahr" werden die Arbeitsaufträge von Dritten besonders erwähnt:

"Seit Lahmlegung des Flugbetriebes beschäftigten wir unser Werft- und übriges Werkstättenpersonal in der Hauptsache mit Überholungsarbeiten unseres Flugzeugparkes. Ab Frühling 1941 war damit zu rechnen, dass diese Arbeiten zu Ende gehen würden. Es lag deshalb auf der Hand, unsere altbewährten und treuen Spezialisten entweder abzubauen oder auf andere Art nutzbringend zu beschäftigen. Wir prüften deshalb ernsthaft die Aufnahme von "Arbeitsaufträgen von Dritten", um auch unsere vorhandene technische Organisation möglichst in einem intensiveren Arbeitsprozess auszunützen. ... Das Ergebnis unserer Betriebsrechnung konnte demzufolge nicht zuletzt durch diese Erwerbsquelle günstiger gestaltet werden."

1942
Das vierte Kriegsjahr

1942
Wechselvolle Kampfhandlungen in Nordafrika und Russland.

23. Oktober:
Britische Offensive bei El Alamein.

19. November:
Beginn der russischen Gegenoffensive bei Stalingrad.

Verhandlungen in Berlin

Am 17. Januar 1942 reiste eine Delegation unter Führung des neuernannten Delegierten des Bundesrates für die Zivilluftfahrt, Prof. Eduard Amstutz, nach Berlin. Mit dabei waren der neue Chef des Eidg. Luftamtes, Oberst Louis Clerc, sowie Swissair-Direktor Henry Pillichody. Hier der ausführliche Bericht des Delegationsleiters, wie er ihn in dieser Form erst einige Jahre nach dem Krieg niederschrieb:

Keine Überflugbewilligung

"Nach Berlin waren wir gereist, um über die Eröffnung einer Luftverkehrslinie der Swissair von der Schweiz nach Barcelona oder Lissabon zu verhandeln. Es ging also um nichts weniger als um die Möglichkeit, ohne Kontrolle der Achsenmächte aus der Schweiz zu den Alliierten reisen zu können. Um es gleich vorwegzunehmen, die gewünschten Überflugbewilligungen sind uns nicht gewährt worden. Das wäre ja ein Wunder gewesen. Wir waren schon überrascht, dass es überhaupt zu Gesprächen über dieses Thema kam. Wahrscheinlich wollten die Deutschen nur wissen, mit welchen Gesprächspartnern sie es nach dem Tode von Oberst Isler, dem ersten Direktor des Eidg. Luftamtes, zu tun hätten. Die Verhandlungen waren auf den Dienstag der zweitletzten Januarwoche 1942 angesetzt, in der Meinung, dass wir am Montag anreisen würden. Weil aber im Januar das Durchkommen nicht so sicher war, entschlossen wir uns, bereits am Samstag zu fliegen. Wir sind im Flughafen Berlin-Tempelhof empfangen und nach dem Hotel Kaiserhof gefahren worden, blieben dann unter uns, bis wir am Dienstag zu den Verhandlungen abgeholt wurden. Grosse Sprünge konnten wir keine unternehmen, aber uns wenigstens etwas an die Atmosphäre gewöhnen.

Die Wehrmachtsmeldung

Am Sonntag wollten wir uns abends in das angeblich nahegelegene Haus "Vaterland" begeben. Als wir ins Freie traten, war es dank der Verdunkelung draussen völlig finster, und es blies ein scharfer, bissig kalter Wind. Wir tasteten uns in der vermuteten Marschrichtung etwas den Wänden entlang, mussten es aber bald aufgeben, und wir kehrten ins Hotel zurück. In der gut besetzten Halle setzten wir uns hin, um ein Glas Wein zu trinken. Die dritte der bestellten Flaschen wurde uns schliesslich auch vorgesetzt, die zuerst gewünschten waren gerade ausgegangen. Nun hörten wir die Nachrichten. Zuerst einige kurze, nichtssagende Meldungen von der Ostfront, dann sehr ausführliche über japanische Erfolge und zuletzt die Mitteilung, der Generalfeldmarschall von Reichenau sei auf dem Flug in den Heimaturlaub einem Herzanfall erlegen. In der Halle herrschte tiefe Stille, niemand bewegte sich, man spürte ganz körperlich ein undefinierbares Unbehagen. Ein Herr in meiner Nähe, den ich zufällig anblickte, sass steif mit geschlossenen Augen hinter seiner gross aufgespannten Zeitung. Ich erinnerte mich an eine Meldung aus der Zeit des Polenfeldzuges, wonach der Generaloberst von Reichenau "an der Spitze seiner Armee bei Warschau durch die Weichsel geschwommen" sei. Die Stimmung in der Halle des Hotels Kaiserhof nach jener Meldung blieb der tiefste und nicht mehr zu vergessende Eindruck der Berlinreise.

Die Gesprächspartner

Gesprächspartner bei den Verhandlungen waren Herr Ministerialdirigent Mühlig-Hoffmann, sein Mitarbeiter Dr. Orlovius – beide kannte ich wenigstens dem Namen nach – und ein dritter Herr, an dessen Namen ich mich nicht mehr erinnere. Die Gespräche wurden in sehr angenehmer und höflicher Art geführt, eindeutig war natürlich der ablehnende Bescheid. Sonst hat man sich angelegentlich um uns bemüht.
Es gehört zu den diplomatischen Gepflogenheiten, dass die ausländischen Delegationen vom zuständigen Fachminister zu einem Essen eingeladen werden. In unserem Fall war das der Reichsmarschall Hermann Göring. Er war aber zugleich Oberbefehlshaber der Luftwaffe, Ministerpräsident von Preussen u.a.m. Es war daher selbstverständlich, dass wir zwar in seinem Namen eingeladen worden sind, er selbst sich aber entschuldigen liess.

Die Ski-Ausrüstung

Der zweite in der Hierarchie des Reichsluftfahrtministeriums, Luftmarschall Erhard Milch, Staatssekretär der Luftfahrt und Generalinspekteur der Luftwaffe, stand mit unserer Delegation in einem etwas merkwürdigen Verhältnis. Wenige Tage vor unserer Abreise hatte er uns mitgeteilt, dass er es sehr begrüssen würde, wenn sein alter Freund Henry Pillichody, technischer Direktor der Swissair, mitkommen würde. Mir war diese Verstärkung der Delegation äusserst willkommen, denn der vorher einzig in Aussicht genommene Begleiter war der neue Chef des Eidg. Luftamtes, Oberst L. Clerc, der kaum Deutsch zu sprechen vermochte und es auch nur mangel-

haft verstand. Auch die sachliche Kompetenz und die gewandten Umgangsformen Pillichodys bedeuteten für mich eine Hilfe. In Berlin liess uns Marschall Milch dann allerdings wissen, dass er angesichts seiner militärischen Funktion in einem kriegführenden Staat uns Angehörige eines neutralen Landes nicht in eine vielleicht unangenehme Situation bringen möchte und deshalb vorschlage, nur seinen Freund Pillichody unter vier Augen kurz zu treffen. Damit hatte er zweifellos recht. Weniger erhebend war der wirkliche Beweggrund seines Treffens mit Pillichody. Als dieser von der Begegnung zurückkehrte, erzählte er, er hätte Milch beim Studium der Berichte über die englischen Luftangriffe während der vergangenen Nacht angetroffen. Er sei optimistisch, dass den Engländern bald einmal der Schnauf ausgehen werde. Nebst den besten Grüssen an uns beide habe er ihm noch einen privaten Auftrag erteilt, über den er nicht sprechen dürfe. Ich war sicher, das Geheimnis bald einmal doch zu erfahren, was auch der Fall war. Milch hatte Pillichody beauftragt, ihm eine vollständige Skiausrüstung zu kaufen und diese in Arosa zu deponieren, damit er nach Kriegsende davon Gebrauch machen könne. Gemäss Befehl des Führers an alle Deutschen hatte Milch seine gesamte Skiausrüstung dem Heer zur Verfügung gestellt, so wie seine Frau ihre Pelzmäntel abgeliefert hatte. Ich war überrascht, an was alles man im Kriege noch zu denken imstande ist.

Die Einladungen
Gastgeber bei dem Essen war dann einfach die deutsche Verhandlungsdelegation. Die Herren erschienen, obwohl zum zivilen Teil des Reichsluftfahrtministeriums gehörend, wie schon zu den Verhandlungen in Uniform, und jeder hatte seiner zivilen Aufgabe entsprechend einen militärischen Rang. Die Gegeneinladung war Sache des schweizerischen Gesandten, Minister Frölicher.
An einem dieser Essen nahm Generalmajor Freiherr von Gablenz teil. Ich kannte ihn aus der Vorkriegszeit, und es war wohltuend, dass man sich mit ihm ganz ungezwungen unterhalten konnte, wobei ich heisse Themata natürlich geflissentlich vermied. Seit kurzem erst war er als Nachfolger von Generaloberst Udet Generalluftzeugmeister und von seiner Aufgabe sichtlich erfüllt. Leider ging es ihm dann nicht viel besser als Udet.
Bei unserer Abreise begleiteten uns unsere Gesprächspartner auf den Flughafen und sie verabschiedeten sich erst bei der Treppe zum Flugzeug. Wir erhielten fast den Eindruck, sie hätten unserem Anliegen gerne entsprochen. Dass sie es nicht tun konnten, war bei der Lage der Dinge verständlich. Jedenfalls war Herr Mühlig-Hoffmann ein untadeliger, hochanständiger Verhandlungspartner."

Erhard Milch (1892–1972), Militär- und Zivilpilot, Vorstandsmitglied der Lufthansa, Staatssekretär, Generalinspekteur der Luftwaffe und Generalluftzeugmeister, 1940 zum General-Feldmarschall befördert, hatte von der Vorkriegszeit her enge Beziehungen zu schweizerischen Fliegerkreisen. Diese Aufnahme, auf welcher er zusammen mit Swissair-Direktor Balz Zimmermann zu sehen ist, entstand Ende Juli 1937 anlässlich des Flugmeetings in Dübendorf. Milch hat sich ein 1. August-Abzeichen angesteckt. Während des Krieges kam er mehrmals per Swissair zu Kurzbesuchen nach Dübendorf.

Der Flugbetrieb

Die einzige Strecke die von der Swissair geflogen werden konnte, die Nr. 12 von Zürich nach Berlin, war, wie schon Ende 1941, so auch zu Beginn des neuen Jahres vom Wetterpech verfolgt. Im Februar war der Flugplatz Stuttgart, starker Schneefälle wegen, für einige Zeit nicht benützbar. Dies war besonders bedauerlich, weil die Strecke 12 das grösste Verkehrsaufkommen zwischen Stuttgart und Berlin hatte. Die Passagierbelegung von und nach Zürich fiel wesentlich geringer aus. Trotz der anfänglichen Erschwernisse erwies sich diese Strecke als wahre Goldgrube. 1942 belief sich der Gesamtertrag auf über zwei Mio. Fr., wobei auch nach Abzug der direkten Kosten (Betriebsstoffe Fr. 565'000.–, Saläre fliegendes Personal Fr. 120'000.– etc.) noch ein erfreulicher Überschuss verblieb.

Unzufriedene Piloten

Weniger zufrieden zeigte sich ein Teil der Cockpitbesatzungen. Piloten und Bordfunker waren Akkordarbeiter, indem – bei den Piloten ausgeprägter als bei den Bordfunkern – ein wesentlicher Teil ihres Salärs aus der Kilometerentschädigung bestand. Während die fünf im Einsatz stehenden Bordfunker den Kuchen mit Kilometerleistungen zwischen 81'000 (Breitenstein) und 111'000 (Auberson) einigermassen gleichmässig und gerecht verteilen konnten, ergaben sich bei den sechs Flugkapitänen und den drei Piloten I. Klasse (plus zwei Jungpiloten) weit grössere Differenzen. Heitmanek und Künzle flogen knapp über 20'000 km, Zimmermann und Nyffenegger gegen 80'000, Hans Kuhn gar 91'000 km.

Direktor Groh gab sich alle erdenkliche Mühe, seine Piloten einigermassen zu befriedigen. Bereits am 11. Februar 1942 unterbreitete er dem Verwaltungsrat diesbezügliche Vorschläge, die alle angenommen wurden. *"... wonach die Direktion sich in gegenseitiger Aussprache mit den Piloten bemüht hat, <u>für diese engsten Mitarbeiter</u> unserer Gesellschaft <u>eine befriedigende Regelung der Salärfrage 1942</u> zu finden ... Da nach unserer Umfrage keiner unserer Piloten die Neigung hatte, sich in seinem ursprünglich angelernten Berufe während der Stilliegezeit d.h. solange die Herren nicht von uns zum Einsatz im Streckendienst bestimmt sind, anderweitig zu betätigen, bemühte sich Direktor Groh ... usw."*

Es wurde ein Existenzminimum garantiert, *"in der Überlegung, dass wir unseren Piloten durch eine gewisse materielle Garantie ihre bisherige Pflichttreue belohnen sollten, was nicht zuletzt im Interesse der Erhaltung unseres Unternehmens läge."* Als weiteres Entgegenkommen wurde jedem DC-3-Piloten ein Monat bezahlter Ferienurlaub unter Vergütung des doppelten Monats-Fixums, d.h. Fr. 800.–, gewährt. *"Direktor Groh empfiehlt seinen Vorschlag zu Gunsten der Piloten der Zustimmung, indem er hervorhebt, dass diese Mitarbeiter, die zu normalen Zeiten stets ihren Dienst auf exponiertem Posten versahen, dies für unsere Gesellschaft auch bei Eintritt besserer Zeiten wieder tun werden."* Dennoch kam es zu gegenseitigen Neidereien und unwirschen Reaktionen, die in entsprechenden Briefen an die Direktion ihren Ausdruck fanden:
"Ich habe also Bedenken, dass ich bis Ende dieses Jahres den von Ihnen eingesetzten Betrag meiner eigenen Leistung für das Militärflugtraining nicht erreichen kann, denn ich hoffe, dass Sie mit mir einig gehen in der Annahme, dass jeder unserer Herren die gleiche Anzahl Diensttage zu leisten hat." (Anm.: Die Militärflugentschädigung wurde als Teil des Salärs gerechnet.)
"Ich sehe in dieser Lösung eine grundsätzlich falsche Auffassung der Verteilung der vorgesehenen Flugkilometer ... wie beispielsweise mit Herrn H. Kuhn vorgesehen ist, dem ein 12-wöchiges Dauerfliegen in den für Schlechtwetterfliegen absolut uninteressanten Sommermonaten zugewiesen wird ... Vermeiden wir auf Grund der eben getroffenen Swissair-Reorganisation in div. Ämtern den Anschein unerspriesslicher Bevorzugungstendenzen ... "

Eine Entlassung und heisse Post

Die Piloten waren nicht die einzigen, die Direktor Groh im Zusammenhang mit dem Flugdienst Kummer bereiteten. Ende April wurde ein Angestellter fristlos entlassen, weil er einem deutschen Passagier helfen wollte, eine Flasche Whiskey unter Umgehung der Zollkontrolle <u>auszuführen</u>. Dies wurde nicht etwa durch den Zoll entdeckt, sondern von einem sog. Gepäck-Boy beobachtet, der sofort den Zoll informierte. In einem zweiseitigen Zirkularschreiben, das jeder Angestellte, inkl. Piloten, unterschrieben zurückschicken musste, wurde diese *"schwere Pflichtverletzung"* angeprangert und *"als Vergehen, das dazu angetan ist, unsere Gesellschaft bei den Zoll- und Polizeibehörden in Misskredit zu bringen, mit dem Risiko schärfster Sanktionen bis zum Konzessionsentzug"* dargestellt.

Einen glücklicheren Ausgang nahm ein weiteres "schweres Vergehen": Die damalige Flugbegleiterin – der englische Ausdruck Stewardess durfte nicht mehr verwendet werden – Alette Hamm erhielt nach einem Flug von Berlin nach Zürich von Flugkapitän Hans Ernst einen Brief überreicht, mit der Bitte um Weitergabe an seinen Kollegen von Tscharner. Da Alette Hamm am folgenden Tag dienstfrei war, gab sie den Brief auf der Flugleitung ab. Nach ihrer nächsten Ankunft in Dübendorf wurde sie ins Direktionsbüro zitiert, wo sie von Direktor Groh und Prokurist Keller "mit steinernen Gesichtern" erwartet wurde. Die beiden Herren unterzogen Alette Hamm einem hochnotpeinlichen Verhör, ob sie verbotenerweise Post angenommen habe usw. Schliesslich zeigte man ihr den Brief für Anton von Tscharner, dessen Herkunft sie leicht erklären konnte. Als man sie aber auf den rückseitigen Absender aufmerksam machte, verschlug es ihr den Atem: "American Embassy"! Der Brief stammte von einem Angestellten der Schweizer Botschaft in Berlin, der nichts Gescheiteres gewusst hatte, als für eine harmlose Mitteilung an Anton von Tscharner ein solches Couvert zu verwenden. (Anm.: Die Schweizer Botschaft in Berlin vertrat u.a. auch die Interessen der USA in Deutschland.) Wohlgehütetes Geheimnis blieb indessen, dass Alette Hamm etwa Kinder-Nuggi mitgenommen hatte für Angestellte in Stuttgart und Berlin. "Schnuller" waren in Deutschland damals nicht mehr zu haben. Schuhe, um die sie jedesmal auch dringend gebeten wurde, getraute sie sich hingegen nicht nach Deutschland zu bringen.

Was auf der Strecke so alles passierte

Generalfeldmarschall Milch

machte, wie schon in den Dreissigerjahren, auch 1942 hie und da Gebrauch von dieser bequemen Flugverbindung. In Dübendorf blieb er meistens auf dem Flugplatz, durfte oder wollte aber, seiner Uniform wegen, nicht ins Flugplatzrestaurant, weshalb er an einem Tischchen in der zu einer kleinen Kantine umfunktionierten Bordküche verpflegt wurde. Einmal scheint er sich doch nach Zürich begeben zu haben. Jedenfalls weiss die damalige Flugbegleiterin Alette Hamm von einer Begegnung mit dem hohen deutschen Offizier an der Bahnhofstrasse in Zürich zu berichten. Milch habe sie erkannt und begrüsst, woraufhin

Alette Hamm, die Zwillingsschwester der vor dem Krieg als Stewardess tätig gewesenen Doris, stand 1942 als "Flugbegleiterin" auf der Strecke nach Berlin im Einsatz. Ende Juni 1942 erlitt sie einen schweren Segelflugunfall und musste die Fliegerei aufgeben.

sie von den Leuten sofort sehr misstrauisch angeschaut worden sei. Milch soll übrigens mehrmals Swissair-Besatzungen um die Mitnahme von Geld gebeten haben.

Ein peinlicher Vorfall

Alette Hamm war auf der Strecke 12 vom 16. März bis Ende Juni 1942 im Einsatz, dann musste sie ihre Tätigkeit bei der Swissair nach einem schweren Unfall als Passagierin mit einem Doppelsitzer-Segelflugzeug vorzeitig aufgeben. In Erinnerung geblieben ist ihr u.a. ein peinlicher Vorfall mit einem jüdischen Passagier, einem Schweizer, der aus Deutschland ausreisen durfte. Dieser befand sich auf der Toilette, als die DC-3 über dem Schwarzwald eine Böe erwischte. Dadurch wurde der total ausgemergelte Mann derart in die WC-Schüssel gedrückt, dass er darin eingeklemmt blieb. Alette Hamm musste Bordfunker Wegmann zu Hilfe holen, um den armen Kerl aus seiner unangenehmen Lage zu befreien. Nicht vergessen hat sie die Zwischenhalte in Berlin. Zum Putzen des Flugzeuges erschien jeweils ein älterer Mann, der mit zwei Kesseln beladen hinter einem Velofahrer hertraben musste. Um die Füsse hatte er Lumpen gewickelt. Der Velofahrer und Aufpasser, *"sonst ein netter Kerl"*, erzählte, dass der Mann ein jüdischer Arzt sei. Auch in der Küche habe es viele Judenfrauen, die hätten früher lackierte Nägel gehabt und müssten jetzt Böden putzen.

Pistolen im Genick

Ganz anderer Art war ein Vorfall, der sich am 12. März 1942 nach der Landung der DC-2 HB-ITO in Berlin ab-

1942: Das vierte Kriegsjahr

Anton von Tscharner (1907–1994), 1942 "Linienpilot 1. Klasse", geriet zusammen mit Bordfunker Gloor in Berlin in Bedrängnis.

Jules Gloor (1910–1990) war Flugzeugmechaniker und Bordmechaniker bei der Balair, bevor er bei der Swissair zum Bordfunker ausgebildet wurde. Als erfahrener, selbstbewusster Streckenfuchs, der auch ein Flugzeug zu steuern wusste, war er für junge Piloten eine wertvolle Hilfe, manchmal aber auch ein etwas schwieriger Partner im Cockpit.

spielte. Kaum war das Flugzeug auf dem Abstellplatz zum Stillstand gekommen, als zwei Gestapo-Leute dem Piloten Anton von Tscharner und dem Bordfunker Jules Gloor Pistolen ins Genick hielten und "Hände hoch!" riefen. Von Tscharner und Gloor wurden zum Verhör weggeführt und erfuhren dort, dass man sie beschuldigte, über einem deutschen Dorf nahe der Schweizergrenze Papiere abgeworfen zu haben. Das sei von dort aus gemeldet worden. Von Tscharner konnte sich erinnern, die angegebene Gegend im Blindflug überflogen zu haben, und beide beteuerten ihre Unschuld. Sprüche wie: *"Sie sollten die Sache doch besser zugeben. Sie sind noch jung und haben ein langes Leben vor sich."* trugen nicht gerade zur Hebung der Stimmung bei. Schliesslich liess man die beiden laufen. Der Rückflug konnte gleichentags nicht mehr stattfinden, und so begaben sie sich per U-Bahn in die Stadt in ein Hotel. Später besuchten sie noch ein Lokal, in dem getanzt wurde, und trafen dort per Zufall auf ein Fräulein, das sie vom Flugplatz her kannten. Ein Fliegeralarm beendete das angeregte Gespräch mit dieser Dame. Sie trafen sie anderntags wieder auf dem Flugplatz und hatten plötzlich das Gefühl, die Begegnung in der Stadt sei vielleicht doch nicht so zufällig gewesen. Auf eine Witzelei, was wohl mit ihnen geschehen werde nach dem deutschen Endsieg, nannte das nette Fräulein als Möglichkeit "Gepäck laden bei der Lufthansa".

Nicht ganz auszuschliessen ist, dass tatsächlich Papier abgeworfen worden war. Es war auf den damaligen Flugzeugen nämlich durchaus üblich, überflüssige Papiere durch das leicht geöffnete Cockpitfenster zu entsorgen. Vielleicht war dies von einem misstrauischen Passagier beobachtet und anlässlich der Zwischenlandung in Stuttgart gemeldet worden.

Einmotorig nach Dresden

Einen fliegerischen Zwischenfall schildert Bordfunker Paul Auberson wie folgt: Am 5. Mai 1942 waren die Windschutzscheiben der DC-3 HB-IRE nach der Landung in Berlin total vereist. Angesichts der misslichen Verhältnisse am Boden wollte sich Flugkapitän Walter Borner mit der Enteisung der linken Scheibe zufriedengeben. Auberson beharrte aber darauf, dass auch seine Scheibe mittels Warmluftaggregat enteist werde. Kurz nach dem Start fiel der linke Motor aus, und Borner musste längere Zeit bei schlechtesten Sichtbedingungen auf Hausdachhöhe "Unter den Linden" entlang fliegen. Einmotorig wurde der Flug bis Dresden fortgesetzt, wo Borner nach der Landung Auberson umarmte: *"Wenn Du nicht darauf beharrt hättest, die Scheiben zu enteisen, wären wir erledigt!"*

Pillichody wird entlassen

Dass die beiden Swissair-Direktoren Groh und Pillichody ein gestörtes Verhältnis zueinander hatten, ist schon früher erwähnt worden. Am 5. Mai 1942 ging "An sämtliche Firmaangehörige der Swissair" ein Zirkularschreiben des Delegierten des Verwaltungsrates, Oberst E. Messner, in welchem eine Neuorganisation des technischen Betriebes bekanntgegeben wurde. Anstelle der technischen Direktion war demnach "ab heute" eine Kommission für die Behandlung aller technischen Belange zuständig. Sie stand unter dem Vorsitz von Oberst Messner. Mitglieder waren Direktor Groh (Überwachung der auszuführenden Beschlüsse), Hans Huggler (Chef für den Hallen- und Werkstätten- sowie Radiobetrieb), Flugkapitän Zimmermann (verantwortlicher Leiter des Flug- und Borddienstes) und Ing. W. Keller (bisher Kontrollbeamter des Bureau Veritas, als beratender Ingenieur, speziell für die Überwachung der Motoren). Der Name Pillichody blieb unerwähnt. Letzteres schien auch anderen Leuten aufgefallen zu sein, folgte doch am 18. Mai 1942 ein weiteres Zirkular, diesmal gar vom Präsidenten des Verwaltungsrates, Dr. A. Ehinger, unterschrieben:

"Im Nachtrag zum Zirkular vom 5. Mai 1942 betreffend die provisorische Neuorganisation unseres technischen Betriebes möchte ich, um Unklarheiten aus der Welt zu schaffen, noch folgendes festhalten: Herr H. Pillichody, technischer Direktor der Swissair, hatte seinerzeit seine Demission eingereicht. Sein Rücktritt wurde in der kürzlich abgehaltenen Plenar-Verwaltungsrats-Sitzung der Swissair genehmigt. Herr H. Pillichody ist inzwischen aus unserer Gesellschaft ausgetreten; seine Unterschrift wird im Handelsregister gelöscht."

Von "Demission eingereicht" konnte sicher keine Rede sein. Von seiner Entlassung hat er wahrscheinlich erst am 6. Mai erfahren. Ein unschöner Abgang für einen verdienten Flugpionier, der u.a. als Direktor der "Ad Astra-Aero" am 1. Juni 1922 den ersten schweizerischen Linienflug ins Ausland, von Genf über Zürich nach Nürnberg, pilotiert hatte. Hedwig Brack, die dannzumal alleinige Sekretärin für die beiden Direktoren Groh und Pillichody, erinnert sich, dass es Oberst Messner war, der Pillichody nahelegte, nach den USA zu gehen. Dies geschah – allerdings erst im Jahre 1943 – im Auftrag der Schweizerischen Zentrale für Verkehrsförderung.

Der neue technische Chef Hans Huggler

Bereits vor der Entlassung Pillichodys hatte sich Direktor Groh nach einem geeigneten Nachfolger umgesehen. Anlässlich einer Beanstandung bei der Swissair machte

Hans Huggler (1910–1993), als Bordfunker der Alpar im September 1937 einziger Überlebender eines Flugzeugabsturzes, dann Leiter der Flugsicherung beim Eidg. Luftamt, übernahm 1942 die Leitung des technischen Dienstes der Swissair, jedoch ohne Ernennung zum Direktor.

Henry Pillichody (1893–1980), Flugpionier, 1929 bis 1937 Direktor der Flugplatzgenossenschaft "Alpar"-Bern bzw. der "Alpar, Schweiz. Luftverkehrs A.G." und ab 1937 technischer Direktor der Swissair, hatte in der Fliegerei einen grossen Freundeskreis, wozu sein Direktionskollege Eugen Groh aber eindeutig nicht gehörte. Seine grossen Talente im Verhandeln, im Aufbauen und Pflegen von Beziehungen, im Schreiben fundierter Gutachten usw. kamen erst nach seinem (unfreiwilligen) Weggang von der Swissair (1942) zur Geltung, nachdem er als Vertreter der Schweizerischen Zentrale für Verkehrsförderung in den USA mit einer neuen Aufgabe betraut worden war.

Groh Bekanntschaft mit Hans Huggler, dem Leiter der Flugsicherung beim Eidg. Luftamt. Huggler war in den Dreissigerjahren bei der damals unter der Leitung von Pillichody stehenden Alpar Bordfunker gewesen, hatte nach einem schweren Flugunfall (Waldenburg, 10.9.37) den Flugdienst jedoch aufgeben müssen. Es kam zu einer Besprechung betreffs Übertritt zur Swissair, wobei Huggler bemerkte, er wäre schon interessiert, aber er könne sich nicht vorstellen, unter Direktor Pillichody zu

1942: Das vierte Kriegsjahr

arbeiten. Diese Bemerkung war Musik für Direktor Grohs Ohren und Hugglers beste Empfehlung. Gemäss Hans Huggler wurde diese Aussage durch Groh vor dem Verwaltungsrat mit dazu verwendet, Pillichody von der Swissair zu entfernen, was Huggler nie beabsichtigt hatte und was ihm dann auch leid tat. Eugen Groh hingegen war am Ziel: Er hatte einen zuverlässigen, kompetenten Leiter des technischen Dienstes, und er war alleiniger Direktor.

Schmiergeld?

Am 5. Mai 1942 (der gleiche Tag, an welchem er mit einem Zirkular von Oberst Messner praktisch abgesetzt wurde!) hatte Direktor Pillichody eine Besprechung mit einigen Piloten, Bordfunkern sowie Kontrolleur Dütsch. Dabei fiel die Bemerkung, dass bei der Umrüstung der Swissair-Flugzeuge auf Philips-Sendeanlagen, in Konkurrenz zu Telefunken, nicht alles mit rechten Dingen zugegangen sein soll. Das Wort Schmiergelder lag in der Luft, wurde aber nie konkretisiert. Bei den Abklärungen, die Direktor Pillichody sofort in die Wege leitete, aber nicht mehr zu Ende führen konnte (am 6. Mai unterschrieb er letztmals Briefe als technischer Direktor), kam es zu einem unendlichen Hin und Her, wer was wann wem gesagt habe. Es gab peinliche Verhöre mit immer wieder geänderten Aussagen. Diese Affäre zog sich bis zum Jahresende hin und vergiftete die Atmosphäre unter den beteiligten Funkern, technischen Angestellten und vorgesetzten Stellen ganz gehörig. Hängen blieb schliesslich alles an Bordfunker Auberson wegen Verbreitung von Gerüchten. Er wurde auf den 1. Januar 1943 in ein provisorisches Anstellungsverhältnis versetzt und vom Flugdienst suspendiert. Ungeschoren davon kam hingegen der Vertreter der Philips, obschon er einen zwiespältigen Eindruck hinterliess. Die erste Einvernahme Aubersons durch Personalchef Ulrich Keller begann übrigens recht vielsagend: *"Herr Auberson, Herr Groh glaubt, dass es sich bei dieser Schmiergeld-Affäre um Herrn Pillichody handelt, und wir möchten das sehr gerne wissen."* Hier war wohl eher der Wunsch der Vater des Gedankens gewesen. Obschon Auberson und Pillichody das Heu nicht auf der gleichen Bühne hatten, musste er diese Frage verneinen.

Arbeitsaufträge von Dritten

Nach den Streckentransporterträgen (ca. Fr. 2'000'000.–) und den "Subventionen und Sondervergütungen von Behörden" (ca. Fr. 400'000.–) figurieren die Einnahmen aus fremden Aufträgen mit Fr. 218'250.– an dritter Stelle. Der weitaus grösste Teil dieser Summe stammte von Aufträgen seitens der Deutschen Lufthansa für die Reparatur und Überholung von DC-3 Flugzeugen. Die bereits im November 1941 nach Dübendorf transportierte D-ATJG wurde am 29. Juni 1942 durch Franz Zimmermann, mit Werner Wegmann als Funker, eingeflogen und an die Lufthansa abgeliefert. Eine deutsche Besatzung mit Chefpilot von Engel holte das Flugzeug in Dübendorf ab. Vorher wurde die erfolgreiche Beendigung dieser umfangreichen Reparaturarbeit im Hotel Trübsee in Engelberg noch gefeiert. Am Bankett nahmen seitens der Swissair teil: Direktor Eugen Groh, Kontrolleur Hans Dütsch, Technischer Adjunkt Robert Ernst und Werftmeister Karl Formanek, seitens der Lufthansa u.a. Kontrollingenieur Bode, Chefpilot von Engel und Baron von Könitz. Von den total über Fr. 160'000.– betragenden Reparaturkosten verblieben, nach diversen Abzügen, für die Rechnung 1942 netto Fr. 126'704.55.

Am 28. August wurde eine weitere DC-3 der Lufthansa, die D-AAIE "Mährisch-Ostrau" (vorher als OK-AIE ein tschechisches Verkehrsflugzeug), nach Dübendorf überflogen. Für die Grundüberholung dieses Flugzeuges konnte eine Netto-Einnahme von Fr. 70'455.77 ver-

Paul Auberson (geb. 1907) flog schon bei der Balair als "Bordmonteur" und bei der Swissair ab 1935 als Bordfunker. Als einer der erfahrensten und besten Bordfunker kam er bei mehreren heiklen Missionen zum Einsatz. Anlässlich einer Intrige um den Kauf neuer Funkgeräte hat er 1942 durch unvorsichtige Äusserungen den Zorn der Direktion auf sich geladen. Er wurde vorübergehend vom Flugdienst suspendiert und in ein provisorisches Arbeitsverhältnis versetzt.

Die DC-3 D-ATJG der Lufthansa in der Werfthalle der Swissair in Dübendorf. Der umfangreichen Vorbereitungsarbeiten wegen konnte mit der eigentlichen Reparatur am Flugzeug erst im März 1942 begonnen werden.

bucht werden. Die Rückgabe an die Lufthansa erfolgte in Stuttgart am 16. November 1942. Eine dritte, am 8. Dezember aufgelieferte DC-3, die D-AAIF "Brünn" (OK-AIF), erscheint in der Rechnung 1942 erst auf der Ausgabenseite.
Als Bemerkung ist angeführt: *"Die Abwicklung der finanziellen Verpflichtungen seitens der Deutschen Lufthansa A.G. gab bisher zu keinen Bedenken Anlass; die Teilzahlungen erfolgten innert nützlicher Frist durch den deutsch-schweizerischen Clearing."*

Viel unbedeutender, jedoch wesentlich heikler waren die Arbeiten für die Dornier-Werke, Altenrhein. Es handelte sich um *"aus dem Jahre 1941 noch übernommene Aufträge"*, und es ging dabei um die bereits Ende 1941 erwähnte Anfertigung von Zellen-Ersatzteilen für deutsche Messerschmitt Me-109 und von Haubendritteln für Dornier Do-17. Dass man sich mit solchen Aufträgen auf gefährlichem Grund bewegte, war den Verwaltungsratsmitgliedern bewusst. Im Protokoll der Verwaltungsratssitzung vom 30. März 1942 ist zu diesem Problem folgendes zu lesen:
"Mit Bezug auf unsern Betriebszweig "Arbeitsaufträge von Dritten" und die daraus eventl. zu befürchtenden Folgen politischer Natur entspinnt sich eine lebhafte Diskussion. Es wird der Direktion nahegelegt, bei der Hereinnahme künftiger Arbeitsaufträge von Dritten grösste Vorsicht walten zu lassen, damit der Swissair keinesfalls der Vorwurf gemacht werden könnte, sie hätte ihren Betrieb in den Dienst einer fremden Kriegsmacht gestellt. Herr Konsul Schwarz stellt in diesem Sinne den Antrag, es seien künftighin nur Aufträge schweizerischer Provenienz anzunehmen. Dieser Antrag wird seitens des Verwaltungsrates einstimmig genehmigt."
Kaum beschlossen, schon wieder bereut. Am 9. Mai 1942 diskutierte derselbe Verwaltungsrat das Protokoll der Sitzung vom 30. März, wobei obiger Beschluss wieder in Frage gestellt wurde.

1942: Das vierte Kriegsjahr

Der am meisten in Mitleidenschaft gezogene Rumpfbug der D-ATJG musste – ohne Konstruktionsunterlagen – vollständig neu angefertigt werden.

Eine mit der Reparatur der D-ATJG beschäftigte Mechanikergruppe bei der Kaffeepause. V.l.n.r.: Othmar Breitenstein, Jost Guyer, Ernst Bosshard, Köbi Pfister, Emil Bosshard, Edi Reithaar, Bruno Teucher (?) und – vorne rechts – Hans Deutsch.

"Herr Oberst Messner vertritt die Meinung, der gefasste Beschluss habe dahingehend gelautet, dass wir, solange wir Aufträge schweizerischer Provenienz zugewiesen erhalten und mit solchen auskommen können, keine ausländischen Arbeiten übernehmen. Er glaubt jedoch, dass wir in eine fatale Lage geraten könnten, wenn wir uns auf schweizerische Aufträge beschränken wollten. Im übrigen sieht er in der Annahme ausländischer Aufträge für unsere Gesellschaft keine Schwierigkeiten, solange wir nicht Kriegsware herstellen. Herr Oberst Messner glaubt sogar, dass der gegenwärtige Auftrag der Deutschen Lufthansa A.G. (DC-3 Reparatur) einen günstigen Einfluss gehabt habe, da wahrscheinlich unsere jetzige Flugstrecke nach Berlin von den deutschen Behörden wieder gesperrt worden wäre, wenn sich nicht das deutsche Verkehrsflugzeug bei uns in Reparatur befunden hätte. Herr Dr. h.c. Hunziker ist ebenfalls der Meinung, dass der Beschluss nicht derart eindeutig ablehnend gelautet habe ... Herr Oberst Schwarzenbach vertritt die Meinung, es sei der Direktion auch weiterhin die Entgegennahme ausländischer Aufträge zu gestatten unter vorheriger Beschlussfassung durch den Verwaltungsrat ... Die Herren stimmen diesem Antrag zu."

Auf die Hereinnahme neuer Aufträge für die Herstellung von Bestandteilen deutscher Kriegsflugzeuge scheint man in der Folge immerhin verzichtet zu haben, dafür nahmen im folgenden Jahr die Reparaturarbeiten an Douglas-Flugzeugen der Lufthansa einen ganz bedeutenden Umfang an. Wie aus den Berichten Pillichodys hervorgeht, wurde in offiziellen Kreisen der USA die Stimmung gegenüber der Schweiz und der Swissair (auch) durch diese Aufträge sehr getrübt und blieb dies noch für einige Jahre über das Kriegsende hinaus. Auch wenn Konsul Schwarz eher als politisches Leichtgewicht gehandelt wurde ("Internationaler Lederhändler und Konsul in Dänemark, mit sehr pro-westlicher Einstellung"), so waren seine Warnungen doch mehr als berechtigt.

Verdächtigungen gegenüber Direktor Groh

Aus dem Besprechungsprotokoll vom 30. September 1942:

"Herr Direktor Groh informiert Herrn Schaaf (Anm.: Bordfunker Christian Schaaf, der als Schiffsfunker zur Maritime Suisse detachiert worden war) darüber, dass seitens des Verwaltungsrates gegen Ch. Sch. ein Antrag auf fristlose Entlassung vorliege, welcher auf dem Ergebnis einer Untersuchung über gewisse Aussagen von seiner Seite basiere. Es sei nämlich zuerst gegen Hr. Direktor Groh eine Untersuchung seitens eines unserer Verwaltungsratsmitglieder eingeleitet worden, da von Herrn Schaaf gegen ihn der Verdacht geäussert wurde, die Direktion der Swissair, m.a.W. Direktor Groh, gebe Herrn Schaaf nur einen Lohn von Fr. 700.–, und von der Maritime Suisse beziehe die Swissair Fr. 900.–, so dass eine Mehrzahlung wahrscheinlich von Direktor Groh vereinnahmt werde. Der betreffende Verwaltungsrat konnte sich dann anhand unserer Rechnungsunterlagen davon überzeugen, dass die Swissair die Fr. 200.– Differenz zwischen dem Lohn Schaaf und der Vergütung Maritime-Suisse vollständig aufbrauche für alle zu deckenden Versicherungsprämien etc." ...

Wie sich herausstellte, beruhte die ganze Angelegenheit auf dummem Geschwätz, auf Verdächtigungen, die bereits im Dezember 1941 von einer Swissair-Angestellten Frau Schaaf gegenüber gemacht worden waren. Direktor Groh hat nach eindringlichen Ermahnungen, *"sich nicht mit solch schmutzigen Leuten zu umgeben"*, seinen Vorkriegs-Cheffunker, der ihm ja schon 1939 mit der "Spionage-Affäre" grossen Kummer bereitet hatte, begnadigt. Doch kaum war dieses Gewitter überstanden und Schaaf zur Maritime-Suisse nach Lissabon zurückgekehrt, als die nächste Hiobsbotschaft in Dübendorf eintraf: Die Engländer hatten aus unbekannten Gründen Christian Schaaf auf die Schwarze Liste gesetzt, so dass die Maritime-Suisse sich gezwungen sah, vom Detachierungsvertrag zurückzutreten. Kurz vor Weihnachten 1942 traf Schaaf als kranker Mann wieder in Dübendorf ein. Seine Rehabilitation, sowohl in bezug auf die Gesundheit wie auf die Schwarze Liste, nahm längere Zeit in Anspruch. Über Christian Schaaf wird in den folgenden Jahresberichten noch mehr zu lesen sein.

1942: Das vierte Kriegsjahr

Flugplatzplanung

In der Schweiz wurde intensiv an der Planung des Nachkriegsluftverkehrs gearbeitet, vor allem in bezug auf die Bereitstellung geeigneter Flugplätze. Gefördert von Prof. Amstutz wurde von der Regierung des Kantons Bern das Projekt eines Zentralflughafens bei Utzenstorf vorangetrieben. Auch in Zürich prüfte man die Ausbaumöglichkeiten von Dübendorf bzw., weil die Doppelfunktion als Zivil- und Militärflugplatz immer wieder zu Schwierigkeiten führte, die Verlegung an einen anderen Ort. Die Berner Pläne verfolgte man hier mit grosser Skepsis. Man fürchtete um die Stellung Zürichs im internationalen und im schweizerischen Luftverkehr. Am 20. August 1942 befasste sich der Regierungsrat in einem ausführlichen Schreiben an den Bundesrat mit dieser Problematik. Zu lesen ist da u.a.:

"In welcher Form sich der interkontinentale Verkehr abwickeln wird, ist heute noch ungewiss. Es steht wohl auch noch nicht fest, ob für den Transozeanverkehr Land- oder Wasserflugzeuge zum Einsatz gelangen werden. Als Kopfstationen der internationalen Fluglinien kommen aber unseres Erachtens jedenfalls nur einige europäische Hauptstädte, wie London, Paris, Berlin, Madrid und Rom in Betracht, kaum jedoch irgendein Ort in der Schweiz ... Würden aber, entgegen allen Erwartungen, einzelne Kurse doch direkt in die Schweiz geführt werden, so würde wohl der schweizerische Zentralflughafen nur relativ selten, das heisst vielleicht wöchentlich nur ein- oder höchstens zweimal angeflogen und als Startplatz benützt. Eine derart schlechte Ausnützung hätte dann zwangsläufig zur Folge, dass der Platz im Interesse seiner wirtschaftlichen Auswertung auch für die Bewältigung des innereuropäischen Verkehrs Verwendung fände ..."

In Basel

erhitzten sich die Gemüter besonders über ein Projekt, das zu Gunsten eines neuen Flugplatzes die Abholzung eines grossen Teils des Hardwaldes vorsah. Flugkapitän Heitmanek vertrat in einem Gespräch mit dem bekannten Basler Sportflieger Rebsamen, der sich auch poli-

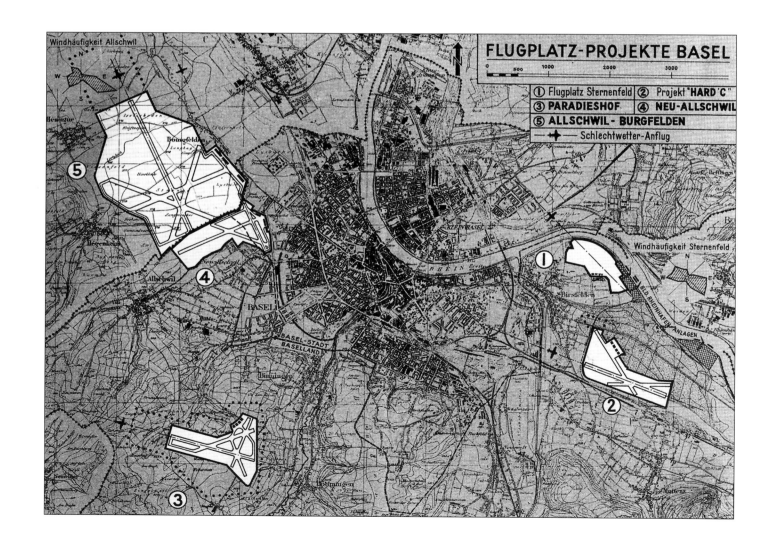

Trotz darniederliegendem Luftverkehr wurde in der Schweiz die Planung für den Bau von Verkehrsflugplätzen für die Nachkriegszeit intensiv vorangetrieben. Dass der Flugplatz Basel-Birsfelden (Sternenfeld) dem Bau des Rheinhafens zum Opfer fallen würde, war schon längst bekannt. In der Folge wurden nicht weniger als vier verschiedene Projekte für einen Basler Flugplatz ausgearbeitet, von denen jedoch keines zur Ausführung gelangte. Die Leitung der Swissair "übte sich in vornehmer Zurückhaltung" und verpasste Piloten, die von Politikern um fachmännische Kommentare gebeten wurden, einen Maulkorb.

tisch betätigte, zu diesem Projekt eine Meinung, die einigen Verwaltungsräten der Swissair offenbar nicht passte. Jedenfalls musste Heitmanek schriftlich bestätigen, dass seine Äusserungen *"rein privat und ohne irgendwelchen Auftrag und sogar ohne Kenntnis der Direktion"* gemacht worden waren. Auch wurde das gesamte Personal der Swissair einmal mehr mit einem Zirkularschreiben beglückt mit der Aufforderung, auf eigene Stellungnahmen zu verzichten und eventuelle Fragesteller an die Direktion zu verweisen. *"Es liegt uns ferne, mit dieser Ermahnung in Ihre persönliche Freiheit einzugreifen"*, wird zwar beteuert. Das Zirkular schliesst jedoch mit einem Satz, der das Gegenteil beinhaltet: *"Sollte es wider Erwarten erneut vorkommen, dass unser im Interesse jedes Einzelnen stehendes Ersuchen missachtet wird, so würden wir uns veranlasst sehen, gegen die Betreffenden vorzugehen."*

Die Genfer

waren am weitesten fortgeschritten. Vor allem aus Gründen der Arbeitsbeschaffung wurde eine Verlängerung der bestehenden Piste geplant. Flugplatzdirektor Bratschi zweifelte jedoch plötzlich an der Richtigkeit des Projektes, und er vereinbarte mit dem in Bière im Militärdienst weilenden Prof. Amstutz eine Zusammenkunft zwecks Neubeurteilung. Die Besprechung mit Bratschi und dem Genfer Baudirektor fand an einem Sonntagnachmittag im Mai 1942 in Genf statt. 14 Tage vor dem geplanten Arbeitsbeginn (!) beschloss man, alles abzublasen und ein anderes Projekt mit einer ganz neuen Piste auszuarbeiten. Die Planung wurde so zügig vorangetrieben, dass mit dem Bau noch im Jahre 1942 begonnen werden konnte, und dies bevor irgendein Bundesbeitrag zugesichert war. Dieser mutige Schritt der Genfer ermöglichte es der Swissair, von der nicht die geringste Unterstützung geleistet worden war, bereits 1946 den Flugdienst mit DC-4 ab Genf aufzunehmen (erster Langstreckenflug im Dezember nach Lydda).

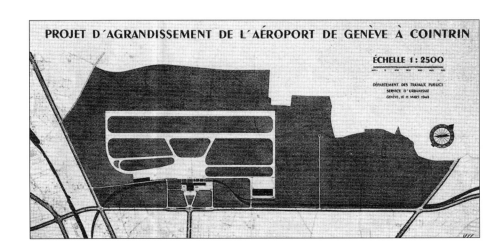

In Sachen Flughafenbau waren die Genfer allen anderen Schweizer Städten voraus. Vor allem der Arbeitsbeschaffung wegen wurde, ohne die Zusicherung einer Bundessubvention abzuwarten, bereits 1942 mit dem Bau einer 1200 Meter langen Betonpiste begonnen, die Start und Landung künftiger Grossflugzeuge ermöglichen sollte.

1942: Das vierte Kriegsjahr

Verschiedenes

Das Buch von Tilgenkamp
Ein Subventionsgesuch von Fr. 1'000.– für das in zwei Bänden vorliegende Werk "Schweizer Luftfahrt" von Dr. Erich Tilgenkamp wurde abgelehnt. Hingegen beschloss der Verwaltungsrat den Kauf von 70 Exemplaren, zwecks geschenkweiser Abgabe an alle Firmaangehörigen, die länger als 10 Jahre im Dienste der Swissair standen.

Mittelholzer-Denkmal
Ein 1937 gebildetes Komitee für eine Mittelholzer-Denkmal-Spende musste von einem enttäuschenden Sammelergebnis Kenntnis geben. Dennoch wurde der Entwurf des Zürcher Künstlers Wening, Steinobelisk mit Falke in Aluminiumguss, in Auftrag gegeben, vor dem Abfertigungsgebäude in Dübendorf aufgestellt und am 9. Mai 1942, dem fünften Todestag Mittelholzers, eingeweiht.

Tod von Oberst Emil Messner
Am 29. Mai verstarb völlig unerwartet der Delegierte und Vizepräsident des Verwaltungsrates, Ingenieur Oberst Emil Messner. Der in seinem 67sten Altersjahr Verstorbene war im Jahre 1908 als Ballonfahrer zu internationaler Berühmtheit gelangt, als er, zusammen mit Oberst Schaeck, mit einer abenteuerlichen, 72-stündigen Fahrt, die weit über die Nordsee hinaus führte und schliesslich an der norwegischen Küste endete, das Gordon-Bennett Wettfliegen gewann. Emil Messner hat sich um die Zivilfliegerei grosse Verdienste erworben. Bereits in den Jahren 1910/11 war er aktiv am Projekt "Flugplatz Dübendorf" beteiligt. Seit der Gründung der Swissair im Jahre 1931 gehörte er deren Verwaltungsrat an. Mit Zirkular vom 19. Juni 1942 wurden "sämtliche Firmaangehörige der Swissair" dahingehend informiert, dass an Stelle des verstorbenen Oberst Messner Herr Oberst Alfred Oehler, Ingenieur, den Vorsitz der technischen Kommission übernommen hat.

9. Mai 1942. Im Gedenken an den berühmten Schweizer Flieger Walter Mittelholzer, der am 9. Mai 1937 bei einer Bergtour tödlich verunglückte, wurde vor dem Abfertigungsgebäude auf dem Flugplatz Dübendorf ein von Bildhauer Rudolf Wening geschaffenes Denkmal eingeweiht. Hier der grosse Freund und Förderer Mittelholzers, Oberst Edwin Schwarzenbach, bei der Ansprache am Denkmal.

Oberst Emil Messner, Ingenieur, geb. 1875, verstarb völlig unerwartet am 29. Mai 1942. Als Ballonfahrer berühmt geworden, war er mit der Entwicklung der schweizerischen Luftfahrt eng verbunden. Bei der Swissair war er Vizepräsident und Delegierter des Verwaltungsrates.

Druckkabine für DC-2

Auf Anregung des Delegierten für Zivilluftfahrt, Prof. Ed. Amstutz, wurde unter der Federführung der Dornier A.G., Altenrhein, eine generelle Untersuchung über die Möglichkeit und die Kosten für den Umbau eines Douglas DC-2-Flugzeuges für den Substratsphärenbetrieb (d.h. Ausrüstung mit einer Druckkabine für eine Flughöhe von 6'000 bis 7'000 m/M) durchgeführt. Mit von der Partie waren Prof. Dr. Ackeret von der ETH, die Swissair sowie die Firmen Brown-Boveri & Cie., Baden, und Escher Wyss AG, Zürich. Leitender Ingenieur war Ing. Dr. Hans Luzi Studer von Dornier. Korrespondenz und Pläne datieren zwischen Januar und Mai 1942. Die Swissair, d.h. Direktor Pillichody, wurde erstmals am 5. März orientiert, als der generelle Untersuchungsbericht bereits vorlag. Gerechnet wurde mit einer Vorbereitungs- und Bauzeit von zwei Jahren. Es blieb jedoch bei Studie und Projekt.

Escher Wyss-Propeller für DC-3

Am 7. August 1942 wurde beschlossen, dass die Firma Escher Wyss Maschinenfabriken AG, Zürich, der Swissair zwei Verstellpropeller zu Erprobungszwecken, d.h. für den Einbau auf einer Douglas DC-3, zur Verfügung stellt. Der diesbezügliche, mit 17. August 1942 datierte Vertrag wurde von der Swissair jedoch nie gegengezeichnet. So blieb es auch hier, wie schon beim DC-2-Umbau, beim Projekt.

Der Jahresabschluss

1942 wurde ein Betriebsgewinn von Fr. 135'226.25 erzielt, was die Auszahlung einer bescheidenen Dividende erlaubt hätte. Damit wären jedoch die bedeutenden Subventionen durch das Eidg. Luftamt hinfällig geworden. Ausserdem hatten sich im Zeitpunkt der Vorlage des Jahresabschlusses 1942, d.h. Anfang 1943, die unmittelbaren Zukunftsaussichten wesentlich verschlechtert. Das von vielen erhoffte baldige Kriegsende war in weite Ferne gerückt.

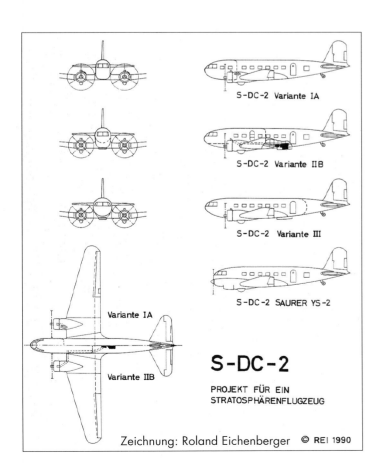

Zur Einweihung des Mittelholzer-Denkmals kam viel Prominenz nach Dübendorf, so auch General Guisan, hier im Gespräch mit Bundesrat Enrico Celio, dem Vorsteher des Post- und Eisenbahndepartementes. Beim Herrn mit der Hand am Ohr handelt es sich um Walo Gerber, Zentralpräsident des Aero-Clubs der Schweiz. Er hielt im Vestibül des Flugplatzgebäudes die offizielle Gedenkrede.

1943
Das fünfte Kriegsjahr

1943

2. Februar:
Deutsche Kapitulation bei Stalingrad.

17. Mai:
Kapitulation der deutschen Streitkräfte in Nordafrika.

20. Juli:
Landung der Alliierten auf Sizilien.

In diesem schicksalsreichen Jahr entwickelte sich das Kriegsgeschehen immer deutlicher zu Gunsten der Alliierten. Die Achsenmächte mussten sich aus Afrika zurückziehen, die Alliierten landeten in Italien; in Stalingrad kapitulierte die deutsche 6. Armee unter Generaloberst Paulus, und auch im Fernen Osten hatten die Amerikaner die Initiative ergriffen und drängten die Japaner langsam, aber sicher zurück.

Der Flugbetrieb der Swissair

Angesichts der zahlreichen alliierten Fliegerangriffe auf Deutschland muss es als ein Wunder bezeichnet werden, dass mit diesem Land – und von Deutschland aus übrigens mit ganz Europa – ein einigermassen regelmässiger Luftverkehr überhaupt aufrechterhalten werden konnte. Nach dem 30. Januar 1943 blieb für die Swissair allerdings nicht mehr viel übrig. Ab diesem Datum musste auf Verfügung der Deutschen Reichsregierung der Betrieb auf dem lukrativen Teilstück Stuttgart–Berlin–Stuttgart eingestellt werden, so dass als regelmässige, werktägliche Verbindung nur noch Zürich–Stuttgart–Zürich erhalten blieb. *"Zur dringenden direkten Beförderung landeswichtiger Delegationen"* wurden von April bis Dezember noch neun sog. Verlängerungsflüge von Stuttgart nach Berlin bewilligt. Lediglich über den Flug vom 21. Dezember sind genauere Angaben vorhanden, weil die Swissair dafür nachträglich "von Bern" eine höhere Entschädigung verlangte. Dieser Flug nach Berlin, mit Zwischenlandungen in Dresden, wurde im Auftrag des Eidg. Volkswirtschaftsdepartementes ausgeführt, um eine fünfköpfige deutsche Handelsdelegation abzuholen. Zum Einsatz kam die DC-2 HB-ISI mit Flugkapitän Nyffenegger und Bordfunker Gloor im Cockpit.

Die Strecken-Transporterträge gingen von über zwei Mio. Fr. im Vorjahr auf Fr. 517'488.65 für das Jahr 1943 zurück. Und auch dieses Ergebnis war nur dank massiv erhöhten indirekten Subventionen der PTT zustandegekommen (garantiertes Ladegewicht und Kriegs-Teuerungszuschlag). Bis Ende Januar wurde mit DC-3 geflogen, ab diesem Datum, aus versicherungstechnischen Gründen, nur noch mit DC-2.

Der unterlassene Gruss

Mit einem Rapport berichtet Flugkapitän Hans Ernst über einen Vorfall vom 15.1.43, mit einem Beamten der Gestapo in Berlin Tempelhof:
"Kurz vor dem Start in Berlin wurde ich aus dem Flugzeug heraus zu einem Beamten der Gestapo gerufen. Ich fragte nach seinem Begehren, worauf er mir in einer sehr schroffen Art vorwarf, ihn nicht gegrüsst zu haben, und dasselbe gelte auch für die Flugbegleiterin. Ebenfalls hätte er bemerkt, wie Lufthansa-Angestellte von uns nicht begrüsst worden seien. Darauf lautete meine Antwort wie folgt:
Es tut mir leid, dass ich Sie nicht begrüsst habe, aber ich kenne Sie nicht und habe Sie auch noch nie gesehen. Es halten sich viele uniformierte Angestellte in der Abfertigungshalle auf, so dass ich nicht jeden Unbekannten grüssen kann. Was die Angestellten der DLH anbetrifft, bin ich mir nicht bewusst, irgend jemand nicht gegrüsst zu haben, umsomehr als es für uns gute Bekannte sind, mit denen wir gerne einen kameradschaftlichen Gruss austauschen.
Ihr seid Gäste in Deutschland, betonte der Beamte, und habt zu grüssen. Wenn ihr hierfür zu stolz seid, so werde ich euch die Einreiseerlaubnis entziehen lassen. Damit entliess er mich."
Bordfunker Othmar Breitenstein, der auf Geheiss des deutschen Offiziers Flugkapitän Ernst aus dem Flugzeug holen musste, erinnert sich, dass Hans Ernst sagte, schliesslich sei er Hauptmann und der deutsche Offizier nur Oberleutnant, folglich habe der ihn zuerst zu grüssen.

Motorpanne beim Start

Am 10. März hatte die DC-2 HB-ITO kurz nach dem Start in Dübendorf Motorausfall links. Im technischen Bericht heisst es: *"Kritisches Eindrehen zur Notlandung. Zylinderkopf No. 7 gerissen. Besatzung: A. v. Tscharner, A. Reber und W. Wegmann."* Ansonsten scheint sich der Flugbetrieb, abgesehen von einzelnen wetterbedingten Ausweichlandungen, weitgehend reibungslos abgewickelt zu haben.
Über jene "Nur noch Stuttgarter"-Zeit weiss Paul Auberson noch zu berichten, dass jeweils ein Anschlussflug der Lufthansa abgewartet werden musste. Ein Gestapo-Mann begleitete die Besatzung zur Flugleitung, deren Fenster blau gestrichen waren, so dass man nicht hinausschauen konnte. Anfangs wurden die Swissair-Besatzungen dann von einem Lufthansa-Angestellten zur Kantine geführt. Später kam aber auch dort ein Gestapo-Mann

mit, da man offensichtlich auch den Hansa-Leuten nicht mehr traute.

Zusätzlich zum Streckenflugbetrieb konnten 1943, dank militärischer Bewilligungen, mit der einmotorigen Fokker HB-LBO und der AC-4 HB-IKO eine Anzahl Keuchhustenflüge durchgeführt werden, total ca. 75 Flugstunden, was immerhin Fr. 11'000.– einbrachte.

Besatzungen

Bordfunker Christian Schaaf

Weil er es unterlassen hatte, zwecks Darlegung der Vorgänge um seine Entlassung bei der Maritime Suisse zu einer Besprechung nach Dübendorf zu kommen, wurde Christian Schaaf per 28.2.43 auch von der Swissair entlassen (bei der Maritime Suisse noch 1943, bei der Swissair erst später rehabilitiert).

Flugkapitän Alfred Künzle

Künzle beendete seine Dienste bei der Swissair am 30.6.43, um endgültig zum Armeeflugpark bzw. zur DMP, der Direktion der Militärflugplätze, überzutreten.

Bordfunker Paul Auberson

Mit Schreiben vom 20. August wurde Auberson dahingehend informiert, dass die Ende letzten Jahres gegen ihn verfügten Sanktionen (provisorisches Arbeitsverhältnis) seit dem 31. Juli aufgehoben seien.

Piloten- und Funkerkurse

Im übrigen demonstrierte die Swissair Zukunftsglauben nicht nur mit einer Erhöhung des Aktienkapitals um Fr. 200'000.– auf total eine Million, sondern auch mit der Durchführung eines Piloten- und eines Funkerkurses mit 8 bzw. 12 Teilnehmern. Bei den Piloten waren es die als Flugkapitäne der ersten Nachkriegszeit bekanntgewordenen sieben von acht Teilnehmern: Hellmuth Erni, Kurt Herzog, Ferdi Länzlinger, Walo Ris, Rudolf Schärer, Ferdi Schmid und Guy Steiner, die die im Januar 1943 begonnene Ausbildung später erfolgreich abschlossen. Zu ersten Flugeinsätzen gelangten 1943 nur zwei, nämlich Walo Ris und Ferdi Schmid. Die Liste der Funkeraspiranten, von denen allerdings mehrere den Sprung ins Cockpit nicht schafften, umfasste die folgenden Namen: Sauro Albertini, Ernst Brügger, Hans Gabathuler, Hans Jörg, Werner Peter, Paul Rudin, Max Rüdlinger, Edwin Schadegg, Werner Staub, Werner Tschannen, Werner Unholz und Hans Weidmann.

Flugkapitän Alfred Künzle (1902–1978), ex Ad Astra-Pilot und Flugpionier, 1930 als Pilot mit Mittelholzer auf dem Kilimandjaroflug, war ab 1941 bei der Direktion der Militärflugplätze, DMP, beschäftigt. Der ungewissen Swissair-Zukunft wegen trat er 1943 definitiv zur DMP über.

Teuerungszulagen

Um das Kapitel Besatzungen hier abzuschliessen, seien auch noch die 1943 ausgerichteten Teuerungszulagen pro Monat von Fr. 40.– (Ledige ohne Unterstützungspflicht) bis 118.– (Verheiratete mit 4 Kindern) erwähnt, ebenso die Weihnachtszulage, die für die Putzfrauen und den Boy Fr. 20.–, für das fliegende Personal zwischen Fr. 50.– (Piloten- und Funkeraspiranten) und Fr. 400.– (Spitzenreiter der Flugkapitäne) und Fr. 700.– bis 1'200.– für die Prokuristen betrug.

Arbeitsaufträge von Dritten

Diese Sparte war 1943 die wichtigste Einnahmequelle der Swissair. Es handelte sich in erster Linie um Revisionsaufträge an Douglas-Flugzeugen der Lufthansa. Dafür kassierte die Swissair im Berichtsjahr Fr. 570'000.–. Hinzu kamen noch Einnahmen aus Arbeiten für den Armeeflugpark von Fr. 33'000.– (Kontrollen und Instandstellungsarbeiten an 3 Ju-52, 3 Messerschmitt Me-109 D "Jumo", 17 Kampfflugzeugen C-35 sowie 19 Benzinaggregaten) und Fr. 12'000.– für kleinere Aufträge anderer Firmen. Über die Lufthansa-Revisionen wurde in der späteren Nachkriegszeit, als es Mode wurde, "Enthüllungen" zu publizieren, einige Male versucht, in sensationeller Aufmachung zu berichten. Dazu beigetragen hat die Geheimnistuerei Direktor Grohs, der jede Auskunft über diese Aufträge verweigerte.

1943: Das fünfte Kriegsjahr

Die Arbeiten für die Lufthansa 1943

Im Sinne einer Dokumentation folgt hier eine detaillierte Liste der 1943 von der Swissair durchgeführten Arbeiten für die Deutsche Lufthansa (in Klammern die ursprüngliche Flugzeug-Immatrikulation, wobei "OK" ehemals tschechische und "PH" ehemals holländische Flugzeuge kennzeichnet):

– Grundüberholung der Douglas **DC-3 D-AAIF** (OK-AIF). Anlieferung von DLH Dez.1942, Ablieferung an DLH 24.2.43. Netto-Einnahme Fr. 76'976.02
– Reparatur und Grundüberholung der Douglas **DC-3 D-AAIG** (OK-AIG). Anlieferung von DLH 26.1.43, Ablieferung an DLH 3.6.43. Netto-Einnahmen Fr. 130'522.33
– Grosse Kontrolle und Einbau der mechanischen Fahrwerksverriegelung, Flugzeug Douglas **DC-2 D-AJAW** (PH-AKJ). Anlieferung von DLH 20.5.43, Ablieferung an DLH 9.6.43. Netto-Einnahmen Fr. 18'918.85 (1. Revision 1943).
– Grundüberholung, Einbau der mechanischen Fahrwerksverriegelung und der Flügelanschlussprofile, Flugzeug Douglas **DC-3 D-AOFS** (PH-ASK). Anlieferung von DLH 3.6.43, Ablieferung an DLH 14.8.43. Netto-Einnahmen Fr. 97'926.74
– Grosse Kontrolle sowie Auswechslung der Flügelanschlussprofile, Flugzeug Douglas **DC-2 D-AEAN** (PH-AKQ). Anlieferung von DLH 30.7.43, Ablieferung an DLH 6.9.43. Netto-Einnahmen Fr. 36'815.70
– Grundüberholung und Auswechslung der Flügelanschlussprofile sowie der Fahrwerksverriegelung, Flugzeug Douglas **DC-3 D-ARPF** (PH-ALV). Anlieferung von DLH 12.8.43, Ablieferung an DLH 6.11.43. Netto-Einnahmen Fr. 103'318.53
– Grosse Kontrolle und Auswechslung der Flügelanschlussprofile am Flugzeug Douglas **DC-2 D-AJAW** (PH-AKJ). Anlieferung von DLH 7.10.43, Ablieferung an DLH 15.11.43. Netto-Einnahmen Fr. 25'635.99 (2. Revision 1943).

1943 liefen die Arbeiten in der Swissair-Werft für die Deutsche Lufthansa – Reparatur und Überholung von Douglas-Flugzeugen – auf Hochtouren. So weilte auch die hier abgebildete DC-3 D-AAIG vom 26.1.43 bis 3.6.43 in Dübendorf. Für die umfangreichen Arbeiten an diesem Flugzeug verbuchte die Swissair Netto-Einnahmen von über 130'000 Franken.

- Grosse Kontrolle und Auswechslung der Flügelanschlussprofile am Flugzeug Douglas **DC-2 D-ADBK** (PH-AKI). Anlieferung von DLH 11.11.43, Ablieferung an DLH 15.12.43. Netto-Einnahmen Fr. 30'913.42
- Grosse Wartung und Auswechslung der Flügelanschlussprofile am Flugzeug Douglas **DC-2 D-AIAS** (PH-AKR). Anlieferung von DLH 30.11.43, Ablieferung an DLH 22.12.43. Netto-Einnahme Fr. 21'877.59
- Spezialanfertigungen diverser Ersatzteile für die DLH (Fahrwerksverriegelungen, Flügelanschlussprofile usw.) sowie Reparatur und Instandstellung von Fahrwerk-Federbeinen: Einnahme Fr. 26'573.15

Für diese Arbeiten wurden u.a. auch spezielle Laugen, Öle und Fette benötigt, die in der Schweiz kaum mehr erhältlich waren und deshalb mitgeliefert wurden. Im technischen Dienst der Swissair soll man dem Vernehmen nach diese Quelle noch so gerne auch für den Eigenbedarf benutzt haben ...
Die Flugzeuge der Lufthansa wurden mit wenigen Ausnahmen in beiden Richtungen von deutschen Piloten überflogen. Hedwig Brack kann sich an einen von ihnen erinnern, *"Gerstenkorn hiess er, ein grosser Kerl"*. Nach unliebsamen Zwischenfällen mit der Fliegerabwehr übermalte man die Hakenkreuze am Seitensteuer mit abwaschbaren Schweizerkreuzen.
Dieser ganzen Herrlichkeit wurde mit einem Brief des Eidg. Militärdepartementes, Kriegstechnische Abteilung, am 27. Dezember 1943 ein Ende gesetzt:
*"An die Direktion der Swissair, Zürich-Flugplatz.
<u>Revisionen und Reparaturen auf Verkehrsflugzeugen der Deutschen Lufthansa.</u>
Nach Erhalt Ihres Schreibens vom 26. November, mit welchem Sie uns mitteilen, dass noch weitere Flugzeuge der Lufthansa zwecks Revision von Ihnen erwartet werden, teilen wir Ihnen nach Fühlungnahme mit der Handelsabteilung mit, dass Sie mit der Fortführung Ihres bisherigen Reparaturverkehrs für Deutschland ab 1. Januar 1944 nicht mehr rechnen können. Mit vorzüglicher Hochachtung Kriegstechnische Abteilung Sektion Ein- und Ausfuhr gez. v. Steiger"*

Freiherr von Könitz: Spionage!

Freiherr Hans Alexander von Könitz, geboren 1883 in Würzburg, weilte seit der Vorkriegszeit als Vertreter der Deutschen Lufthansa (auch "flugtechnischer Leiter DLH" genannt) in der Schweiz und wohnte in Zürich. Er spielte bei der Vermittlung der Revisionsaufträge an die Swissair für Douglas-Flugzeuge der Lufthansa eine wichtige Rolle. Offenbar gab es bei einzelnen Reparaturen Probleme, die sogar Reisen nach Berlin notwendig machten. Und aus einem Schreiben betreffs Spesen ist z.B. zu erfahren, dass von Könitz am 24. Oktober 1942 im Hotel Storchen in Zürich "ein kleines Abendessen" arrangierte, um eine Aussprache zwischen Direktor Groh und dem Leiter der "Deutschen Luftfahrtindustriekommission" in Zürich herbeizuführen. Diese Kommission war eine Aufsichts- und Beratungsstelle für die Industrieverlagerungsarbeit nach der Schweiz.
Aus einem weiteren Schreiben ist ersichtlich, dass von Könitz im Januar 1943 ganz dringend nach München zu reisen wünschte (er besass Ländereien in Bayern) und plante, sich anschliessend nach Berlin zu begeben. Aus einer Reisekostenabrechnung geht überdies hervor, dass er am 6. Mai 1943 von Zürich nach Basel und von dort nach Bern reiste, um am nächsten Tag nach Zürich zurückzukehren.
Dies scheinen alles recht unwichtige und uninteressante Alltäglichkeiten zu sein. Am 10. Mai 1943 wurde Freiherr von Könitz jedoch wegen Spionageverdachts verhaftet und im Lohnhof in Basel in Untersuchungshaft genommen, was auf der Chefetage der Swissair wohl für einige Aufregung gesorgt haben dürfte.

Den diesbezüglichen Akten im Bundesarchiv ist zu entnehmen, dass Freiherr von Könitz wegen wiederholter Verletzung militärischer Geheimnisse sowie wiederholtem militärischem und politischem Nachrichtendienst zu 12 Jahren Zuchthaus und zu 15 Jahren Landesverweisung verurteilt wurde. Als Delikte werden genannt: Könitz stand in Verbindung mit Zentralen in Stuttgart und München und erstellte umfassende Lageberichte über die Schweiz via DLH in Berlin an diese. Er war auch Kurier zwischen dem Büro München, wo ein Spionage-Agent namens W. Schweizer tätig war. Im Sommer 1940, nach dem Einmarsch der deutschen Armee in Frankreich, hatte Könitz in Lageberichten an Direktor Walter Luz (!) der DLH detailliert über Massnahmen und Vorkehren sowie über Befestigungsanlagen und Stellungen der Schweizerarmee berichtet, insbeson-

1943: Das fünfte Kriegsjahr

dere Abwehrmassnahmen in der Stadt Zürich, die militärische Limmatstellung, militärische Objekte im Gotthardgebiet und Furka-Oberalp, wie auch über Entlassung und Einberufung von Truppen und über schweizerische Offiziere im Nachrichtendienst. Für die Deutsche Botschaft in Bern führte er Erkundungen durch über Schweizer und Ausländer in der Schweiz, ihre politische Einstellung und Tätigkeit zugunsten deutscher Behörden usw.

Nach der Untersuchungshaft im Lohnhof wurde Freiherr von Könitz in die Strafanstalt Lenzburg verbracht und im Februar 1945 im Austauschverfahren mit einem Schweizer, der in verschiedenen Konzentrationslagern geschmachtet hatte, nach Deutschland ausgeschafft. Über sein weiteres Schicksal ist nichts bekannt. Im Firmenarchiv der Lufthansa in Köln fand sich ein Brief der Swissair betreffs monatlicher Zahlungen an Freifrau von Könitz in Zürich durch die Swissair, im Auftrag der Lufthansa. Aus einem Lufthansa-Schreiben geht überdies hervor, dass Freifrau von Könitz am 29. September 1944 die Schweiz *"allein, also ohne ihren Mann"* verliess, um nach Garmisch zu reisen. *"Ob dann Herr v. K. bald an die Grenze gestellt wird und wo, werde ich vielleicht erst post festum erfahren"*, schrieb der neue Bevollmächtigte der Lufthansa für die Schweiz an die "Bezirks-Leitung Mitte". Nun, er musste sich, siehe oben, noch ein paar Monate gedulden.

Die Anbauschlacht

Im Jahre 1943 wurden die Vorschriften über den sog. industriellen Mehranbau verschärft. Die Befreiung von der Anbaupflicht bestand nur noch für Unternehmungen mit weniger als 50 Firmaangehörigen. Da der Personalbestand der Swissair am Stichtag im Herbst 1942 bereits auf 134 Köpfe angewachsen war, wurde die Firma, im Gegensatz zum Vorjahr, mit 268 Aren anbaupflichtig. Das bisher auf freiwilliger Basis durchgeführte Pflanzwerk umfasste lediglich 1 Hektare, weshalb danach getrachtet werden musste, weiteres Land in Pacht zu erhalten. Diese und viele weitere detaillierte Angaben finden sich im "Bericht der Swissair über das Anbauwerk 1943", äusserst gewissenhaft und sorgfältig redigiert vom damaligen, zum "Landwirtschaftsminister" ernannten Prokuristen Hans Aeppli. Man erfährt von den Schwierigkeiten beim Auftreiben von nahegelegenem Ackerland, da die Nachfrage nach Pflanzland allgemein sehr gross war. Zum Acker in der Waid konnten schliesslich 49 Aren beim alten Peiler und 48 Aren im Wiesligrund auf dem Wangenerberg gepachtet werden. Damit war die Pflichtfläche bei weitem noch nicht erreicht, aber auf ein Gesuch hin gestattete das kantonale Kriegswirtschaftsamt eine entsprechende Reduktion der Anbaufläche.

Angepflanzt wurden Buschbohnen, Blaukabis, Weisskabis und Wirz, Rüebli, Lauch sowie vier verschiedene Kartoffelsorten, nämlich Erdgold, Ideal, Voran und Ackersegen. Man liest von einer Mäuseplage und vom erstmaligen Auftreten des Kartoffelkäfers. Die Ernte variierte stark. Richtige Versager waren, der Trockenheit wegen, die Rüebli und die Kartoffeln Sorte Ideal, *"die ihrem Namen gar keine Ehre machten"*, wie es im Bericht heisst. Immerhin wurden total 3,5 Tonnen Gemüse, 24 Tonnen Speise- und 7 Tonnen Futter-Kartoffeln geerntet. Am Arbeitseinsatz von total 5000 Stunden waren eigene und fremde Arbeitskräfte ungefähr gleichermassen beteiligt. Die ganze Ernte war zur verbilligten Abgabe, ca. 30% unter dem Marktpreis, an Firmamitglieder bestimmt. Es bestanden keinerlei Absatzschwierigkeiten, im Gegenteil musste stets sorgfältig disponiert werden, um eine gerechte Verteilung zu sichern.

Aus der Abrechnung geht ein Kostenüberschuss von Fr. 1'066.– hervor. Im Inventar der Ackergeräte sind Herzhauen, Schaberli, Wolf-Ziehgeräte, Karste, Bogenkörbli, Drahtkörbe, Zainen und Kartoffelsäcke aufgeführt, und all dies im Besitz einer internationalen

Hans Aeppli (geb. 1910), während des Krieges Prokurist, in späteren Jahren einer von vier Generaldirektoren der Swissair, wurde zum "Landwirtschaftsminister" ernannt, d.h. er leitete das vom Bund vorgeschriebene landwirtschaftliche Anbauprogramm. In jährlichen "Berichten über das Anbauwerk" fasste er die Resultate der doch eher firmafremden Tätigkeiten äusserst gewissenhaft und ausführlich zusammen.

Luftverkehrsgesellschaft! Mittels Zirkularschreiben wurden dem Personal Zuteilung und Preise bekanntgegeben. Den verheirateten Firmaangehörigen, *"die am ehesten in die Lage kommen, Gemüse einzulagern"*, wurde eine vom Kriegsernährungsamt herausgegebene Broschüre *"Wie wird unser Gemüse eingewintert"* abgegeben. Und auf einer Rechnung an Arnold Gyseler für 200 kg Speisekartoffeln, die inkl. Fuhrlohnanteil auf Fr. 29.20 lautet, findet sich die Bemerkung: *"Erdgold, mittlere Lagerfähigkeit bis ca. Februar. Die noch zur Verteilung gelangenden Kartoffeln dieser Sorte, aus besonderem Pflanzland stammend, haben die Tendenz, beim Sieden aufzuspringen. Diese Eigenart dürfte sich nach einer Lagerung von ca. 2 Monaten etwas verlieren."*

Hin und wieder soll Direktor Groh am Ackerrand aufgetaucht sein und auf einzelne liegengebliebene "Härdepfel" aufmerksam gemacht haben.

Hans Aeppli (rechts) im "Feldeinsatz" mit einer Gruppe strammer Swissair- "Landarbeiter".

Technisches Personal der Swissair bei der Kartoffelernte.

Willkommene Pause von der strengen Arbeit auf dem Felde.

Die Getreideernte wurde im Auftrag der Swissair zum grossen Teil durch Leute aus der Landwirtschaft durchgeführt. Dabei waren Pferdezug für das Schneiden und Handarbeit für das Binden der Garben die Norm.

1943: Das fünfte Kriegsjahr

Der Lageplan des projektierten Zentralflughafens bei Utzenstorf nach dem Vollausbau. Nebst Ackerland hätte auch ein grösseres Stück Wald geopfert werden müssen. Die Verlegung von Strassen und Bahnlinien gehörte ebenso zur Planung wie die Erstellung von Zufahrtsstrasse und Bahnanschluss.

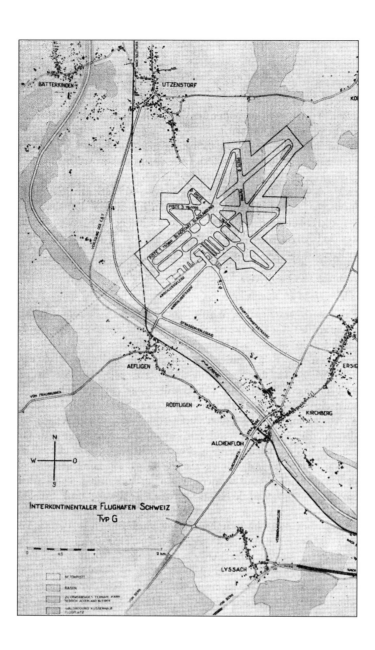

Die Vision Grossflughafen

Wie es vor dem Krieg verantwortungsbewusste Leute aus der Politik, dem Militär und der Wirtschaft gab, die auf die drohende Kriegsgefahr hinwiesen und, wenn auch oft ohne Erfolg, die notwendigen Vorbereitungen forderten, so begannen die zum Teil gleichen Leute, sich mitten im Krieg mit der eigentlich noch gar nicht absehbaren Nachkriegszeit zu befassen. Am 21. Juni 1943 wurde in Bern die 11. Nationale Luftverkehrskonferenz abgehalten und am 25. September war das Hauptthema an der ordentlichen Delegiertenversammlung des Schweizerischen Handels- und Industrievereins ein Referat über *"Die Stellung der Schweiz im zukünftigen Luftverkehr"*, gehalten – von wem denn sonst – *"von Herrn E. Amstutz, Professor an der E.T.H., Delegierter des Bundesrates für zivile Luftfahrt"*. Die offizielle Swissair gab sich reserviert. Es blieb Flugkapitän Robert Fretz vorbehalten, hier den Hecht im Karpfenteich zu spielen. Offensichtlich war, dass u.a. die Entwicklung im Flugzeugbau allgemein ganz gewaltige Fortschritte machte, so dass in Zukunft, und in Europa besonders auch der zerstörten übrigen Verkehrsverbindungen wegen, mit einem enormen Aufschwung des Luftverkehrs gerechnet werden konnte. Man hatte sich ja schon vor dem Krieg im Ausland umgesehen, so z.B. Prof. Eduard Amstutz zusammen mit Swissair-Direktor Pillichody auf einer Studienreise im Jahre 1938 zu allen wichtigen Flugzeugwerken in den USA. Wenn man sich die Rolle der Schweiz, und damit der Swissair, im zukünftigen internationalen Luftverkehr auch noch nicht so richtig vorstellen konnte, so war man sich doch einig

Basierend auf rein flug- und verkehrstechnischen Überlegungen entstand das Projekt eines Schweiz. Zentralflughafens bei Utzenstorf im Kanton Bern. Da bestes Ackerland beansprucht worden wäre, entstand aus Bauernkreisen sofort heftige Opposition. Die Abbildung zeigt den projektierten Grossflughafen aus der Vogelschau von Süden gegen den Jura gesehen.

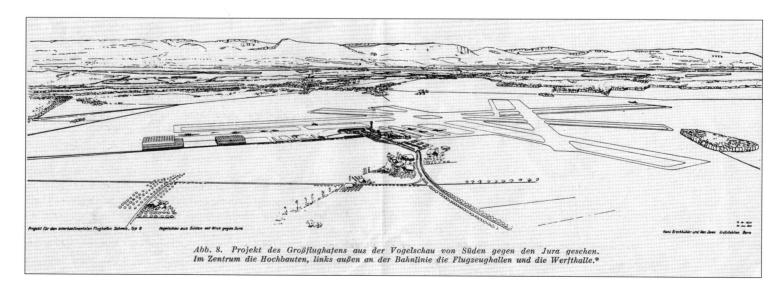

Abb. 8. Projekt des Großflughafens aus der Vogelschau von Süden gegen den Jura gesehen. Im Zentrum die Hochbauten, links außen an der Bahnlinie die Flugzeughallen und die Werfthalle.*

darüber, dass die vorhandenen Flugplätze den zu erwartenden Anforderungen nicht mehr genügen würden. Gefördert wurde der Wunsch nach Fluplatzbauten nicht zuletzt auch durch die dringende Notwendigkeit der Arbeitsbeschaffung.

Das Flughafenprojekt Utzenstorf
Wie im Bericht über das Jahr 1942 beschrieben, ging der Etat de Genève, ohne irgendwelche Bundeshilfe abzuwarten, mutig voran und begann Genève-Cointrin auszubauen. Mit der auch von Professor Amstutz verfochtenen Idee, die Schweiz brauche einen einzigen, möglichst zentral gelegenen Grossflughafen, wurde 1942 das Projekt Utzenstorf lanciert, dessen Lage und Standort nach rein flug- und verkehrstechnischen Gründen bestimmt war. Die geplante rücksichtslose Beanspruchung besten Ackerlandes führte denn auch zu heftigsten Protesten der betroffenen Bauern.

Reaktion aus Zürich
Die Zürcher Regierung wurde jedoch hellhörig, weil sie durch dieses Projekt die Bedeutung von Zürich als Flugplatzstandort gefährdet sah. Sie war davon überzeugt, dass ein internationaler Grossflughafen in die Nähe der Stadt Zürich, dem führenden Wirtschaftszentrum der Schweiz, gehörte. Dabei war man sich bewusst, dass der bestehende kombinierte Militär- und Zivilflugplatz Dübendorf den zu erwartenden Anforderungen nicht genügen würde.
Ohne genauere Unterlagen zu besitzen, ging man davon aus, dass die Nachkriegsverkehrsflugzeuge eine Blindlandepiste von ca. 3 km Länge und einigen hundert Metern Breite benötigen. Und obschon mit dem Militär keine Einigung über eine zukünftige gemeinsame Benützung in Aussicht stand, wurden zwei Erweiterungsvarianten für Dübendorf studiert (Vergrösserung südwestlich bzw. nordöstlich), die aber beide nicht befriedigen konnten.

Das Projekt Kloten
Die mit dem Variantenstudium beauftragten Angestellten der Flugplatzverwaltung, Max Gugolz und Ing. Albert "Gideon" Fischer, beide auch als Fluglehrer tätig, waren es, die den damaligen Navigationschef der Swissair, Flugkapitän Franz Zimmermann, auf das ideale Gelände zwischen Kloten und Oberglatt aufmerksam machten. Sie betrachteten diese Variante jedoch als undurchführbar, da es sich um das Zielgebiet des Artilleriewaffenplatzes Kloten/Bülach handelte. Zimmermann liess sich von diesem Argument nicht beeindrucken und erreichte über den mit ihm befreundeten Regierungsrat Schnyder, dass die Zürcher Regierung im Frühjahr 1943, unter der Leitung der Firma Locher & Cie., eine Arbeitsgemeinschaft mit der Erstellung eines Projektes und eines generellen Kostenvoranschlages für die Schaffung eines Flughafens in der Gegend Kloten-Oberglatt beauftragte.

Das Gelände des Artillerie-Zielgebietes und des (ehemaligen) Militärflugplatzes Kloten vor dem Bau des Flughafens. Blick vom Holberg allgemeine Richtung NW (Oberglatt). Am linken Bildrand ist, vor dem Waldrand gut getarnt, einer der beiden Militär-Hangars zu erkennen.

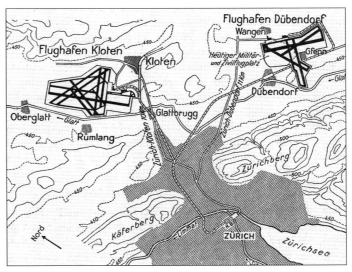

Durch die Pläne Berns zur Erstellung eines Zentralflughafens wurden die Bemühungen von Stadt und Kanton Zürich zur Lösung ihrer eigenen Flugplatzprobleme intensiviert. Studiert wurden die Möglichkeiten eines Ausbaus von Dübendorf sowie die Ende 1942 erstmals aufgetauchte Idee einer Neuanlage zwischen Kloten und Oberglatt. Auf der Planskizze sind sowohl für Dübendorf wie für Kloten die der damaligen Vorstellung entsprechenden "Endausbau"-Varianten zu sehen.

Flugkapitän Robert Fretz (1901–1979), ein (fast zu) temperamentvoller, von sich und der Zukunft der Langstreckenfliegerei überzeugter Pilot, mit vielen freundschaftlichen Verbindungen zu wichtigen Leuten aus Politik und Wirtschaft. 1945 wurde er erster Präsident der Pilotenvereinigung Aeropers, die in der Folge einen wesentlichen Einfluss auf die Entwicklung der Swissair ausübte. Später wurde Fretz Mitglied der Geschäftsleitung der Swissair.

Aktionskomitee für Kloten

Um an die Behörden und an die Öffentlichkeit zu gelangen, schlossen sich in Zürich jene Personen, die an die neuen Dimensionen im Luftverkehr glaubten, zum "Aktionskomitee für den Grossverkehrs-Flugplatz Zürich-Kloten" zusammen. Die Gründungsversammlung fand am 5. November 1943 im Kongresshaus statt. Erster Präsident war der Zürcher Verkehrsdirektor Dr. Arnold Ith. Weiter waren u.a. dabei: Heinrich Hürlimann, Direktor der Brauerei Hürlimann AG., Eduard Geilinger, Inhaber der Firma Geilinger & Co., Winterthur, Dr. Edmund Richner, Redaktor der NZZ, und Oberst Fritz Rihner, der nach seiner auf den 1. Januar 1944 erfolgten Beförderung zum Divisionär und Waffenchef der Flieger- und Flabtruppen sein Mandat allerdings bald wieder niederlegen musste. Von der Swissair war es Flugkapitän Robert Fretz, der sich mit Enthusiasmus, aber ohne offiziellen Auftrag seitens der Firma, an dieser Aufgabe beteiligte. Es entwickelte sich in der Folge ein Kampf zwischen den Kantonen Bern und Zürich um die Verwirklichung von Utzenstorf oder Kloten, der erst mit einem Bundesrats- bzw. Bundesversammlungsbeschluss im Jahre 1945 zu Gunsten von Kloten entschieden wurde. In einem Kommentar schreibt Professor Ed. Amstutz: *"Festzuhalten ist vielleicht noch, dass sich die Swissair bei den oft stürmischen Auseinandersetzungen um das Flugplatzprogramm stets einer vornehmen Zurückhaltung beflissen hatte. Sie versprach immerhin, die von den zuständigen Behörden zur Verfügung gestellten Flugplätze dankbar benützen zu wollen, warnte aber gleichzeitig vor durch Grössenwahn diktierten Überinvestitionen."*

Die "Mission Pillichody" in den USA

Der Auftrag

Nahtlos lässt sich hier ein weiteres Kapitel über den im Mai 1942 entlassenen ehemaligen Swissair-Direktor Henry Pillichody anfügen. Nach einer längeren Durststrecke ohne Anstellung eröffnete sich ihm Ende 1942 die Möglichkeit, als Delegierter für die Schweizerische Zentrale für Verkehrsförderung, SZV, nach den USA zu reisen, *"mit dem Auftrag, die Voraussetzungen für die Einschaltung der Schweiz in den künftigen Weltluftverkehr vom nordamerikanischen und hernach vom südamerikanischen Kontinent aus zu untersuchen und uns über alle Möglichkeiten zu Handen der Behörden fortlaufend zu orientieren"*. Es wurde ein ganzer Katalog über abzuklärende Fragen aufgestellt, so z.B.: *"Haben die amerikanischen Fluggesellschaften die Absicht, bis in das Innere Europas vorzustossen, und bieten sie den angeflogenen und bedienten Ländern eine Reziprozität an?"*, *"In welcher Grössenordnung glaubt man, dass sich die zukünftigen Tarife für Europaflüge bewegen werden?"*, *"Ist anzunehmen, dass durch den mit einem Direktflug zu erzielenden enormen Zeitgewinn ein neuer Verkehr geschaffen werden kann?"* usw.

Von der beabsichtigten "Mission Pillichody" erfuhr auch Regierungsrat Corrodi, Vorsteher der Direktion der öffentlichen Bauten des Kantons Zürich. Er wandte sich an den Direktor der SZV mit der Frage, *"ob Sie die Möglichkeit sehen, dass Herr Pillichody über seine zweifellos sehr interessanten und wertvollen Feststellungen in Amerika auch der Zürcher Regierung einen Bericht im gegebenen Zeitpunkt erstatten könnte"*. Es ging vor allem darum, *"darüber orientiert zu werden, wie man anderwärts, speziell auch in Amerika, Grossflugplätze anlegt und ausbaut und wie man sich dort überhaupt den nach Kriegsende zu gewärtigenden internationalen und interkontinentalen zivilen Flugverkehr vorstellt"*.

Die Reise nach New York

Pillichody verliess die Schweiz am 26. Juni 1943, nachdem er von den zuständigen deutschen Stellen eine Durchreisegenehmigung über Paris nach Lissabon und von den USA ein Einreisevisum erhalten hatte. Ob ihm bei der sehr kulanten Behandlung von deutscher Seite seine Gefälligkeit Generalfeldmarschall Milch gegenüber, für den er anfangs 1942 in der Schweiz eine Skiausrüstung besorgte und in Arosa deponierte, zustatten kam? Mit dem US-Visum gab es insofern Schwierigkeiten, als es abgelehnt wurde, ein Einreisevisum zu erteilen *"to study post-war transportation problems"*. Pillichody durfte lediglich als Vertreter der SVZ und als Mitarbeiter der New Yorker Agentur der Schweizerischen Bundesbahnen einreisen, was an seinem Auftrag allerdings nichts änderte. Immerhin erhielt er noch "streng geheime" Instruktionen mit auf den Weg:

"Die Art und Weise, wie Sie Ihren Auftrag erfüllen, bleibt Ihrer eigenen Initiative überlassen. Vor allem soll auch der geringste Anschein eines Nachrichtenauftrages vermieden werden. Ihre Aufgabe wird ganz besonders durch gesellige, kameradschaftliche und ungezwungene Fühlungnahme gelöst werden können. Wo es passt, treten Sie als Nachfolger oder Mitarbeiter des Chefs der Agentur New York auf, anderswo als privater Sportsmann oder Reisender mit irgendeinem plausiblen Reisezweck." usw.

Die Reise Pillichodys führte über Paris, Madrid und Lissabon, wo er bis am 9. Juli, d.h. neun Tage lang, auf den Abflug mit dem Panam-Clipper warten musste (und in dieser Zeit 4 kg zunahm!). Der Flug führte mit zahlreichen Zwischenwasserungen über Portugiesisch Guinea, Liberia nach Brasilien, dann nach den Bermudas und New York, wo Pillichody am 15. Juli 1943 eintraf.

Fundierte Berichterstattung

Dank seiner guten Beziehungen, seinen Sprachkenntnissen und seinem Verhandlungsgeschick gelang es Henry Pillichody, bereits in den ersten Tagen mit hohen Vertretern der Panam (Juan Trippe), der American Export Airlines, der American Airlines, der United Airlines, der British Overseas Airways Corporation und anderen Kontakt aufzunehmen. Er hatte eine ihm zusagende Aufgabe gefunden, die er mit Bravour erledigte. Pillichodys zahlreiche Berichte, die er nach Bern und Zürich sandte, füllen ein umfangreiches Dossier und zeugen von ausserordentlichem Sachverstand und Urteilsvermögen. Schon in seinem ersten Brief vom 5. August 1943 an Oberst Clerc, Chef des Eidg. Luftamtes in Bern, berichtete er kompetent über ein damals hochaktuelles Thema:

"Die Frage Landflugzeug/Wasserflugzeug wird viel diskutiert, aber die grosse Mehrheit scheint davon überzeugt, dass die Vorherrschaft des Wasserflugzeugs nur von kurzer Dauer sein wird und dass es wenige Jahre nach dem Krieg von den wichtigen Flugstrecken verschwunden sein wird. Der Flugzeugtyp, der heute den Atlantik am häufigsten überquert, ist der DC-4 des Army Air Transport Command. Er kann für eine Atlantiküberquerung 26 Passagiere befördern und fliegt doppelt so schnell wie der Clipper. Ich bitte Dich, diese Information vertraulich zu behandeln."

Im Bericht über das Geschäftsjahr 1943 der Swissair wird in der Bilanz unter den Aktiven der Ankauf des Personenwagens Chevrolet von H. Pillichody zum Preise von Fr. 3'500.– aufgeführt, mit der zusätzlichen Bemerkung: *"Die Umbaukosten für die Holzkohlengas-Generatoranlage Marke Lion (H. Kessler, Zürich) von Fr. 3'900.– wurden direkt der Gewinn- und Verlustrechnung belastet."*

Autarkie-Programm

Für die Swissair galt es inzwischen den Alltag mit seinen Problemen zu bewältigen. Dabei ging es in erster Linie um das finanzielle Durchhalten unter Beibehaltung eines möglichst grossen Stabes spezialisierter Mitarbeiter. In der Hoffnung auf Subventionen unter dem Titel Arbeitsbeschaffung von Bund und Kanton Zürich erfand man das sog. "Autarkie-Programm" und die "Normalisierung der DC-3". Beim Autarkie-Programm handelte es sich um die Beschaffung von Ersatzteilen, die früher vom Herstellerwerk bezogen werden konnten und die jetzt mit grossem Aufwand und hohen Kosten entweder selbst fabriziert oder bei Spezialfirmen in Auftrag gegeben werden mussten. Bei der Normalisierung waren es die Bedienungsgestänge der DC-3-Motoren, die von Flugzeug zu Flugzeug verschieden waren, so dass die Motoren nicht beliebig ausgewechselt werden konnten. Für eine Vereinheitlichung rechnete man mit 4'500 Arbeitsstunden. *"Die zu erwartenden Kosten von total Fr. 111'166.– müssen bei der jetzigen wirtschaftlichen Situation unserer Gesellschaft als untragbar betrachtet werden. Wir möchten daher beantragen, dass eine entsprechende Summe aus einem Arbeitsbeschaffungskredit zur Verfügung gestellt wird"*, heisst es in einem Schreiben an die Direktion des Eidg. Luftamtes.

Der Delegierte für Arbeitsbeschaffung in Bern bedauerte zwar, den gewünschten Arbeitsbeschaffungskredit nicht gewähren zu können, fand dann aber doch noch eine Möglichkeit, *"Im Hinblick auf die Bedeutung ..."* und *"unter der Voraussetzung, dass auch der Kanton Zürich ..."*, wenigstens Fr. 46'000.– locker zu machen.

1943: Das fünfte Kriegsjahr

Der Chef des Eidgenössischen Luftamtes, Louis Clerc, ehrte im August 1943 erstmals Nicht-Piloten als Flugmillionäre. Beim Mittelholzer-Denkmal in Dübendorf überreichte Clerc (zweiter von links) eine goldene Anstecksbrosche in Form eines geflügelten Schweizerkreuzes mit der Aufschrift "1 Million Kilometer" an die (von rechts) Bordfunker Werner Wegmann und Paul Auberson, Stewardess Erna Nikles (erste Flugmillionärin der Swissair, zweite Europas) und Bordfunker Jules Gloor. Laut Pressemitteilung wurde diese Auszeichnung auch alt Cheffunker Christian Schaaf zugesprochen. Dass er auf dem Foto fehlt, dürfte dem Umstand zuzuschreiben sein, dass er bei der Swissair zu diesem Zeitpunkt wieder einmal in Ungnade gefallen war. Ganz links im Bild Swissair-Direktor Eugen Groh.

Das Jahresergebnis 1943

Das Jahresergebnis sah dann gar nicht so schlecht aus. Vor Abschreibungen – und was sollte man hier wohl einsetzen, bei den wenigen Flugstunden – ergab sich ein Brutto-Rechnungssaldo von ca. Fr. 170'000.–, wobei Subventionen und Sondervergütungen im Betrage von mehr als Fr. 400'000.– nur unter der Bedingung gewährt worden waren, dass keine Dividende zur Ausschüttung gelangte. In der Bilanz wurden bei den Aktiven vom gesamten Bankguthaben von Fr. 1'717'559.96 weiterhin über eine Million unter dem Pretext (unbelegter) "Ansprüche ausländischer Luftverkehrsgesellschaften" und "Rückstellung für unerledigte Schadenfälle" mir nichts, dir nichts abgezogen und als "Verbleibende disponible Mittel" lediglich Fr. 703'813.83 eingesetzt. So blickte man dem kommenden Jahr zwar mit einem gewissen finanziellen Polster, aber dennoch mit grösster Besorgnis entgegen.

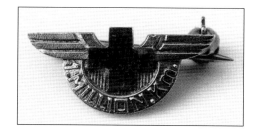

1944
Das sechste Kriegsjahr

1944
Russische Offensiven und Gebietsgewinne.

6. Juni:
Die Alliierten landen in der Normandie.

25. August:
Einzug de Gaulles in Paris.

16. Dezember:
Beginn der deutschen Ardennenoffensive.

Die Nachkriegsplanung

Angesichts des schier unfassbare Ausmasse annehmenden Kriegsgeschehens – Landung der Alliierten in der Normandie, Befreiung von Paris, Brüssel, Strassburg, Beginn der deutschen V1- und V2-Angriffe auf England, russischer Vormarsch auf der gesamten Ostfront, amerikanische Rückeroberungen im Pazifik usw. – ist es heute kaum noch nachvollziehbar, mit welchem Elan und Optimismus überall in der westlichen Welt an die Planung und Vorbereitung des Nachkriegsluftverkehrs gegangen wurde. So auch in der Schweiz. Trotz totaler Einstellung der Linienflüge wurden Flugplatzprojekte vorangetrieben, schrieb der ehemalige Swissair-Direktor Henry Pillichody aus New York gründlich recherchierte Exposés über den zukünftigen Luftverkehr und reiste gar eine Dreierdelegation, unter Leitung von Prof. Amstutz, nach Chicago an eine Konferenz über die Gestaltung der Zivilluftfahrt in der Nachkriegszeit. Die meisten dieser positiven Tätigkeiten geschahen ohne oder mit sehr geringer Teilnahme der Swissair. Für eine Gruppe junger Piloten und Bordfunker wurde zwar ein den Umständen entsprechend minimales Ausbildungsprogramm weitergeführt. Im übrigen gab man sich aber sehr zurückhaltend, versuchte vor allem das (finanzielle) Überleben der Swissair sicherzustellen, hatte wenig Sinn für grossartige Ausbaupläne und verwies Gedanken an einen eigenen zukünftigen Langstreckenverkehr in den Bereich der Utopie. So äusserte sich der Verwaltungsratspräsident, Dr. A. Ehinger, an der Generalversammlung der Swissair vom 13. Juni 1944 in Basel u.a. wie folgt:

Hinter die meisten der umfassenden sog. internationalen Pläne, über die Sie in der Presse lesen können, möchte ich ein grosses Fragezeichen setzen, denn gewisse unter ihnen sind – gelinde ausgedrückt – zu phantasievoll, um brauchbar zu sein. Eine weitere Categorie Projecte beschlägt Aufgaben des Luftverkehrs, an welche die Schweiz erst in einem späteren Zeitpunkt der Entwicklung herantreten kann. Beurteilen wir also diese kriegspsychosebedingte Vielschreiberei mit der ihr gebührenden Reserve und denken wir für die erste Zeit an die Bewältigung des eigenen Verkehrs.

Mit der "Vielschreiberei" kann Dr. Ehinger nur die umfangreichen Publikationen des Delegierten des Bundesrates für die Zivilluftfahrt, Prof. Amstutz, gemeint haben, z.T. wohl auch die Berichte Pillichodys aus den USA sowie eine ausführliche Abhandlung des Chefs des Eidg. Luftamtes, Louis Clerc. Davon wird später noch die Rede sein. Die Leitung der Swissair bemühte sich vorerst einmal – mit Erfolg – um Subventionen bei PTT, Bund und Kanton Zürich. Im Rahmen des Möglichen wurden aber auch Arbeitsleistungen erbracht: Revision von Militärflugzeugen, technische Betreuung der zahlreichen notgelandeten Bombenflugzeuge der Alliierten ("Bomberdetachement") – es gab sogar Swissair-Flugzeuge, die starteten und landeten.

Der Flugbetrieb

Täglich, ausser sonntags, flog eine DC-2 der Swissair nach Stuttgart und zurück, als Rest der "Strecke 12", der einst so stolzen, traditionsreichen Luftverkehrsverbindung zwischen Zürich und Berlin.

Sonderflug für Ski-Mannschaft

Eine DC-3, die HB-IRO, kam lediglich noch zweimal, am 1. und am 16. Februar, auf Verlängerungsflügen nach Berlin zum Einsatz. Es handelte sich dabei um den Hin- bzw. Rücktransport einer 16-köpfigen Schweizer Ski-Mannschaft, die unter der Führung des Zentralpräsidenten des Schweizerischen Skiverbandes, Oberst H. Guisan, an einem Länderwettkampf in Örnsköldsvik, Schweden, teilnahm. Mitglieder dieser Mannschaft waren u.a. die damals berühmten Ski-Asse Karl Molitor, Edi Reinalter, Otto von Allmen, Adolf Freiburghaus (Langlauf), Willy Klopfenstein (Springen), Elisa Darnutzer und Antoinette Meyer. Zwischen Berlin und Malmö, bzw. Stockholm, übernahm die schwedische Luftverkehrsgesellschaft ABA den Transport. Da Berlin beim Hinflug am 1. Februar schweren Bombenangriffen ausgesetzt war, musste der Start der HB-IRO in Dübendorf mehrmals verschoben werden. Anstatt in Berlin-Tempelhof landete das Flugzeug schliesslich in Rahnsdorf, ausserhalb des Stadtgebietes. Die NZZ berichtete in der Morgenausgabe vom 2. Februar 1944 von *"tagelangen Löscharbeiten"* in Berlin.

Obschon der Luftkrieg über Deutschland 1944 immer bedrohlichere Formen annahm, flog die Swissair anfangs Jahr noch mehrmals nach Berlin; so auch am 1. Februar 1944 mit dieser Ski-Mannschaft, die in Schweden zu einem Länderwettkampf antrat.
Vordere Reihe von links: Edy Reinalter, St. Moritz, Slalom; Oberst H. Guisan (Sohn des Generals), Präsident des Ski-Verbandes; Antoinette Meier, Hospental, Slalom; Liseli Darnutzer, Davos, Slalom; Hans Feldmann, Delegations-Chef; Willy Klopfenstein, Adelboden, Sprunglauf.
Mittlere Reihe von links: Max Robbi, St. Moritz, Slalom; Karl Molitor, Wengen, Slalom; George Keller, Davos, Sprunglauf.
Hintere Reihe von links oben: Robert Zurbriggen, Saas Fee, Langlauf; Martin Zimmermann, Davos, Langlauf; Otto von Allmen, Wengen, Slalom, Niklaus Stump, Unterwasser, Sprunglauf.

1944: Das sechste Kriegsjahr

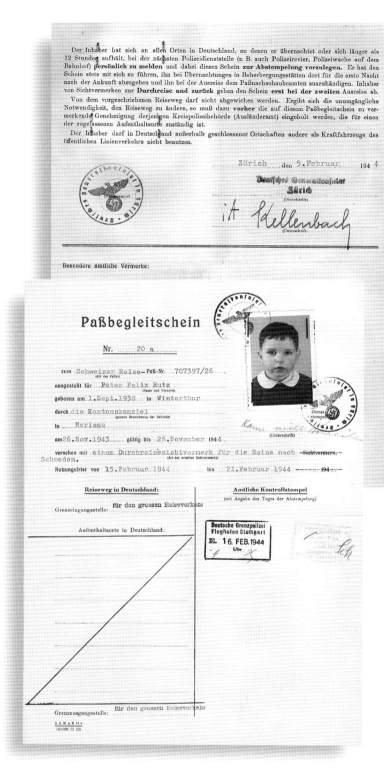

Den Sonderflug mit der Ski-Mannschaft benützte (jeweils in der Gegenrichtung mit dem sonst leeren Flugzeug) ein in Stockholm tätiger Schweizer Geschäftsmann, um seine drei Kinder aus der Schweiz nach Schweden zu holen. Ein Foto bei ihrer Ankunft in Malmö (von links: Hans, Margrit und Peter Rutz) erschien unter dem Titel "Flüchtlingskinder aus der Schweiz" in der schwedischen Presse. Für die Geschwister Rutz wurde diese Reise zum unvergesslichen Erlebnis.

Der Passbegleitschein für den damals fünfeinhalbjährigen Peter Rutz, wie er für die Durchreise durch Deutschland benötigt wurde.

Nachdem beim letzten Länderwettkampf in Engelberg und im Eigental, im Januar 1943, die schwedische Mannschaft eine vernichtende Niederlage hatte hinnehmen müssen – sogar in den Langlaufdisziplinen siegten die Schweizer! –, wurde diesmal der Spiess umgedreht. Lediglich im Slalom gab es einen Sieg durch Karl Molitor, und bei einer zusätzlichen Slalom-Konkurrenz stand Elisa Darnutzer zuoberst auf dem Podest. Sonst nahmen die Schweden aber Revanche und feierten "einen ungeheuren Sieg" über die Schweizer, wie im Bericht des Schweizerischen Skiverbandes zu lesen ist.

Diesen Sonderflug, aber in umgekehrter Richtung, benützte Paul Rutz, ein Schweizer, der in Stockholm als Vertreter der Firma Gebrüder Volkart, Winterthur, ansässig war, um seine drei Kinder aus der Schweiz nach Schweden zu holen. Am 1. Februar flog er von Stockholm via Berlin/Rahnsdorf nach Zürich und am 16. Februar mit seiner Tochter und den beiden Söhnen per "Swissair-Abholer" von Dübendorf zurück nach Berlin. Als er jedoch nach Schweden weiterfliegen wollte, liessen Gestapo-Beamte aus unerfindlichen Gründen nur zwei der Kinder auf das Flugzeug, nicht aber den Vater mit seinem älteren Sohn. Im letzten Moment gelang es Paul Rutz mit einer handstreichartigen Aktion, unter tatkräftiger Mitwirkung des schwedischen Flugkapitäns, zusammen mit dem zehnjährigen Knaben die startbereite DC-3 der ABA dennoch zu besteigen und wegzufliegen. Die schwedische Presse veröffentlichte anderntags eine Foto von der Ankunft der drei Kinder in Malmö unter dem Titel "Flüchtlingskinder aus der Schweiz". An diesem 16. Februar wurde Berlin während des Aufenthaltes des Swissair-Flugzeuges angegriffen. Die Besatzung musste das Ende der Bombardierung im Luftschutzkeller abwarten. Karl Molitor kann sich erinnern, dass Flugkapitän Zimmermann nach dem Start in Tempelhof besonders weit über die Stadt ausholte, um seinen Passagieren das Ausmass der Brände zu zeigen.

15. April 1944: Letzter Flug nach Berlin

Drei weitere Verlängerungsflüge nach Berlin wurden mit DC-2 durchgeführt: Am 23. Februar HB-ISI mit Flugkapitän Otto Heitmanek, Pilot Robert Heiniger und Funker Jules Gloor; am 18. März HB-ISI mit Flugkapitän Ernst Nyffenegger, Pilot Fred Reber und Funker Werner Wegmann, am 15. April HB-ITO mit Flugkapitän Robert Fretz, Pilot Robert Heiniger und Funker Othmar Breitenstein. An diesen für lange Zeit letzten Swissairflug nach Berlin (der nächste fand 46 Jahre später, am 24. Oktober 1990, statt!), kann sich Othmar Breitenstein gut erinnern: *Es war ein Rotkreuzflug. Kaum waren wir in Berlin gelandet, gab es Alarm. Ich musste noch das Flugzeug wegrollen, nur schnell die Steuerklemmen befestigt, ab in den Luftschutzkeller und schon wurde bombardiert. Nachher lagen überall Granatsplitter herum, und wir mussten aufpassen, dass diese beim Rollen nicht unsere Pneus zerschnitten.*

Vorfälle unterwegs und ein blinder Passagier

Flugkapitän Otto Heitmanek erzählt in seinen Memoiren von drei Vorfällen bei diesem Streckeneinsatz. Einmal war nach einem Grossangriff auf Mannheim eine riesige Brandwolke nach Osten abgetrieben worden und hing über Rottweil. Sie war so dicht, dass Heitmanek beim Durchqueren von Erstickungsanfällen geplagt wurde. Ein anderes Mal rasten bei Tübingen zwei amerikanische Jäger von vorne auf ihn zu. Sicherheitshalber stach er mit seiner DC-2 in die nächste Wolke. Schliesslich gelangte im Mai auf einem seiner Flüge mit der HB-ISI ein blinder Passagier von Stuttgart nach Zürich. Dazu der Technische Dienst:

"Nachdem das Flugzeug nach der Landung in Dübendorf in den Hangar gerollt war, wurde beobachtet, wie ein Mann in hellgrünem Überkleid aus dem hinteren Gepäckraum kletterte. Auf dem Rollweg zum Flughafengebäude ist er von der Wache in Empfang genommen worden. Er war Holländer und hatte sich in Stuttgart im Rumpf hinter dem hinteren Gepäckraum eingeschlichen und während ca. zwei Stunden in unbequemer und gefährlicher Lage aufgehalten."

Vor dem Start dieses Fluges in Stuttgart hatte Bordfunker Paul Auberson an der Gewichtsverteilung gezweifelt, aber der Holländer, der für die Beladung des Flugzeuges zuständig war, versicherte ihm, es sei schon richtig so. Er hatte nämlich sein eigenes Gewicht hinter dem hinteren Gepäckraum bereits berücksichtigt! Dieser als Zwangs-Fremdarbeiter in Deutschland weilende Jan war aber nicht in die Schweiz gekommen, um sich von den Strapazen zu erholen, sondern er wollte an die Front. Die "Wahl" von Heitmanek als Kapitän des Fluges erwies sich für ihn als Glücksfall. Heitmanek war dem Holländer in Stuttgart schon vorher begegnet und hatte ihm eine Kleinigkeit zugesteckt, in Dübendorf offenbar auch seine Adresse bekanntgegeben. Als Jan aus dem schweizerischen Lager ausbrach, um sich über Italien hinter die alliierten Linien durchzuschlagen, gab ihm Otto Heitmanek eine warme Fliegerjacke mit auf den Weg. Viel später erfuhr Heitmanek, dass sein blinder Passagier die zweite Etappe seiner abenteuerlichen Flucht ebenfalls gut überstanden hatte.

In seinen Memoiren nicht erwähnt hat Heitmanek den 1. April 1944. An diesem Tag gab es um die vorgesehene Startzeit für den Flug nach Stuttgart Fliegeralarm. *"Man hörte es poltern in Dübendorf"*, erinnert sich Othmar Breitenstein, wusste aber nicht, dass es sich dabei um die Bombardierung Schaffhausens handelte. Der Start der Swissair-Maschine wurde erst kurz nach 12 Uhr freigegeben. Kaum ab Boden konnte die Besatzung der HB-ITO, bestehend aus Flugkapitän Heitmanek, Bordfunker Breitenstein und Pilot Heiniger (auf dem Beobachtersitz), in Richtung Schaffhausen sieben grosse Rauchsäulen sehen, die von Bränden herrührten. Beim Überfliegen des Rheins machte Heitmanek auf merkwürdige Blitze um das Flugzeug aufmerksam. Erst nachträglich wurde ihnen bewusst, dass sie von der Schweizer Fliegerabwehr beschossen worden waren!

Pilot Hans Kuhn (1910–1970) war Kommandant der in Stuttgart zerstörten DC-2. Er schrieb den im Textteil abgedruckten detaillierten Rapport. Hans Kuhn verlor sein Leben als Passagier der am 21. Februar 1970 bei Würenlingen infolge eines Sabotage-Aktes abgestürzten Coronado der Swissair HB-ICD.

Jost Guyer (1913–1980) war während des Krieges einer der meistbeschäftigten Bordfunker der Swissair. So war er auch Mitglied der Besatzung der in Stuttgart zerstörten DC-2 HB-ISI. Aber auch am 14. August 1944, als der Flughafen Stuttgart schwer bombardiert wurde, war er wieder dabei, ebenso auf dem allerletzten Auslandflug während des Krieges am 16. August 1944.

DC-2 HB-ISI in Stuttgart zerstört

Das immer grösser werdende Risiko schien jedoch weder Geschäftsleitung noch Besatzungen zu stören. Mutig wurde diese Mini-Luftverkehrsverbindung aufrechterhalten, die lediglich für die PTT einigermassen interessant war. Fliegeralarm während des Aufenthalts in Stuttgart-Echterdingen gehörte sozusagen zur täglichen Routine. Bis dann am 9. August die Swissair-Maschine bei einem Luftangriff am Boden – zum grossen Glück am Boden! – zerstört wurde. Der Rapport des Piloten Hans Kuhn an die Geschäftsleitung lautete wie folgt:

"Betr. Zerstörung des Flugzeuges HB-ISI in Echterdingen am 9. 8. 1944

08.40 Landung in Stuttgart

08.50 Voralarmzeichen: gleichzeitig Ausladen der Fracht, Schliessen der Türen und Fenster, Anbringen der Steuerblockier-Klammern, bereit zum Parkieren auf der Plattform.

08.56 Auslösen des Fliegeralarmes. Besatzung: Pilot im Aufenthaltsraum, beide Funker (J. Guyer und H. Wiedenkeller, Red.) auf dem Weg zum Aufenthaltsraum.

08.57–58 Meldung von Deutscher Lufthansa, das Flugzeug müsse weggerollt werden auf die andere Seite des Platzes. Üblicher Standort nach Weisung des Platzkommandanten.

09.00–03 Rollen des Flugzeuges durch den Piloten, quer über die Piste.

09.05 Flugzeug parkiert, Steuer festgeklemmt, gebremst, mit Radschuhen versehen, unverschlossen, verlassen.

09.06 ca. Wurden wir beim Flugzeug mit dem Mercedes-Dienstwagen der Deutschen Lufthansa durch den Flugleiter Herr Bruns abgeholt.

bis 09.08 Rückfahrt zum Verwaltungsgebäude, wo wir sofort in den Zubringer-Omnibus umsteigen mussten.

ca. 09.10 Abfahrt des überfüllten Cars zum Sicherheitsort am Waldrand der Strasse Echterdingen–Tübingen ca. 6–7 km vom Flugplatz.

ca. 09.25 bis 11.10 dauerte der Aufenthalt im Freien. Verschiedentlich war ein stärkeres Motorengedröhn in verschiedenen Richtungen hörbar, jedoch wegen der 3-5/10 starken Wolkendecke auf ca. 3'000–4'000 m mit darüber entstehenden Kondensstreifen nur schwach sichtbar. In einem Falle konnten wir eine Flugzeugstärke von ca. 20 mehrmotorigen Flugzeugen feststellen. Ein einzelner Boeing, dem 2 Fallschirme entsprangen, flog von Westen nach Osten ca. auf 2'000 m über Grund und wurde stark von der Flab beschossen.

ca. 10.45 erfolgte ein Angriff von 6 raschen Flugzeugen (von uns aus als Lightnings feststellbar) auf das Flugplatzgelände von Echterdingen. Der An- und Wegflug erfolgte im Tiefflug, der sich unserem Blickfeld entzog. Nur das Aufziehen und Abstechen zum Angriff war von uns aus zu sehen. Auch das Flugfeld konnten wir nicht einsehen. Wenige Sekunden nach diesem

Die Douglas DC-2 HB-ISI wurde am 9. August 1944 auf dem Flughafen Stuttgart-Echterdingen durch einen alliierten Luftangriff am Boden zerstört. Das Flugzeug brannte vollständig aus. Personen kamen keine zu Schaden. Die Besatzung beobachtete den Angriff amerikanischer Lightning-Jagdbomber von einem Sicherheitsstandort aus.

Seite aus dem Flugrapport-Buch von Pilot Hans Kuhn, auf welcher er seine Einsätze vom 9. bis zum 11. August 1944 festgehalten hat. Wie man sieht wurde trotz der Zerstörung der HB-ISI am 9. August vorerst munter weitergeflogen.

Angriff, der durch die kleinkal. Flab. begleitet wurde, stieg eine mächtige Rauchsäule hoch. Der dunklen Farbe entsprechend musste Benzin entzündet worden sein. Ca. 11.15 Rückfahrt zum Flugplatz, bevor das Endalarmzeichen ertönte. Beim Einmünden des Cars auf das Flugplatzvorgelände und Rollfeld mussten wir den Verlust des Flugzeuges HB-ISI sowie einer Ju-90 der Deutschen Lufthansa feststellen.

Hergang des Angriffes (laut Aussagen der Flugleitung der Deutschen Lufthansa): 6 amerikanische Lightning-Jägerflugzeuge hätten den Platz in Ost-West-Richtung im Tiefflug angegriffen, 3 auf der einen, 3 auf der andern Platzhälfte mit Flächenstreufeuer der Bordwaffen ohne Bomben. Gleich beim ersten Treffer auf die DC-2 soll das Flugzeug in hellen Flammen gestanden haben. Durch den Standort quer zur Hauptpiste erfolgte der Angriff vom rechten Flügel her auf die Breitseite. Eine Löschung wäre trotz jedem Einsatz unmöglich gewesen. Defektmeldung: Das Flugzeug Douglas DC-2 HB-ISI ist nach meiner Beurteilung restlos zerstört. An den nicht völlig ausgebrannten Teilen sind noch Schusslöcher von grösseren und kleineren Geschossen feststellbar, die bis zu 30–40 cm Länge Splitterspuren und Risse aufweisen. Mitverbrannte Gegenstände: Da die Ladung, im Gegensatz zu der bei der Ju-90, wo das Schweizer Kuriergepäck von Stockholm und Malmö mitverbrannt ist, bei unserer Maschine gelöscht werden konnte, ist mit Ausnahme der Besatzungsutensilien nur die komplette Flugzeug-Ausrüstung verbrannt. Die mitverbrannten Gegenstände der Besatzung erfolgt auf spezieller Meldung. Der Flugzeugführer HB-ISI: gez. H. Kuhn"

Für die verbrannten persönlichen Gegenstände (Ledermappe, Sonnenbrille, Regenmantel usw.) erhielt Hans Kuhn von der Swissair *"per Saldo aller Ansprüche"* den Betrag von Fr. 223.65 ausbezahlt, und dies *"obschon wir uns der Meinungsäusserung der Versicherungsgesellschaft voll anschliessen, wonach unter den damaligen Umständen das persönliche Eigentum der Besatzungsmitglieder aus dem Flugzeug hätte entfernt werden sollen"*. So erfolgte die grosszügige Übernahme der Kosten mit der Mahnung: *"Indem wir Ihnen nahelegen, in ähnlichen Situationen alle sich nützlich erweisenden Vorsichtsmassnahmen zu treffen ..."*

Am Nachmittag kamen dann Flugkapitän Heitmanek und Bordfunker Gloor mit der HB-ITO und holten ihre Kollegen zurück nach Dübendorf.

Bald zirkulierte das Gerücht, das Swissair-Flugzeug sei einer gezielten Aktion der Amerikaner zum Opfer gefallen. Nachforschungen nach dem Krieg ergaben aber einwandfrei, dass die beteiligten Piloten nicht einmal wussten, dass sie den Flugplatz Stuttgart angegriffen hatten. Sie glaubten, bei den beiden Flugplätzen, die sie durch Wolkenlöcher erblickten und unter Beschuss nahmen, habe es sich um solche in der Gegend von Nürnberg gehandelt. Im diesbezüglichen "Mission Summary Report" der 434th Fighter Squadron, 479th Fighter Group, der American Air Force werden die durch die sechs Lightnings am Boden angerichteten Schäden stark übertrieben. Die fünf Piloten, die geschossen haben, beanspruchten offenbar dieselben zwei tatsächlich zerstörten Flugzeuge jeweils für sich, wurden doch total sechs Flugzeuge als zerstört und zwei als beschädigt gemeldet. Auch die Flugzeugerkennung liess zu wünschen übrig, indem die angegriffenen Flugzeuge fälschlicherweise als Ju-88, He-111, Ju-52 usw. bezeichnet wurden, aber keine als Ju-90 oder DC-2.

Trotzdem wird weitergeflogen

In Dübendorf liess man sich nicht so leicht beeindrucken. Unbeirrt wurden die Flüge nach Stuttgart weitergeführt. Bereits am nächsten Tag war Hans Kuhn mit der HB-ITO wieder in der Luft, auf dem Hinflug mit fünf, auf dem Rückflug mit drei Passagieren. Dazu die lakonische Bemerkung: *"Fliegeralarm und ausziehen vom Platz für ca. 30 Minuten."* Auch am 11. und 12. August war es die gleiche Besatzung (Kuhn, Guyer, Wiedenkeller), die jeweils mit der HB-ITO Stuttgart bediente. Am 11. gab es wiederum Alarm mit Abtransport in den Wald, am 12.:*"Wegen Anschluss 5 Std. warten, kein Alarm in Stuttgart."* Am 13. war Sonntag, da wurde nicht geflogen, aber am 14. August ging es heiss zu und her:

Nebst Flugkapitän Heitmanek, Bordfunker Guyer und Bordfunkeraspirant Wiedenkeller war an diesem Tag auch Hans Huggler, technischer Chef der Swissair, dabei, um sich die Trümmer der HB-ISI anzusehen. Diesmal kam der Fliegeralarm in Stuttgart zu spät, *"so dass keine Zeit zur Flucht in die Wälder der Umgebung blieb. Alles rannte in den nahen Sanitätsbunker, während draussen bereits die Flabkanonen zu hämmern begannen. Es folgten noch einige bange Sekunden, ein sonderbares, pfeifendes Geräusch, und dann war die Hölle los. Der Bunker erbebte unter einem Bombenteppich."*

Soweit Flugkapitän Heitmanek. Dazu Hans Huggler: *"Wir waren in einem schitteren Keller. Es gab da Pritschen und einen Tisch in der Mitte. Jeder hat sich* zusammengekauert, merkwürdigerweise im letzten Moment, als die ersten Bomben krachten, aber seinen Standort gewechselt. Da ich der Decke nicht traute, stellte ich mich unter einen Bogen, aber auch ich wechselte im letzten Moment. Das Licht ging aus, und Steine kamen die Treppe hinunter. Die Druckklappe wurde aufgedrückt und schepperte, grosses Geschrei, wir waren nicht allein in diesem Keller. Der Sanitäter schaltete eine Batterielampe ein. Dann brachten sie einen verwundeten Fläbler in den Keller, dem hing ein Arm hinunter. Wir haben uns richtig auf ihn gestürzt, um zu helfen, mit Wattenbausch und so. Das hat uns beschäftigt und abgelenkt. Bei einem weiteren Angriff kann ich mich erinnern, Heitmanek und Guyer auf einer Pritsche gesehen zu haben, wie sich beide mit Händen und Füssen instinktiv gegen die obere Pritsche verstemmten. Ich sagte mir, dass ich nie wieder in einen Keller gehen würde. Lieber im Freien in einen Graben liegen, das ist besser. Als wir wieder nach oben kamen, war ein vierstöckiges Gebäude verschwunden, dem Erdboden gleichgemacht. Wir beteiligten uns dann etwas am Aufräumen, indem wir unverbrannte Brandbomben zu brennenden Brandsätzen warfen, um sie zu zünden, bis Heitmanek fand, es sei jetzt genug. Unsere DC-2, die HB-ITE, die wir neben der zerstörten HB-ISI parkiert hatten, war unversehrt geblieben."

Flugkapitän Heitmanek schreibt gar von einem Bild des Grauens: "Überall lagen Tote, und in den Trümmern wie auch auf den Pisten brannten immer noch die Magnesium-Bomben. Ein SS-Mann brüllte mit der entsicherten Pistole in der Hand Befehle über den Platz. Nur mit einiger Mühe gelang es uns, ihn davon zu überzeugen, dass wir uns um unsere Maschine zu kümmern hätten."

Stark beschädigt wurde bei diesem Angriff eine DC-3 der Lufthansa, die D-AAIE. Dieses Flugzeug war im Herbst 1942 bei der Swissair in Dübendorf überholt worden.

Betriebseinstellung

Der allerletzte Flug mit der Streckenbezeichnung "12" fand am 16. August 1944 statt. Das Flugzeug: DC-2 HB-ITO; die Besatzung: Flugkapitän Otto Heitmanek, Bordfunker Jost Guyer und Bordfunkeraspirant Hans Borner. An diesem Tag schrieb Flugkapitän Franz Zimmermann, Navigationschef der Swissair und Verantwortlicher für den Flugdienst, endlich den entscheidenden Brief an die Direktion, der die Einstellung der Flüge nach Stuttgart bewirkte. Die etwas gewundenen Formulierungen lassen erkennen, dass es Franz Zimmermann schwer fiel, diesen Schritt zu tun, wusste er doch, dass er sich damit der Meinung der Geschäftsleitung entgegenstellte. "...Die reinen Bomberaktionen erscheinen mir nicht am gefährlichsten, denn der Bombenabwurf geschieht meistens aus grösseren Höhen. Während des Fluges wäre unsere Maschine, die normal tief fliegt, deshalb nicht gefährdet. Es ist lediglich die Zeit des Aufenthaltes in Stuttgart, die für die Maschine und aber auch für die Besatzung eine Gefahr bedeutet. Die Besatzung könnte sich – ausser bei Überraschungsangriffen – ausserhalb des Flugplatzgeländes in Sicherheit begeben. Bei Jagdpatr.-Streifen, die immer intensiver durchgeführt werden, ist hingegen unser Flugzeug auch in der Luft während der ganzen Dauer des Fluges über deutschem Gebiet in Gefahr abgeschossen zu werden ... Bis vor kurzem war die Überwachung resp. Beurteilung der Luftlage nach den Meldungen noch möglich. Heute hingegen werden einzelne Flugzeuge nicht mehr gemeldet. Es sind lediglich ganze Kampfverbände, die noch gemeldet werden können. Dadurch ist die Beurteilung der Luftlage nicht mehr möglich und kann deshalb die Verantwortung für die Durchführung eines Fluges nur noch relativ übernommen werden. Mit vorzüglicher Hochachtung, gez. Fr. Zimmermann". Dieses "relativ" bezog sich offenbar auf das eingesetzte Flugzeug, wurde doch allen Ernstes erwogen, die Flüge anstatt mit der versicherungsmässig teuren DC-2 mit der alten Fokker F-VIIa HB-LBO fortzusetzen. Wie der damalige Bordfunkeraspirant Hans Borner sich erinnert, scheiterte dieses Ansinnen jedoch am Widerstand der Besatzungen. Erst am 22. August erhielt Flugkapitän Zimmermann, der als "Chef des Flug- und Borddienstes" zwischen Besatzungen und Geschäftsleitung stand, von Direktor Groh die Bestätigung, dass auch der Ausschuss des Verwaltungsrates beschlossen habe, den Betrieb bis auf weiteres einzustellen. "Aus diesem Beschluss können Sie eine Übereinstimmung der Ansichten unserer leitenden Organe und Ihnen feststellen, und damit darf ich diese Angelegenheit als erledigt betrachten."

Das Total der Strecken-Transporterträge vom 1. Januar bis zum 16. August 1944 betrug Fr. 300'298.05, wovon fast die Hälfte auf die Postentschädigung seitens der PTT entfiel.

1944: Das sechste Kriegsjahr

Lukrativer Jubiläumspostflug und Keuchhustenflüge

Als Höhepunkt des Jahres kann der Jubiläumspostflug "25 Jahre Schweizer Luftpost" bezeichnet werden. Am 20. September wurde dieser Flug auf der historischen, im Jahre 1919 mit Militärflugzeugen beflogenen Strecke Zürich–Bern–Lausanne–Genf–Lausanne–Bern–Zürich durchgeführt. Eingesetzt war die DC-2 HB-ITE mit Flugkapitän Heitmanek und Bordfunker Guyer. Befördert wurden total 85'650 mit Sondermarken versehene Briefsendungen. Die Zahl der verkauften Wertzeichen à Fr. 1.50 betrug 231'644, und so ergab sich für die Swissair – nach Abzug der Kosten der PTT und eigener Spesen – aus diesem einen Flug der sagenhafte Ertrag von Fr. 241'842.25!

Innerhalb des militärisch zugestandenen Luftraumes um Dübendorf konnten, wie schon seit Herbst 1940, sogenannte Keuchhustenflüge durchgeführt werden. Es handelte sich dabei um eine Therapie, die auf der Behauptung deutscher Ärzte basierte, es sei erwiesen, dass ein etwa einstündiger Flug in der sauerstoffarmen und kalten, jedoch absolut reinen Luft auf drei- bis viertausend Metern Höhe für keuchhustenkranke Kinder heilsame Wirkung habe. Heute weiss man, dass dies nicht stimmt. Solche Flüge wurden aber bis in die Fünfzigerjahre durchgeführt. 1944 kamen die Fokker F-VIIa und Douglas DC-2 zum Einsatz; die Gesamt-Einnahmen betrugen Fr. 21'109.30. "Zu Studienzwecken" gewährte das Luftamt auch hiefür eine Subvention.

Sogenannte Keuchhustenflüge bildeten eine eher kleine, aber dennoch willkommene Zusatzeinnahme. Bereits vor dem Krieg von Deutschland aus propagiert, wurden solche Flüge ab 1940 auch in der Schweiz wieder möglich. Man brachte die Kinder in mindestens einstündigen Flügen auf ca. 4'000 Meter Höhe "in die reine, kalte und sauerstoffarme Höhenluft". Je nach Flugzeugtyp wurden wenn möglich sogar Fenster geöffnet. In vielen Fällen wurde anscheinend Besserung konstatiert. Spätere Studien ergaben, dass diese auch ohne Höhenflug eingetreten wäre.

Zum Anlass "25 Jahre Schweizer Luftpost" führte die Swissair am 20. September 1944 einen Jubiläumspostflug durch, und zwar auf der historischen Route Zürich–Bern–Lausanne–Genf. Da ausserordentlich viele Sondersendungen aufgegeben und Sondermarken verkauft wurden, ergab sich für die Swissair aus diesem einzigen Flug ein Ertrag von mehr als Fr. 200'000.–.

Das Existenzminimum für Piloten

1942 war für die "Flugzeugführer" eine kriegsbedingte Einkommensgarantie geschaffen worden. Sie erhielten unabhängig vom Einsatz zwischen Fr. 7'000. – (Jungpilot, ledig) und Fr. 12'000. – (Flugmillionär, ledig oder verheiratet) pro Jahr. Einbezogen in diese Beträge waren, nebst den Salärbezügen, die Teuerungszulagen, die militärische Trainingsentschädigung und Einnahmen aus Nebenbeschäftigungen. Der militärische Sold zählte hingegen nicht. Jeder war bestrebt, mehr zu verdienen, und so kam es offenbar zu Unstimmigkeiten bei der Zuteilung der wenigen Flugeinsätze. Es konnten aber auch andere Arbeiten zugeteilt werden, und hier schienen einige mehr Freitage genossen zu haben als andere. Jedenfalls sah sich die Direktion genötigt, den "Herren Piloten" gegenüber *"ihrer Erwartung Ausdruck zu verleihen, in den durch das Existenzminimum festgesetzten Beträgen nicht einfach einen Grad- oder Leistungsmesser zu sehen. Unter den gegebenen Umständen ist es ganz unmöglich, jeden Einzelnen gleichmässig zu Arbeitsleistungen bei der Gesellschaft heranzuziehen ... Das sollte bei richtigem Kameradschaftsgeist jedoch nicht zu Misshelligkeiten führen ... So werden wir mit Wirkung ab 1. April 1944 verlangen, dass alle Piloten, soweit sie nicht durch Militärdienst, Ferien, Krankheit oder Detachierung verhindert sind, an den Wochentagen auf dem Flugplatz erscheinen. Über die Arbeitszuteilung entscheidet die Direktion mit dem Navigationschef."*
Spezialaufträge hatten z.B. die Piloten Anton von Tscharner als Instruktor und Hans Ernst als Projektleiter für die Erstellung des Motorenprüfstandes, der im Herbst vom Luftamt offiziell abgenommen wurde. Nach wie vor zum Armeeflugpark detachiert war Flugkapitän Walter Borner.

Arbeiten im Auftrag Dritter

Nachdem die einträglichen Revisionsarbeiten an Douglas-Flugzeugen der Lufthansa nicht mehr weitergeführt werden konnten, wurde die Swissair durch Aufträge des Armeeflugparkes und des Eidg. Flugzeugwerkes in Emmen einigermassen entschädigt. So wurden Revisionsarbeiten an Ju-52, Bücker-Schulflugzeugen, C-35, Morane- und Messerschmitt-Jagdflugzeugen ausgeführt. Überdies wurden Morane-Jäger in der Swissair-Werft auch fertiggestellt. Als gute Einnahmequelle erwiesen sich die Bergungs- und Demontage-Arbeiten an internierten amerikanischen Bombern, wofür aus Mitarbeitern des technischen Dienstes das sog. Bomberdetachement gebildet wurde. Insgesamt resultierten aus den "Arbeiten im Auftrag Dritter" Einnahmen von Fr. 430'222.96.

DC-3-Normalisierung und Verbesserung der Funkausrüstung

Vor allem aus Gründen der Arbeitsbeschaffung wurde die Normalisierung der DC-3 (Motoreneinbau) weitergeführt. Neu dazu kam ein Programm zur Verbesserung der Funkausrüstung und der Einrichtungen der Elektrowerkstatt. Es ging dabei vor allem um Abänderungen der Antenneneinrichtungen und Neuverkabelungen. Mit umfangreichen Schreiben wurden das Eidg. Luftamt, die Eidg. Zentralstelle für Arbeitsbeschaffung sowie das Kant. Arbeitsbeschaffungsamt in Zürich bearbeitet, um Subventionen für diese Arbeiten zu erhalten. Diese Eingaben wurden auf Empfehlung des Eidg. Luftamtes positiv behandelt, die Subventionen jedoch erst für das Jahr 1945 – nach Beendigung der diesbezüglichen Arbeitsprogramme – in Aussicht gestellt.

Die Anbauschlacht

Auch für das Jahr 1944 liegt ein durch Prokurist Hans Aeppli verfasster, sehr aufschlussreicher und detaillierter "Bericht über das Anbauwerk 1944" vor. Zwar war die Swissair aus der Anbaupflicht entlassen worden, führte das Werk aber auf freiwilliger Basis weiter. Abschliessend wurde festgehalten, *"dass im Jahre 1944 die Ernte zum Glück für unser Land allgemein wiederum überdurchschnittlich gut gedieh. Wir wollen dankbar sein, dass auch unser Anbauwerk hieran seinen bescheidenen Anteil haben konnte, und wir dürfen es auch von diesem Gesichtspunkt aus als schöne Pflicht auffassen, im kommenden, heute noch so ungewiss erscheinenden Jahre unsere Bemühungen fortzusetzen."*

1944: Das sechste Kriegsjahr

Albert "Gideon" Fischer (1908–1992), dipl. Ing. ETH, Militärpilot, Fluglehrer und Akrobatikflieger (10 Jahre Schweizermeister!), arbeitete als Adjunkt der Flugplatzdirektion und als Flugplatz-Ingenieur in Dübendorf. Er war einer der "Erfinder" der Flughafen-Idee Kloten und massgebend an der zukunftsorientierten Projektierung beteiligt.

Das Flughafenprojekt Kloten, wie es sich 1944 präsentierte, als Ingenieur Albert Fischer seinen bemerkenswerten Bericht für die "Zürcher Statistischen Nachrichten" verfasste.

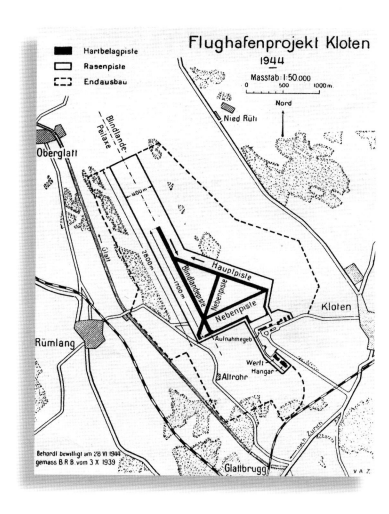

Planung für die Zukunft

Eine solche fand bei der Swissair nur in sehr bescheidenem Rahmen statt; zu sehr war man mit dem Kampf ums Überleben beschäftigt. Zum Glück gab es andere Stellen, welche von grossem Optimismus getragene Aktivitäten entwickelten, die sich in späteren Jahren besonders für die zurückhaltende und skeptische Swissair ausserordentlich positiv auswirken sollten.

"Gideon" Fischer zum Flughafenbau

Ein bemerkenswertes Dokument bildet das Heft Januar/März 1944 der "Zürcher Statistischen Nachrichten". Es ist dem Flugplatzproblem Zürichs gewidmet und enthält ausführliche Artikel über die verschiedenen Möglichkeiten für eine eventuelle Vergrösserung von Dübendorf, über die Pläne für eine Verlegung von Dübendorf nach Kloten und über den zu erwartenden Luftverkehr nach dem Krieg. Als Verfasser zeichnet Ing. Albert "Gideon" Fischer, Adjunkt der Flugplatzdirektion in Dübendorf. Einige Zitate:

– "Massgebende Kreise sehen für den kontinentalen Luftverkehr zweckmässigerweise keine allzu grossen Verkehrsflugzeuge voraus, sondern weit eher eine Vermehrung der Kurse mit Flugzeugen von 10 bis höchstens 50 Passagierplätzen, Reisegeschwindigkeiten von 300 bis 450 km/Std., Reichweiten von 1'000 bis 2'000 km und Gewichten von 10 bis höchstens 40 Tonnen.

– Für den zukünftigen interkontinentalen Luftverkehr, der über bedeutend grössere Strecken ohne Zwischenhalte führen wird als der kontinentale Luftverkehr, kommen wahrscheinlich weit grössere Flugzeuge zur Verwendung, wobei die Frage Flugboot oder Landflugzeug noch keineswegs abgeklärt ist. Man spricht von Flugzeugen mit Reichweiten bis gegen 7'000 km, Reisegeschwindigkeiten von 400 bis 500 km/Std. und Gewichten von 35 bis 100 und noch mehr Tonnen.

– Ob die Schweiz einmal in die Lage kommen wird, solchen Flugstrecken als Zielpunkt zu dienen oder sogar selbst interkontinentalen Luftverkehr zu betreiben, wird gegenwärtig bekanntlich lebhaft diskutiert und ist jedenfalls nicht schlankweg von der Hand zu weisen.

– Optimisten werden die Frage aufwerfen, ob der zukünftige Zürcher Flughafen auch für die Flugzeuge eines eventuellen interkontinentalen Luftverkehrs genügen werde. Die vorsichtige Antwort darauf lautet:

Obschon die Zukunft in bezug auf das technische Rüstzeug der Flugzeuge für den Verkehr von Kontinent zu Kontinent noch viele Unbekannte enthält, braucht die Frage mit einer gewissen Wahrscheinlichkeit nicht verneint zu werden.

– Das Projekt für den Erstausbau nimmt selbstverständlich in baulicher Beziehung Rücksicht auf einen zukünftigen Endausbau. Diesem kommt heute mehr theoretischer Wert zu, und er stellt im ganzen den Versuch dar, die Möglichkeiten der Gegend für einen Flughafenbau erschöpfend auszunützen. Danach könnte die Länge der Blindlandepiste durch eine Fortsetzung in Richtung Glattbrugg auf 4 km, die aller Nebenpisten auf 2,5 bis 3 km gebracht werden."

Zu den notwendigen Gebäuden, wie Zoll, Post, Verwaltung, Restaurant usw. , schreibt Fischer: *"Wenn auch je nach Grösse und Wichtigkeit des Flugplatzes dem Erbauer in der Art und Anzahl der Gebäude ein grosser Spielraum gelassen ist, so muss auf alle Fälle nach dem Grundsatz gebaut werden: nicht ineinanderschachteln, sondern Erweiterungsmöglichkeiten belassen!"*

Es ist ganz erstaunlich, wie zutreffend "Gideon" Fischer bereits anfangs 1944 die zukünftige Entwicklung des Luftverkehrs und des Flughafens Kloten prognostizierte. Was Prof. Amstutz publizierte und was Henry Pillichody aus New York berichtete, waren für ihn wertvolle, aussagekräftige Unterlagen und nicht *"kriegspsychosenbedingte Vielschreiberei"*.

Pillichodys unterirdischer Flugplatz

In den USA pflegte Henry Pillichody auftragsgemäss seine Verbindungen zu Regierungsstellen, Luftverkehrsgesellschaften und Flugzeugherstellern. Er tat dies ausserordentlich erfolgreich und war so in der Lage, sehr detaillierte Lageberichte an die Schweizer Legation in Washington, an das Eidg. Luftamt in Bern – in persönlichen "Mon cher"-Briefen an dessen Chef Oberst Louis Clerc – und sogar direkt an Bundesrat Enrico Celio, Vorsteher des Post- und Eisenbahndepartementes, zu übermitteln. Anfangs Jahr musste er sich einmal ganz kräftig ärgern. Er hatte in einem vielbeachteten Artikel in der Monatspublikation "Air Transportation" die Vorbereitungen der Schweiz für den Nachkriegsluftverkehr beschrieben. Darüber wurde vom New Yorker Büro der Schweizer Telegraphenagentur ein Bericht nach Bern übermittelt und darin unter anderem erwähnt, gemäss Pillichody sei die Planung eines interkontinentalen Flugplatzes in der Schweiz "under way". Ein Übersetzungsfehler gab dann zu einigem Kopfschütteln Anlass: In dem in Bern publizierten deutschen Text hiess es nämlich, die Schweiz plane einen unterirdischen interkontinentalen Flughafen! Stolz war Pillichody hingegen, dass in der "New York Times" in einem Artikel über "World Air Transport" sogar sein Name erwähnt wurde.

Zum zukünftigen "Fernstrecken-Überseedienst" äussert sich Henry Pillichody in einem Schreiben an die Schweizer Legation in Washington vom 21. März 1944 wie folgt:

"... für welchen nur Flugzeuge mit grossem bis grösstem Aktionsradius in Frage kommen. Flugzeuge mit einem praktischen Aktionsradius von 2'500 Meilen, die also in der Lage sind, bei Windstille etwa 3'200 Meilen zurückzulegen, wird es nach dem Kriege voraussichtlich geben. Diese werden aber für eine sichere und ökonomische Überfliegung des atlantischen Ozeans knapp ausreichen und den Flug Schweiz–New York zum Beispiel aufgeteilt in 3 Etappen gerade ermöglichen. Mit derartigen Flugzeugen wäre es ebenfalls möglich, von der Schweiz nach Rio de Janeiro zu gelangen, allerdings unter Einschaltung von 3 Zwischenlandungen – also 4 Etappen. Das Endziel ist Schweiz–New York non-stop und Schweiz-brasilianische Hauptstadt in 2 Etappen – also mit einer Zwischenlandung. Der Ausbau der schweizerischen Überseefluglinien könnte demnach in 2 Phasen erfolgen, zuerst mit Zwischenlandungen, wie oben angedeutet, und dann flüssiger, d.h. in der Regel im Direktflug."

Louis Clerc contra Edwin Schwarzenbach

Direkt visionär erscheinen die Ausführungen des in Fliegerkreisen gerne etwas abschätzig abgehandelten Chefs des Luftamtes, Louis Clerc (ein grosses Handicap: er sprach nur französisch), in einem Exposé vom 25. April 1945 (Originaltext französisch):

"... Unser Land wird nach dem Krieg hart gegen die fremde Konkurrenz zu kämpfen haben. Es ist deshalb notwendig, es mit den gleichen modernen Transportmitteln auszustatten, wie sie den Industriellen und Kaufleuten der anderen europäischen Staaten zur Verfügung gestellt werden ... Gut bedient wird man nur bei Eigenständigkeit. Wenn wir an die Entwicklung interkontinentaler Verbindungen glauben – und wer könnte heute daran noch zweifeln –, müssen wir alles unternehmen, um unsere eigenen interkontinentalen Linien zu errichten, und den fremden Linien gestatten, auch bei uns zu landen. Wir müssen über unsere Flugpläne selbst bestimmen können, wir müssen imstande sein, den

Benützern der interkontinentalen Fluglinien – Passagiere, Post, Fracht – in interkontinentalen Flugzeugen genügend Platz zur Verfügung zu stellen, was nur möglich ist, wenn wir unsere eigenen interkontinentalen Linien haben."

Im gleichen Monat April 1944 schrieb Oberst Schwarzenbach, Vizepräsident des Verwaltungsrates der Swissair, in der Festschrift "25 Jahre Schweizer Luftverkehr":

"Es kann und wird sehr wahrscheinlich zutreffen, dass unser Flugpark erweitert werden muss, jedoch glaube ich, die Anschaffung von grossen Typen, 40-plätzig und mehr und mit Schlafgelegenheiten, mehr oder weniger in das Reich der Utopien verweisen zu müssen."

1944 wurden die Weichen für die Zukunft des schweizerischen Luftverkehrs wahrlich nicht von der Swissair gestellt!

So schreibt auch Robert Fretz in seinem 1973 veröffentlichten Buch "Die Swissair im Kampf und Aufstieg" zutreffenderweise: *"Die der vorauszusehenden Luftverkehrsentwicklung Rechnung tragenden Vorschläge wurden nicht in erster Linie von der die Privatwirtschaft vertretenden Swissair, sondern von Staatsorganen gemacht."*

Verschiedenes

Das Flugzeug Pilatus "Pelikan"

Technisches Personal der Swissair wurde, wie schon in früheren Jahren, an verschiedene Bundesbetriebe (Kriegstechnische Abteilung, Eidg. Flugzeugwerke usw.) detachiert. Als besonders interessante neue Detachierung hinzu kam 1944 diejenige von Flugkapitän Ernst Nyffenegger zu den "Pilatus"-Flugzeugwerken in Stans bzw. zum "Schweizerischen Flugtechnischen Verein" der ETH. Nyffenegger wurde mit dem Einfliegen des Flugzeug-Prototyps SB-2 HB-AEP "Pelikan" der Pilatus-Flugzeugwerke beauftragt. Es handelte sich um einen Entwurf des hervorragenden Konstrukteurs Ing. Hans Belart, Freund und enger Mitarbeiter von Prof. Eduard Amstutz. Dieses mit einem Bugrad versehene Flugzeug wurde nur in einem Exemplar hergestellt und war der Vorläufer des berühmten Pilatus "Porter".

Nach diversen Rollversuchen wurde der Erstflug auf den 30. Mai festgesetzt. Es folgte ein umfangreiches, immer wieder durch Abwesenheiten – meistens Militärdienst – des Testpiloten unterbrochenes Flugprogramm. Am 21. August teilte die Swissair ihrem Chefpiloten Nyffenegger mit *"… wird Ihre Beanspruchung für das Einfliegen des obenerwähnten Flugzeuges mehr als 20 Flugstunden umfassen. Aus diesem Grunde wird die in unserem Schreiben vom 16.5.1944 erwähnte Entschädigung insofern eine Änderung erfahren, als diese nach den ersten vollen 20 Flugstunden auf Fr. 14.– pro Stunde reduziert wird."* Am 9. September rapportierte Nyffenegger der Direktion der Swissair seine Eindrücke über das neue Flugzeug u.a. wie folgt: *"Das Flugzeug selber kann, nach den bisherigen Feststellungen, als sehr gut bezeichnet werden, indem es den Windkanalversuchen im Prinzip entspricht und teilweise noch bessere Resultate zeigt … Neu ist das Rollen sowie der Sackflug mit anschliessender Landung. Das Rollen kann sicher, schnell und exakt erfolgen. Ein Überschlagen ist fast ausgeschlossen, das Flugzeug gleicht einem Dreiräderwagen mit Gas und Bremse. Auf Seitenwind ist es beinahe unempfindlich. Der Sackflug muss geübt werden, weil die Piloten sich nicht getrauen, die Maschine so stark durchsacken zu lassen"* usw.

"Pelikan" SB-2, das nach einem Entwurf von Ing. Hans Belart konstruierte und unter der Leitung von Chefkonstrukteur Ing. Henri Fierz gebaute Flugzeug der neu gegründeten Pilatus-Flugzeugwerke in Stans. Für die technische Flugerprobung stellte die Swissair ihren Chefpiloten Ernst Nyffenegger zur Verfügung.

Flugbesprechung vor dem Flugzeug-Prototyp "Pelikan". Von links: Chefpilot Ernst Nyffenegger; Prof. (hier Major) Eduard Amstutz; Otto Weber, Leiter des Controlling der Pilatuswerke (vorher Balair und Swissair); Armand Roth, Mitglied der Geschäftsleitung der Pilatuswerke (später Swissair).

Bis Ende Jahr absolvierte Nyffenegger auf dem "Pelikan", ohne jeden Zwischenfall, 133 Flüge mit einer Flugzeit von total 39 Stunden und 38 Minuten.

Notlandung Heinigers mit Jagdflugzeug

Wie durch ein Wunder kamen im September zwei Mitarbeiter der Swissair bei kriegerischen Ereignissen mit dem Leben davon.

Am 5. September stand Bruno Teucher, Mitarbeiter im Technischen Dienst, später Chef Instruktion der Schweiz. Luftverkehrsschule, zusammen mit Bordfunker Jules Gloor vor dem Swissair-Hangar in Dübendorf und beobachtete, wie eine rauchende Messerschmitt Me-109E mit eingezogenem Fahrwerk tief auf den Platz zukam. *"Nicht weit von unserem Standort entfernt setzte das Flugzeug auf, und wir konnten sehen, dass der Pilot beim ruckartigen Abbremsen mehrmals den Kopf heftig am Zielgerät aufschlug. Wir rannten die kurze Strecke zum stillstehenden Flugzeug. Der Pilot war offenbar bewusstlos, das Gesicht blutüberströmt. Jules Gloor erkannte jetzt den Swissair-Piloten Robert "Böbl" Heiniger. Er brüllte wie ein Stier: "Aussteigen Böbl, es brennt, es brennt!" Natürlich nützte das gar nichts, wir mussten Böbl selbst mit vereinten Kräften aus dem Cockpit ziehen und trugen ihn Richtung Hangar. Kurz darauf wurden wir aber gezwungen, die Flucht zu ergreifen, denn ein Mustang flog einen Angriff, schoss dabei zum Glück allerdings nur wild im Gelände herum, ohne etwas zu treffen (sofern man die von einem Geschoss stammende Kerbe an der Säule des Mittelholzer-Denkmals nicht als Treffer zählen will)."* Weitere Einschüsse entdeckte man in der vom Navigationschef der Swissair, Flugkapitän Franz Zimmermann, benutzten Baracke. Dieser Notlandung vorangegangen war ein völlig überraschender Angriff amerikanischer Mustang-Jäger auf eine schweizerische Messerschmitt-Doppelpatrouille, die im Begriff war, einen havarierten Liberator-Bomber nach Dübendorf zu gelei-

Alle Piloten der Swissair waren auch Militärpiloten, wobei die jüngeren Jahrgänge während des Zweiten Weltkrieges mit ihren Fliegereinheiten zum aktiven Einsatz kamen. Am 5. September 1944 musste Swissair-Pilot Robert Heiniger in Dübendorf eine Notlandung vornehmen, nachdem seine Messerschmitt Me-109E durch einen amerikanischen Mustang-Jäger angegriffen und beschädigt worden war.

Swissair-"Jungpilot" Robert Heiniger, 1910, musste bei der Notlandung vor dem Swissair-Hangar in Dübendorf bewusstlos aus seiner Me-109E gezogen werden. Hier posiert er vor einer der neu aus Deutschland eingetroffenen Messerschmitt Me-109G.

Der ehemalige Cheffunker der Swissair, Christian Schaaf, war ab 1942 bei der Maritime Suisse als Schiffsfunker im Einsatz. Am 19. September 1944 wurde er bei einer Minenexplosion im Hafen von Marseille, auf der Kommandobrücke der "Generoso" stehend, in die Luft geschleudert. Er überlebte und beschrieb dieses Ereignis in einem detaillierten Bericht.

ten. Nebst der notgelandeten Messerschmitt wurde ein weiteres schweizerisches Jagdflugzeug von den Mustang-Jägern beschossen. Der Pilot, Oblt. Treu, wurde tödlich getroffen, und das Flugzeug stürzte in der Nähe von Zürich-Affoltern ab.

Minenexplosion mit Christian Schaaf
Das zweite Wunder betraf den ehemaligen Cheffunker der Swissair, Christian Schaaf, der während des Krieges als Schiffsfunker auf dem schweizerischen Hochseedampfer "Generoso" Dienst tat. Dieses Schiff lief am 19. September 1944 im Hafen von Marseille auf eine Treibmine und sank. Christian Schaaf konnte über diesen Vorfall mit erstaunlichen Details wie folgt berichten:

"Da die neuen Hafenbehörden den Platz brauchten, den unser Schiff einnahm, ersuchten sie uns, unsere Reparaturen ein wenig weiter weg auszuführen und ihnen den Platz abzutreten. Gegen 15 Uhr begannen wir gegen den uns zugewiesenen Platz zu manövrieren. Aber kaum etwa hundert Meter von der Stelle weg, wo wir vorher lagen, ereignete sich das Unglück. Ich stand auf der Brücke neben dem Kapitän, gegen das rechte Geländer gelehnt, der Blick voraus nach dem vorderen Teil des Beckens, und gab die Befehle weiter, nachdem ich sie ins Englische übersetzt hatte. Plötzlich hörte ich unter mir ein Geräusch, ähnlich demjenigen eines Sauerstoffbrenners, nur unendlich viel stärker. Ich sah, ebenfalls unter mir, einen Feuerkrater in verschiedensten Farben, ein riesiges, gelblich-bläuliches Bengalfeuer, und auf einmal wurden der Kapitän und ich durch einen gewaltigen Strom heisser Luft unter donnerndem Getöse mit ausserordentlicher Gewalt in die Luft geschleudert.

Im ersten Moment hatte ich das merkwürdige Gefühl, das ich während meines fünfzehnjährigen Dienstes als Bordfunker in den Flugzeugen im Moment des Abhebens vom Boden hatte und das im Laufe der Jahre zu einem instinktiven Gefühl geworden war. Mechanisch suchte ich das Variometer, und als ich keines fand – aus begreiflichen Gründen –, begann ich wiederum nach Flieger- und Fallschirmspringerart instinktiv die Sekunden meines Fluges zu zählen, so fremd das in einer solchen Situation erscheinen mag. Ich brauchte nicht bei eins anzufangen, denn die Reaktion benötigte sicher drei Sekunden: also zählte ich vier ..., fünf ..., sechs ... usw. Während dieses schwindligen Fluges hatte ich die Augen offen behalten, und ich sah Schiffsmasten, Kamine, die ich bald von oben her sah, an mir vorbeiziehen, gleichzeitig einen Haufen Dinge, die mit uns in die Luft geschleudert worden waren. Ich sah sogar den Kapitän einige Meter neben mir in die Luft fliegen, bis zu dem Augenblick, wo ich den Kulminationspunkt erreicht hatte.

Ich hatte das Gefühl, in einem tiefen, aber nicht gerade sehr komfortablen Fauteuil zu sitzen, denn ich sah meine Knie vor meinen Augen. Was aber noch weniger angenehm und versprechend war, das war der Umstand, dass meine Kleider brannten und ich einer lebenden Fackel gleich durch die Luft flog.

Ungefähr um die zehnte Sekunde spürte ich, dass mein Flug langsamer wurde; ich fiel rücklings über und stürzte kopfvoran in einer Vrille ab. Direkt unter mir sah ich unser Schiff und den Explosionskrater mit erschreckender Geschwindigkeit näherkommen, und ich sagte mir, hoffentlich falle ich nicht direkt auf das Schiff, weil ich mir bewusst war, dass ich beim Aufschlag buchstäblich zerschmettert worden wäre. Wie durch ein Wunder fiel ich ins Wasser, das die mich einhüllenden Flammen rasch löschte.

Der Aufprall auf dem Wasser hinterliess mir den Eindruck eines schweren Schlages auf den Kopf und die linke Schulter ... und dann tauchte ... tauchte ich in einer Masse dunklen Wassers.

Obwohl ich kein guter Schwimmer bin, machte ich, instinktiv, offenbar die richtigen Bewegungen, und mit grosser Mühe gelang es mir, wieder an die Oberfläche zu gelangen, wo um mich wieder alles hell war, ausge-

nommen das Wasser, das von einer dicken Schicht schmutzigen Öls bedeckt war. Ich bekam Angst, dass diese auf dem Wasser liegende Ölschicht Feuer fangen könnte ... Schwimmend schaute ich um mich, irgendeine Rettungsstelle zu entdecken. Die Nähe unseres Schiffes flösste mir kein Vertrauen ein, weil ich wusste, dass ein sinkendes Schiff in seinem Wirbel alles mit sich zieht. Mit starken Zügen schwamm ich vom Wrack weg gegen einen Haufen von Holztrümmern, die etwa 50 Meter vor mir im Wasser lagen. Ich kletterte auf dieses Holz und wartete, dass man zu meiner Rettung komme. Von dort aus konnte ich dem Untergang der "Generoso" zusehen. Das Schiff, das fast in der Mitte, dort wo sich die Explosion ereignet hatte, in zwei Teile getrennt worden war, versank rasch in den Fluten."

Schliesslich konnte Christian Schaaf, im Gegensatz zum Schiffskapitän, gerettet werden. Er wurde in ein Spital gebracht, wo dank guter Pflege seine Brandwunden soweit heilten, dass er bereits nach zehn Tagen mit einem schweizerischen Autotransport von Marseille in die Schweiz fahren durfte.

Motorenprüfstand

Im September 1944 konnte der beim Swissair-Hangar auf dem Flugplatz Dübendorf erstellte Motorenprüfstand in Betrieb genommen werden. Mit der Konstruktion der technischen Einrichtungen war die Firma Brown, Boveri & Cie. in Baden beauftragt worden. Pilot Hans Ernst, dipl. Techniker, wurde mit der Aufsicht über die Mitte 1943 begonnenen Bauarbeiten betraut. Nebst der Ankündigung, dass nach zwei erfolgreichen Prüfläufen die vorgesehene Subvention von Fr. 30'000.– ausbezahlt werde, benützte der Chef des Eidg. Luftamtes, Louis Clerc, die Gelegenheit, "... Herrn Ernst für seine Arbeit unsere Anerkennung auszusprechen".

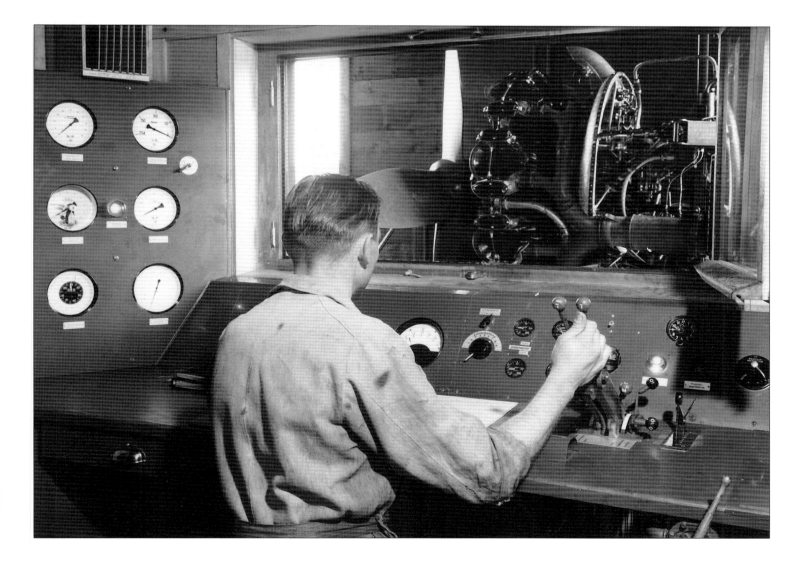

Der im September 1944 in Betrieb genommene Motorenprüfstand hinter dem Swissair-Hangar in Dübendorf. Durch ein schalldichtes Fenster beobachtet der mit dem Prüflauf beschäftigte Techniker das in einem gedeckten Betonkanal montierte Wright-Triebwerk. Die an den Instrumenten abgelesenen Leistungsdaten wurden von Hand notiert.
Für den Prüflauf wurden die Wright-Triebwerke mit einem speziellen, sog. Brems-Propeller ausgerüstet. Dieser hatte den Widerstand eines Flugzeugpropellers zu simulieren und für genügende Kühlung des luftgekühlten 9-Zylinder-Sternmotors zu sorgen.

Umbau Boeing B-17

Viel geschrieben – aber bei dem blieb es schliesslich – wurde über Pläne, nach schwedischem Beispiel einige notgelandete amerikanische Bomber vom Typ Boeing B-17 zu Verkehrsflugzeugen umzubauen. Genährt wurde diese Idee nicht zuletzt durch den Umstand, dass mit notgelandeten amerikanischen Bombern in der Schweiz Probeflüge durchgeführt wurden, wobei u.a. auch Flugkapitän Heitmanek während seiner Militärdienste als Flieger-Oberleutnant zum Einsatz kam. Zuerst war die Rede davon, aus drei beschädigten Maschinen ein einsatztaugliches Flugzeug zusammenzubauen. Dann wurde auch von mehreren Exemplaren gesprochen. Die Swissair erhielt von der schwedischen Fluggesellschaft AB Aerotransport, Stockholm, wohl technische Unterlagen, aber nicht die gewünschte personelle Unterstützung. Interessant ist, dass bei dieser Gelegenheit erstmals die Namen Carl Florman, Generaldirektor der ABA, und Peter H. Redpath, damals noch "Technical Executive, Transcontinental & Western Air, Inc., TWA", in den Akten der Swissair auftauchen. Diese beiden Herren haben in der Folge als Vorbild bzw. Berater für die Nachkriegsorganisation der Swissair eine bedeutende Rolle gespielt. Geschrieben wurde an das Eidg. Luftamt, an die Kriegstechnische Abteilung, an das Kriegs-Transport-Amt (sinnigerweise beide mit der Abkürzung KTA), an den Delegierten für Arbeitsbeschaffung und an das Politische Departement. Eine Hauptschwierigkeit zeigte sich bei den notwendigen Formalitäten für die Eigentumsübertragung, wobei sofort auch die Frage der Verzollung auftauchte. Und natürlich wäre eine Übernahme der Kosten durch den Bund Voraussetzung gewesen. Ende 1944 war man jedenfalls noch weit von einer Verwirklichung dieser Pläne entfernt.

1944, Umbau von "Fliegenden Festungen" B-17 in Passagierflugzeuge der schwedischen Fluggesellschaft ABA. Fünf in Schweden notgelandete amerikanische Bomber wurden verwendet, um daraus drei Verkehrsflugzeuge herzustellen. Angesichts der zahlreichen in Dübendorf parkierten amerikanischen Bomberflugzeuge interessierte sich auch die Swissair für diese Möglichkeit.

Start eines schwedischen B-17-Verkehrsflugzeuges. Die Betriebsbedingungen waren sehr ungünstig, verbrauchte dieses Flugzeug doch für den Transport von 14 Passagieren 700 Liter Benzin pro Flugstunde, während vergleichsweise mit einer DC-3 21 Passagiere mit der Hälfte dieses Verbrauchs – und erst noch wesentlich komfortabler – befördert werden konnten.

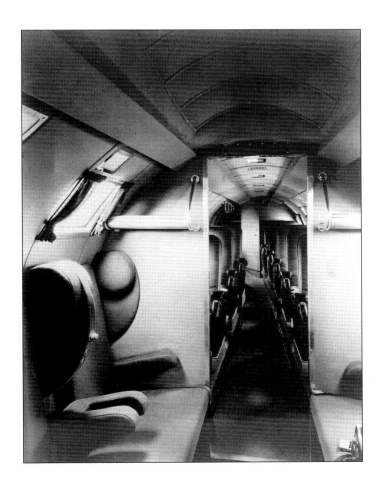

Blick in den Passagierraum des B-17-Verkehrsflugzeuges. Im Vordergrund der ursprüngliche Funkraum mit Sitzbänken links und rechts für je drei Passagiere. Der hintere Passagierraum war – in Flugrichtung gesehen – links mit fünf und rechts mit drei normalen Flugzeugsitzen, wie sie auch in Douglas-Flugzeugen verwendet wurden, ausgerüstet.

Fracht und Gepäck konnten mit einer elektrischen Hebevorrichtung in den ehemaligen Bombenschacht gehievt werden.

Eine "Mosquito" als Kurierflugzeug

Etwas verheissungsvoller stand es um die Idee, mit einem am 24. August 1942 in Bern notgelandeten englischen Mosquito-Aufklärer einen Kurierdienst nach England aufzuziehen. An einer Unterredung zwischen Direktor Groh und Oberstbrigadier von Wattenwyl, Chef der Kriegstechnischen Abteilung, die am 7. September in Bern stattfand, ging es zwar ziemlich ruppig zu und her.

"Oberstbrig. v. W. stellte fest, dass er als Chef der KTA allein über die Verwendung dieser Maschine verfügen könne. Diese sei nämlich von den Engländern für das schweiz. Militär angekauft worden. Herr Direktor Groh teilt mit, dass seines Wissens die Mosquito ebenfalls nur interniert sei, wogegen Oberstbrig. v. W. protestiert. Herr Direktor Groh legt ihm nun dar, dass die Swissair wie die Schweden beabsichtige, einen Kurierdienst nach England einzurichten, und deshalb wenn irgend möglich diese englische Maschine dazu verwenden möchte, wenn u. a. mit der englischen Besitzerin alles geregelt werden könnte. Herr Oberstbrig. v. W. wiederholt, dass die Moskito allein der KTA gehöre. Überdies verschanzt er sich hinter einige sehr durchsichtige Ausreden, wie: Der Kabinenraum sei sehr unbequem und eigne sich höchstens für Postsäcke, nicht aber für Passagiere, weiter: Der Auspufftopf sei nicht in Ordnung und die Kerzen der Motoren ebenfalls revisionsbedürftig, man könne gerade noch so für Versuchszwecke fliegen. Für einen Kurierdienst wäre sie aber keinesfalls flugbereit usw."

Später konnte man sich aber doch auf eine "leihweise Überlassung" einigen, und am 13. Oktober überflog Hptm. Läderach, Einflieger bei der KTA, zusammen mit Swissair-Pilot Hans Ernst, die Mosquito von Emmen nach Dübendorf, wo die Original-Funkausrüstung ausgebaut und durch eine Philips-Anlage ersetzt wurde. Die Zuteilung der zivilen Immatrikulation HB-IMO fand dann im Januar, die Umschulung einer Anzahl Swissair-Piloten im März 1945 statt. Der vorgesehene Kurierdienst wurde jedoch nie aufgenommen.

Eine im August 1942 in Bern notgelandete englische Mosquito-Maschine wurde für den Einsatz als Kurierflugzeug vorgesehen und für das Pilotentraining sowie einige Anpassungsarbeiten der Swissair übergeben. Der Kurierdienst mit der zivil immatrikulierten HB-IMO wurde jedoch nie aufgenommen.

Die Konferenz von Chicago

Die Hinreise mitten im Krieg

Zur "International Civil Aviation Conference" in Chicago, vom 1. November bis 7. Dezember 1944, wurde auch die Schweiz eingeladen. Und diese Einladung wurde auch aufrechterhalten, als die Sowjetunion für ihre Teilnahme zur Bedingung machte, dass die Schweiz, Portugal und Spanien nicht dabeisein dürften, weil sie diese Staaten der Zusammenarbeit mit Nazi-Deutschland während des Krieges bezichtigte. In der Folge boykottierten die Russen die Konferenz. Von der Schweiz aus machten sich Prof. Amstutz, Delegierter des Bundesrates für Zivilluftfahrt, Oberst Clerc, Chef des Eidg. Lufamtes, und Sektionschef Merimod von der Abteilung für Auswärtiges des Politischen Departementes, auf den Weg. Schon die Reise war ein Abenteuer. Die vielen Kriegsschäden verzögerten die Autofahrt durch Frankreich beträchtlich. So blockierte z.B. in Avignon ein Panzer die Brücke über die Rhone, was eine Rückfahrt bis Montélimar und Rhoneüberquerung auf schwankender Hilfsbrücke bedingte. Anstatt die Reise ab Barcelona per Flugzeug fortzusetzen, musste der Verspätung wegen mit dem Kurierwagen der Gesandtschaft nach Madrid gefahren werden. *"Am folgenden Tag konnten wir* (Bericht Prof. Amstutz) *ausgerechnet mit einer DC-3 der deutschen Lufthansa nach Lissabon weiterfliegen. Ausser uns waren keine Passagiere an Bord, nur Fracht, und die Besatzung sprach kein Wort mit uns."*

Die Weiterreise ging an Bord eines Flugbootes, des berühmten Panam-Clippers Boeing 314, vonstatten. In mehreren Etappen führte der Flug via Dakar und Bolama in Portugiesisch Neu-Guinea über den Südatlantik nach Natal, Belem, Port of Spain auf Trinidad, San Juan auf Puerto Rico und Bermuda nach New York. Auf dem letzten Teilstück waren die Fenster verhängt worden, um den Passagieren den Blick auf eventuell auslaufende Geleitzüge zu verwehren.

Im Oktober 1944 reiste eine Dreier-Delegation aus der Schweiz an die "International Civil Aviation Conference" nach Chicago. Bei der Ankunft in Chicago wurden sie vom ehemaligen Swissair-Direktor Henry Pillichody begrüsst, der als Vertreter der Schweizer Zentrale für Verkehrsförderung in den USA ebenfalls an der Konferenz teilnahm. Auf dem Foto von links: Louis Clerc, Chef des Eidg. Luftamtes, Prof. Eduard Amstutz, Delegierter des Bundesrates für die Zivilluftfahrt, und Legationsrat Merimod.

1944: Das sechste Kriegsjahr

Die Konferenz zur Gründung der ICAO

Delegationschef war der Schweizer Gesandte Minister Bruggmann, der die Schwester des damaligen Vizepräsidenten der USA, Henri Wallace, zur Frau hatte. Mitglied der Delegation war auch Henry Pillichody, als Vertreter der Schweiz. Zentrale für Verkehrsförderung in den USA. Zur Konferenz selbst schreibt Prof. Amstutz:
"Es war ein grossartiger Beweis ihrer Stärke und Zuversicht, dass die Vereinigten Staaten es wagten, im November 1944 eine Konferenz zur Gestaltung der internationalen Zivilluftfahrt abzuhalten. Wie der Krieg in Europa ausgehen werde, stand einigermassen fest. Den Amerikanern stand aber noch die Hauptlast der Niederringung des Gegners im Fernen Osten bevor ... Das angestrebte Ziel einer multilateralen Lösung der politischen und wirtschaftlichen Probleme konnte nicht erreicht werden. Hingegen gelang es doch, Grundlagen für die bilaterale Regelung zu schaffen, ein allseits verständliches Vokabular zu erstellen und eine internationale Zivilluftfahrtbehörde, die PICAO (Provisional International Civil Aviation Organization), auf die Beine zu stellen, welcher die grundlegenden technischen und operativen Vorschriften zur Weiterbearbeitung übergeben werden konnten ... Die Plenarsitzungen entbehrten nicht einer gewissen Feierlichkeit. Unsere Nachbarn waren die Engländer, lauter nette Leute, mit Ausnahme ihres Chefs, Lord Swinton, der so vornehm war, dass er uns nie auch nur eines Blickes würdigte. Sonst herrschte überall ein zuvorkommender Umgangston."

Pillichody kommentierte in einem Brief vom 21. Dezember an die Legation in Washington u.a. wie folgt:
"Ich hoffe, dass man sich in der Schweiz aufraffen wird und die Möglichkeiten, die uns die Ergebnisse der Chicagoer-Konferenz geben, zu unseren Gunsten zu entwickeln verstehen wird. Man sollte ohne Zögern an die Verwirklichung eines Grossflugplatzes treten. Wird eine solche Anlage nicht geschaffen, so ist der Anschluss der Schweiz an das interkontinentale Flugliniennetz nicht möglich ... Ernste Vorbereitungen, das schweizerische Flugliniennetz über Europa hinaus zu entwickeln, sind nicht gemacht worden ... Die Swissair hat diese Frage überhaupt vernachlässigt."

Die Rückreise

Die Rückreise der Dreierdelegation in die Schweiz ging wesentlich schneller vor sich als die Hinreise. Der Flug wurde mit einer C-54 (Militärversion der Douglas DC-4) des Air Transport Command der US-Army, mit Zwischenlandungen auf Bermuda und den Azoren, durchgeführt. Es gab aber auch hier Schwierigkeiten, indem in Paris des schlechten Wetters wegen nicht gelandet werden konnte und nach England auf einen Bomberstützpunkt in Wales ausgewichen werden musste. Die Ardennenschlacht war in vollem Gange und auf dem Militärflugplatz herrschte Hochbetrieb, mit nächtlichen Bruchlandungen heimkehrender Bomber usw. Am nächsten Tag konnte der Flug nach Paris fortgesetzt werden. Dann ging es mit einem überfüllten Nachtzug bis Dijon, von dort mit einem Weapon-Carrier der US-Army nach Les Verrières, per Taxi nach Neuenburg und schliesslich mit dem letzten Zug nach Bern und Zürich. Das war am Heiligen Abend 1944.

Ovomaltine und Jahresabschluss

"Rundschreiben
In den vergangenen Monaten war es uns möglich, sukzessive einen kleinen Vorrat an "Ovomaltine" anzulegen, in der Meinung, ihn im Weihnachtsmonat an die kinderreichen Swissair-Familien zur Verteilung zu bringen. Da nunmehr die kältere Witterung angebrochen ist, möchte ich nicht länger damit zuwarten, um diesen bescheidenen Vorrat dem gedachten Zweck hiemit zuzuführen. Leider erlaubt es mir die zur Verfügung stehende Anzahl Büchsen, nur diejenigen Swissair-Familien mit zwei und mehr Kindern zu berücksichtigen. Indem ich Ihnen frohe Festtage wünsche, begrüsse ich Sie mit vorzüglicher Hochachtung, gez. E. Groh."

"An das Personal der Swissair!
Wir stehen am Ende des Jahres 1944; es war das 25. Jubiläumsjahr des schweizerischen Luftverkehrs. Mit der Durchführung des Erinnerungsfluges von Zürich nach Genf wurde dieses Ereignis besonders gekennzeichnet. In diesem Jubiläumsjahr, welches mit dem 5. Kriegsjahr zusammenfällt, haben wir als Folge der Kampfhandlungen den Verlust eines unserer Flugzeuge zu bedauern ... Seit vier Monaten ist unser Flugbetrieb stillgelegt. Für ein Festjahr sind dies betrübliche Feststellungen ... Gerne hätten wir vor dem Übergang des schweizerischen Luftverkehrs in sein zweites Vierteljahrhundert im Kreise unseres Personals das Jubiläum gefeiert. Die Umstände waren aber dazu nicht geeignet. Darum ist es uns heute eine besondere Genugtuung, auf Grund des Jahresergebnisses – es wurde durch den Ertrag aus dem Jubiläumsflug ganz unerwartet günstig beeinflusst – die Verteilung einer Weihnachtsgratifikation vornehmen zu können ... Gleichzeitig entbieten wir Ihnen und Ihren Angehörigen anlässlich der bevorstehenden Weihnachtstage und des Jahreswechsels unsere aufrichtigen Wünsche."

1945
Das letzte Kriegsjahr

1945

2. Mai:
Berlin kapituliert.

7. Mai:
Gesamtkapitulation der deutschen Wehrmacht in Reims.

9. Mai:
Gesamtkapitulation der deutschen Wehrmacht in Berlin.

14. August:
Bedingungslose Kapitulation Japans.

Kriegsende und Nachkriegsplanung

Pillichody schreibt und schreibt ...

Anfangs 1945 versank Europa in einem unbeschreiblichen Chaos, mit Hunderttausenden von Flüchtlingen, Gefangenen und Toten, bei Rekordschneemengen, Tiefsttemperaturen und anschliessenden Überschwemmungen. Bei uns in der Schweiz war der "Normalbürger" kaum mehr imstande, all die Meldungen vom Kriegsgeschehen zu begreifen und zu verarbeiten. Wie grauenvoll das alles war, konnte oder wollte man sich einfach nicht vorstellen bzw. eingestehen. Ausserdem bemühte sich die strikte Zensur immer noch, den grossdeutschen Nachbarn nicht unnötig zu reizen. Dass Deutschland am Ende war, blieb jedoch niemandem verborgen, und wer sich – besonders in oberen Wirtschafts-, Politiker- und Militärkreisen – während Jahren in Bücklingen gen Norden geübt hatte, musste endgültig die Himmelsrichtung wechseln. Vorrang hatte jetzt die Planung der in absehbare Nähe gerückten Nachkriegszeit.

Bezüglich Luftverkehr war soeben die Konferenz von Chicago zu Ende gegangen, und in der Schweiz befasste man sich damit, deren Ergebnisse zu analysieren. Henry Pillichody schrieb vielseitige, engagierte Berichte aus New York an das Eidg. Luftamt und an den Delegierten des Bundesrates für die zivile Luftfahrt, Prof. Eduard Amstutz. *"Hoffentlich werden wir mit unserem Luftverkehr nicht vollkommen ins Hintertreffen gelangen"*, heisst es in einem Brief vom 29. Januar an Amstutz. *"Die Swissair ist (in den USA) leider nicht besonders gerne gesehen; ich habe Ihnen dies schon früher gesagt. Ich habe schon im Jahre 1942 anlässlich von privaten Unterhaltungen in Bern und anderswo mit Angehörigen der amerikanischen und englischen Legationen Verschiedenes gehört, was von Seiten der Alliierten nicht geschätzt wurde. Die Swissair, wie viele andere Unternehmungen der Schweiz, befand sich in einer Zwangslage, aber gewisse Sachen hätte sie vermeiden können und sollen."*

Nochmals Utzenstorf vs. Kloten

Pillichody war ein überzeugter Verfechter des Projektes Zentralflughafen Utzenstorf, und als der Nationalrat am 21. März 1945 die Botschaft des Bundesrates über den Ausbau von Zürich-Kloten und Genf zu internationalen Flughäfen (unter Verzicht auf Utzenstorf) genehmigte, liess er in einem Bericht an die Direktion der Schweiz. Zentrale für Verkehrsförderung seinem Ärger freien Lauf. Prof. Amstutz sah sich gezwungen zu reagieren und schrieb an Pillichody u.a. wie folgt: *"Recht betroffen war ich über Ihre Stellungnahme zur schweizerischen Flugplatzfrage ... Sie stellen dort den Chef des Eidg. Post- und Eisenbahndepartementes (Bundesrat Celio), Herrn Clerc und mich in ein recht schiefes Licht, ich glaube sehr zu unrecht ... Seitdem es möglich ist, in nächster Nähe von Zürich einen Flughafen zu errichten, der allen Anforderungen an einen Flughafen der Klasse A genügt, hat es keinen Sinn mehr, einen solchen bei Utzenstorf erzwingen zu wollen. Die Abstimmungen in den parlamentarischen Kommissionen und im Nationalrat haben deutlich gezeigt, dass dies allseitig anerkannt wird. Auch die Berner Vertreter haben eingesehen, dass heute für Utzenstorf keine Chance mehr besteht, und sich daher auch nur mehr schwach verteidigt ... Dass der Bund allein aus eigenen Mitteln einen Grossflughafen baut und betreibt, ist bei der heutigen Finanzlage ausgeschlossen. Wir müssen froh sein, dass der finanzkräftige Kanton Zürich bereit ist, grosse Lasten auf sich zu nehmen."*

Zögernde Swissair

Für die Swissair entwickelte sich das letzte Kriegsjahr zum exakten Spiegelbild des ersten: 8 Monate intensiver Flugbetrieb und 4 Monate totaler Unterbruch für 1939, 4 Monate totaler Unterbruch mit anschliessenden 8 Monaten Flugbetrieb für 1945. Anfangs Jahr lebte man jedoch sehr in der Gegenwart und wagte kaum einen positiven Zukunftsgedanken zu hegen oder gar an die Wiederaufnahme des Luftverkehrs zu denken. *"Noch in der Zeit vom Januar bis Mai bestanden keinerlei Aussichten, dass in absehbarer Zeit, als Folge eines plötzlichen Kriegsendes in Europa, sich die Grenzen wieder öffnen würden und an die unmittelbare Wiederaufnahme eines regelmässigen internationalen Streckenbetriebes gedacht werden konnte."* So nachzulesen im Bericht über das Geschäftsjahr der Swissair für das Jahr 1945. Längere Zeit träumte man offenbar immer noch von der bereits in der Chronik für 1944 erwähnten Kurier-Verbindung nach London mit einer englischen Mosquito-Maschine, wurden doch am 20. März 1945 fünf Swissair-Piloten auf dieses Flugzeug umgeschult, am 22. März und am 5. April noch Funk-Probeflüge durchgeführt. Dann verschwand dieses Projekt von der Bildfläche.

Wildes Flugmanöver mit Folgen

In diesem Zusammenhang sei hier eine kleine Flieger-Anekdote eingefügt, die sich anlässlich des ersten dieser Probeflüge ereignete. Der Pilot, Hans Ernst, wollte dem mit den Funkversuchen beauftragten Bordfunker Paul Auberson mit wilden Flugmanövern imponieren. Dabei kam dem guten Paul, ohne dass es ihm eigentlich schlecht wurde, einfach so, der Magen hoch, wobei sich der Inhalt fataler-(oder gerechter-)weise über das makellos saubere Combi des Piloten ergoss. Dieser hatte dann nach der Landung dem Bodenpersonal gegenüber seine liebe Mühe, die Schmach von sich zu weisen, luftkrank geworden zu sein.

Die Arbeitsaufträge von Dritten

Guten Erfolg hatte die Swissair mit den sog. "Arbeitsaufträgen von Dritten". Nach der Fertigstellung von Umänderungsarbeiten an 46 Morane-Jagdflugzeugen erteilte die Eidg. Flugzeugfabrik in Emmen einen weiteren Serie-Auftrag für Normalisierungsarbeiten an Militärflugzeugen des Typs C-3603, und für den Armeeflugpark wurden diverse Revisions- und Kontrollarbeiten durchgeführt. Insgesamt ergab dies Einnahmen per 1945 von Fr. 272'000.–. Zudem kassierte die Swissair Fr. 227'000.– für Bergungs- und Demontage-Arbeiten an internierten amerikanischen Bombern. Gemäss Jahresbericht *"darf das finanzielle Ergebnis aus diesen Durchhalte-Aktionen als befriedigend bezeichnet werden"*.

Eine willkommene Beschäftigungs- und Einnahmequelle für die Swissair bildeten die Wartungs- und Demontage-Arbeiten an notgelandeten amerikanischen Bombenflugzeugen. Innerhalb der Swissair wurde für diesen Auftrag das sog. Bomber-Detachement gebildet. Bei den Leuten, die sich hier um das Fahrwerkrad einer "Fliegenden Festung" gruppiert haben, handelt es sich um Bordfunkeraspiranten, die mangels Fluggelegenheit diesem Detachement zugeteilt wurden. Von links unten im Uhrzeigersinn: Hans Jörg, Sepp Wenzinger (Chefmechaniker), Hans Gabathuler, Werner Tschannen, Hans Weidmann.

1945: Das letzte Kriegsjahr

Eine Ansammlung notgelandeter amerikanischer Bomberflugzeuge (ausser einer B-17 "Flying Fortress" alles B-24 "Liberator") auf dem Fluplatz Dübendorf.

Drei in Dübendorf notgelandete Boeing B-17 "Fliegende Festung", hier neben dem Swissair-Hangar in Dübendorf parkiert.

Wiederaufnahme des Luftverkehrs

Mit der Einstellung der Feindseligkeiten anfangs Mai trat sofort eine starke Nachfrage nach raschen und sicheren Beförderungsmöglichkeiten zwischen der Schweiz und dem südwestlichen und westlichen Europa auf. Erfreulicherweise konnten, dank intensiver Unterstützung von behördlicher Seite, sehr bald Sonderflugbewilligungen erlangt werden. Bereits am 11. Mai, nur drei Tage nach dem "Victory-Day", startete eine Swissair-DC-3, unter dem Kommando von Flugkapitän Nyffenegger, in Genf zu einem ersten von drei Sonderflügen nach Lissabon, mit Zwischenlandungen in Lyon, Marseille und Barcelona. Ausserdem gab es acht Sonderflüge nach Barcelona, einen nach Tunis, dreizehn nach London und elf von Zürich via Amsterdam nach Malmö. Nachdem das "Supreme Headquarters Allied Expeditionary Forces, SHAEF" im Juli 1945 die Freigabe des Luftraumes in Europa über den befreiten Ländern – nicht aber über den besetzten Gebieten Deutschland, Italien und Österreich – verfügt hatte, war die Swissair die erste Fluggesellschaft, die flugplanmässig Paris anfliegen durfte. Das war am 30. Juli 1945. Es folgten Amsterdam ab 19. September und London ab 29. September. Die Auslastung betrug sagenhafte 94,88%, was zusammen mit beträchtlichen Tariferhöhungen bewirkte, dass der Durchschnittsertrag pro Kilometer Streckenflug auf Fr. 7.01 kletterte, verglichen mit Fr. 2.– im Rekord-Vorkriegsjahr 1938! Das Total der Einnahmen aus dem Flugbetrieb war dementsprechend hoch: Fr. 2'135'459.– aus dem Streckenbetrieb plus Fr. 668'392.– aus Sonderflügen. Zu letzteren gehörten auch Flüge mit der Dragon D.H.89 HB-APA im Auftrag der Firma I.R. Geigy A.G., Basel. Es handelte sich dabei um Spray-Versuche mit Insektenvertilgungsmitteln.

Endlich wird wieder geflogen! Startvorbereitungen an einer DC-2 auf dem Flugplatz Dübendorf, wo – wie in Genf – bald nach Kriegsende Swissair-Flugzeuge für Sonderflüge zum Einsatz gelangten.

Am 19. Juli 1945 flog erstmals wieder ein Swissair-Flugzeug, eine DC-3, nach London um auf dem Flugplatz Croydon eine englische Fussballmannschaft abzuholen. Die Besatzung bestand aus Flugkapitän Franz Zimmermann und den beiden Bordfunkern Werner Wegmann und Jules Gloor. Hier die Sportler aus England bei der Ankunft in Dübendorf, wo sie von Vertretern des Schweiz. Fussball- und Athletikverbandes sowie des Schweizerischen Landesverbandes für Leibesübungen empfangen wurden. Die Rückreise erfolgte, wiederum als Sonderflug, am 25. Juli 1945.

Eröffnung einer regelmässigen, einmal wöchentlichen Flugverbindung Stockholm–Genf am 6. September 1945, durch eine der in Schweden für den Einsatz als Passagierflugzeug umgebauten "Fliegende Festung" Boeing B-17.

Wieder emsiges Treiben auf dem Flugplatz Dübendorf: Nach der Ankunft einer DC-3 sind – unter Aufsicht eines Zollbeamten – nicht weniger als fünf Personen mit dem Ausladen des Gepäcks aus dem vorderen Frachtraum einer DC-3 beschäftigt

1. Oktober 1945: Start einer Douglas DC-4 der Trans World Airlines auf der neuen Betonpiste in Genf-Cointrin. Viel früher als vor allem auch von der Leitung der Swissair erwartet, war damit der interkontinentale Luftverkehr für die Schweiz Tatsache geworden.

Flugkapitän Ernst Nyffenegger (1900–1976), Flugpionier, ab 1926 Streckenpilot bei der Balair, später bis nach Kriegsende Chefpilot der Swissair. Im Einsatz auf vielen Erst- und Sonderflügen mit entsprechenden Erwähnungen in der Presse. So war er auch am 11. Mai 1945 Kommandant des ersten Swissair-Auslandfluges nach Kriegsende (Sonderflug nach Barcelona). Nyffenegger hatte (wie früher Walter Mittelholzer) Sinn für gute "Public Relation". Büroarbeit war hingegen nicht seine Stärke.

Piloten und Bordfunker

Anton von Tscharner beschwert sich

Im Pilotenkorps gab es bereits nach dem ersten Lissabon-Sonderflug Unruhe. Als Kommandant für den zweiten Flug war Anton von Tscharner vorgesehen. Bei der Einholung der notwendigen Bewilligungen wurde durch ein Versehen zwischen dem Eidg. Luftamt und dem Politischen Departement jedoch wiederum Nyffenegger als Pilot angegeben. Um die Sache nicht zusätzlich zu komplizieren, wollte man bei der Swissair an diesem Einsatz festhalten. Von Tscharner, der den Änderungsgrund nicht kannte, schrieb daraufhin einen wütenden Brief an Direktor Groh, mit Kopie an Chefpilot Nyffenegger und Mitteilung an Navigationschef Franz Zimmermann. Er bezichtigte die älteren Piloten der Unkameradschaftlichkeit und wollte ein für allemal abgeklärt haben, ob die jungen Piloten jedesmal auf Willkür eines älteren Kollegen hin wieder vom Einsatz zurückgezogen werden können *"und ob man diesen jungen Piloten überhaupt die Fähigkeit abspricht, eine Strecke ins Ausland befliegen zu können"*. Ausserdem drohte er mit Meldung an das Eidg. Luftamt. Das Ganze endete mit gegenseitigen Entschuldigungen. Die eidg. Ämter zeigten sich kooperativ, so dass schliesslich von Tscharner seinen Flug doch noch erhielt. In einem siebenseitigen Protokoll wurde diese immens wichtige Angelegenheit sorgfältigst festgehalten. Die Seite acht war den "Spannungen zwischen Herrn Zimmermann und Herrn Nyffenegger" gewidmet.

Walter Borner zögert

Als nicht sehr pflegeleicht erwies sich auch Flugkapitän Walter Borner. Im Zusammenhang mit seinem Domizilwechsel nach Genf lavierte er zwischen einem Angebot für eine definitive Anstellung beim Armeeflugpark, für welchen er während der Kriegsjahre tätig war, und einer Rückkehr zur Swissair hin und her. Am liebsten hätte er sich beide Optionen offengehalten, den Batzen und das Weggli sozusagen. Schliesslich entschloss er sich doch für die Swissair. Auch diese Angelegenheit ist von Hedwig Brack, wie immer sehr genau und ausführlich, protokollarisch festgehalten worden.

Christian Schaaf möchte wieder fliegen

Wesentlich weniger aggressiv waren die Bemühungen des ehemaligen Chef-Funkers Christian Schaaf, endlich wieder den ersehnten Flugdienst aufnehmen zu können und vom Schiffsfunkdienst loszukommen. In diesen war er nach der Genesung von seinem "Höhenflug" beim Untergang der "Generoso" nämlich wieder zurückgekehrt. Wie es seine Art war, brachte er sich selbst in unnötige Schwierigkeiten, diesmal durch die voreilige Kündigung seiner Stelle bei der Maritime Suisse, ohne vorherige Rücksprache mit der Swissair. Unterwegs mit der S/S "Zürich", dem ältesten Schweizer Dampfer, schrieb er an Direktor Eugen Groh Briefe voll Hoffnung, aber auch voll Sorge um seine Zukunft: *"... möchte ich aber auch hier bemerken, dass ich glücklich bin, wenn ich als <u>einfacher Bordfunker</u> in diesen Berufszweig zurückkehren kann, an dem ich mehr als an allem anderen hänge. Ob ich wieder fliegen kann wie meine Kollegen, ob ich nochmals eine Chance habe, ein neues Leben zu beginnen ..."*

Mit seiner Frau scheint er sich nicht abgesprochen zu haben, schrieb diese doch gleichzeitig an die Direktion der Swissair (Originaltext französisch): *"Da ich seinen Charakter gut kenne, bin ich überzeugt, dass er keine Stelle als einfacher Bordfunker annehmen wird, um wieder bei Null anzufangen, nachdem er den durch seine Arbeit und seine Aufopferung erworbenen Platz als Chef durch einen anderen besetzt fand."* Christian Schaaf war ein ausserordentlich liebenswürdiger, treuherziger Mensch. 1946 konnte er seine geliebte Tätigkeit im Flugzeugcockpit, wenn auch als "simple radio", wieder aufnehmen.

Telegrafie vs. Telefonie

Zum Kapitel "Piloten und Bordfunker" gehört schliesslich noch die Korrespondenz zwischen Henry Pillichody und dem Eidg. Luftamt bezüglich zukünftigem Funkverkehr. Übereinstimmend wurde die amerikanische Präferenz der Telefonie verurteilt. Q-Code und die bewährte Telegrafie fand man wesentlich effizienter und sicherer. *"... die einzige vernünftige Lösung ist die Anwendung von Telegraphie unter Benützung des Q-Codes. Wir werden diesen Standpunkt immer vertreten, ob sich nun der Verkehr auf Mittel-, Kurz- oder Ultrakurzwellen abspielen wird."* So zu lesen in einem Schreiben des Chefs des Flugsicherungsdienstes im Eidg. Luftamt, Ing. Peter Senn. Pillichody konstatierte *"mit Genugtuung und Freude, dass sich unsere Auffassungen in dieser Angelegenheit absolut und gänzlich decken. ... Es ist mir hier Gelegenheit gegeben worden, sogenannte "Control-towers" zu besichtigen, und ich muss offen gestehen, dass ich immer den Eindruck hatte, mich in einem Papageienkäfig zu befinden! Es ist überhaupt für mich ein Rätsel, wie die Amerikaner ... es fertig bringen, Flugzeuge ohne Sicht mit Sicherheit in den Platz zu lotsen."* In dieser Hinsicht hat sich Pillichody getäuscht, wie später auch die Aeropers, die Vereinigung des Cockpitpersonals der Swissair. Deren Einfluss war es zuzuschreiben, dass ein Teil der Swissairflugzeuge bis Ende 1948, als letzte in ganz Europa, ohne Funksprechausrüstung auf Strecke gingen.

Gründung der Aeropers

Zur Aeropers hatte sich das Cockpitpersonal der Swissair im Juli 1945 zusammengeschlossen, und zwar um beim Verwaltungsrat Protest einzulegen gegen die vorgesehene Ernennung von Oberst Karl Wuhrmann, Instruktionsoffizier, zum technischen Direktor. Oberst Wuhrmann hatte sich während des Krieges bei den Besatzungen der Swissair durch versuchte Einmischung in ihren Arbeitsbereich – so verlangte er z.B. Einsichtnahme in die Funkprotokolle aller Streckenflüge – sehr unbeliebt gemacht. Die eigentliche Gründungsversammlung der Aeropers fand am 10. November 1945 statt. Präsident wurde der rührige Flugkapitän Robert Fretz, der sich, im Gegensatz zur Geschäftsleitung, geradezu leidenschaftlich für eine dynamisch geführte Swissair mit einem interkontinentalen Streckennetz einsetzte.

Verschiedenes

Lumpen im Motorgehäuse

Bericht von Pilot Anton von Tscharner an die Direktion der Swissair betreffend Motorpanne DC-3 HB-IRE vom 7. Juli 1945: *"Der Sonderflug Genf–Barcelona verlief bis Marseille ohne Störung. Ca. 20 Minuten nach dem Start in Marseille, in 2'000 m Höhe über dem Mittelmeer, um 10.31 MEZ, stieg die Öltemperatur am rechten Motor plötzlich auf über 100°, gleichzeitig sank der Öldruck und begann das Warnlicht zu leuchten. Ich nahm sofort Gas zurück, während Flugkapitän Fretz und Funker Gloor hinausschauten und sahen, dass das Öl wie ein Regenschirm aus dem Dorn herausspritzte. Der Motor wurde sofort abgestellt und auf Segelstellung gebracht. ... Ich war inzwischen auf Gegenkurs gegangen und landete um 10.58 MEZ wieder glatt in Marseille. Dort wurden wir von amerikanischen Flugzeugwarten empfangen. ... Der Tagesoffizier stellte uns 5 Mann mit 2 Jeeps, 1 Traktor, 1 Kompressoranlage, Werkzeug und Benzin etc. zur Verfügung. Als Ursache des Ölverlustes wurde festgestellt, dass der Ölfilter durch Stoffreste völlig verstopft war. Da an dem Motor 2 Tage vorher sämtliche Zylinder heruntergenommen worden waren, muss bei dieser Arbeit ein Lumpen ins Motorgehäuse gelangt sein. Nach Behebung der Verunreinigung lief der Motor wieder einwandfrei, so dass der Flug fortgesetzt werden konnte."*

Pilatus SB 2 "Pelikan"

Im Juni 1945 führte Flugkapitän Nyffenegger die abschliessenden Versuchsflüge mit dem Flugzeug der Pilatus-Werke in Buochs, der HB-AEP, SB 2 "Pelikan", durch. Anschliessend wurde das Flugzeug der Alpar übergeben und durch den Alpar-Piloten Pierre Robert nach Bern überflogen.

Bericht betreffs B-17

Im Zusammenhang mit den Plänen für einen eventuellen Umbau amerikanischer B-17-Bomber für den zivilen Einsatz schrieb Flugkapitän Heitmanek im Juli 1945, im Auftrag der Direktion der Swissair, einen ausführlichen Bericht über seine Erfahrungen mit Starts und Landungen auf dem Flugplatz Dübendorf mit diesem Flugzeug-Typ. Nebst positiven Aspekten ist auch viel von Risiken und Gefahren die Rede. Das Umbauprojekt wurde bekanntlich nie verwirklicht.

B-17-Probeflug mit Nebelauge

Am 27. Februar 1945 war die zur amerikanischen "Bomb Group 99" gehörende Boeing B-17G, Nummer 44-8187, nach einem Bombenangriff gegen Augsburg schwer beschädigt in Dübendorf gelandet. Dieses Flugzeug erregte besonderes Interesse, weil es als sog. "Pathfinder" mit modernsten Navigations- und Radar-Einrichtungen ausgerüstet war. Die in der Schweiz bisher noch nie gesehenen Geräte wurden ausgebaut und am Institut für Hochfrequenz der Eidg. Technischen Hochschule (ETH) in Zürich, unter der Leitung von Prof. Tank, untersucht. Es handelte sich vor allem um das Langstrecken-Navigationsgerät GEE (Loran) und um das sog. Nebelauge, ein Radar-Gerät, das es der Besatzung ermöglichte, auch bei einem Flug in oder über den Wolken Küstenlinien, grosse Städte und Flussläufe sowie Seen zu erkennen. Nach gründlichem Studium der komplizierten Anlagen wurden diese wieder in die "Fliegende Festung" eingebaut und anlässlich eines Test-Fluges am 5. Juni 1945 ausprobiert. Der Flug stand unter dem Kommando von Oberst Högger, der zusammen mit Oberst Burkhard die inzwischen mit dem schweizerischen "Neutralitätsanstrich" versehene B-17 auch pilotierte. Mit von der Partie waren Prof. Tank und drei junge Ingenieure, die sich an der ETH mit den Geräten befasst hatten. Einer dieser Ingenieure, Hans Jenny, machte während des Fluges zahlreiche Fotos, von welchen einige hier erstmals zur Veröffentlichung gelangen. Jenny reiste im Januar 1946 nach den USA, wo er eine Anstellung bei RCA (Radio Corporation of America) in der Mikrowellenabteilung einer Elektronenröhren-Fabrik fand. In der Folge war er dort u.a. massgebend an der Entwicklung des Wetter-Radars für Verkehrsflugzeuge, einem Nachfolgegerät des "Nebelauges", beteiligt, mit welchem ab 1956 auch die Flugzeuge der Swissair ausgerüstet wurden.

Über Uster nach dem Start in Dübendorf. Blick aus dem Navigationsraum der B-17 auf die beiden linken Triebwerke.

Die Boeing B-17G-50-VE (44-8187) im schweizerischen Neutralitätsanstrich vor dem Testflug am 5. Juni 1945 in Dübendorf. Das erste 4 der Nummer auf dem Seitensteuer ist der Übermalung mit dem Schweizerkreuz zum Opfer gefallen. Direkt unter der Flügelhinterkante ist unterhalb des Rumpfes der eingezogene Parabolspiegel des "Nebelauges" zu erkennen.

Hans K. Jenny, geb. 1919, dipl. Ing. ETH, war 1945 bei Prof. Tank am Institut für Hochfrequenz der Eidg. Techn. Hochschule als Assistent tätig. Er wirkte an allen Untersuchungen der B-17-Geräte mit und nahm an Probeflügen teil. In den USA war er später massgebend an der Entwicklung des Wetter-Radars für Verkehrsflugzeuge beteiligt.

Der zu Versuchszwecken an der ETH in einen Holzrahmen eingebaute Parabolspiegel (mit Doppeldipol) des "Nebelauge"-Radar-Gerätes.

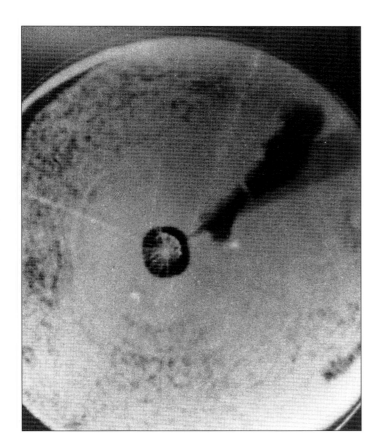

Aufnahme des Radarbildes im Flug bei 5 Meilen (ca. 8 km) Reichweite. Deutlich ist der Greifensee als dunkle Fläche erkennbar.

Brand im Zwischenlager

Am 18. August 1945 kam es zu einem heftigen Brand im sog. Zwischenlager beim Swissair-Hangar. Am 31. August erhielten die an den Löscharbeiten Beteiligten ein Zirkularschreiben: *"Durch Ihre Hilfeleistung und diejenige aller Mitbeteiligten ist es gelungen, den Schaden innerhalb gewisser Grenzen zu halten und den Verlust von Flugzeugen zu vermeiden. Dafür danken wir Ihnen und bitten Sie, als äusseres Zeichen unserer Erkenntlichkeit den mitfolgenden Betrag von Fr.5.– entgegennehmen zu wollen. Die beiliegende Quittung belieben Sie mit Ihrer Unterschrift versehen an unsere Lohnbuchhaltung zurückzugeben.*

Das brennende Lagergebäude zwischen Swissair-Werft und -Hangar. Der angerichtete Schaden war beträchtlich.

Dem schnellen und wirkungsvollen Einsatz der Betriebsfeuerwehr war es zu verdanken, dass der Brand nicht auf die Hangars übergriff.

Chaos, Russ und Rauch im ausgebrannten Zwischenlager.

Rauchendes Lagergut auf dem Vorplatz der Swissair-Werft und Einvernahme zur Abklärung der Brandursache.

Die Weihnachtsgratifikation

war wesentlich grosszügiger als die "Erkenntlichkeit" fürs Feuerlöschen. Sie betrug für den Empfänger der oben erwähnten fünf Franken immerhin Fr. 250.–. Dazu gab es noch einen Swissair-Kalender, eine Broschüre "Das Flugzeug" "*und für die Küche Backmehl und Weissmehl*".

Wie weiter?

So ging das letzte Kriegsjahr für die Swissair zu Ende. Jetzt galt es, im mächtig aufkommenden Nachkriegsluftverkehr den Platz zu behaupten. Ganz untätig war man bezüglich Nachkriegsplanung nicht geblieben: Inkl. Nachwuchsleute war der Bestand an Piloten gegenüber 1939 von 11 auf 17, an Bordfunkern von 7 auf 19 und beim technischen Personal von 72 auf 104 erhöht worden. Im Gegensatz etwa zur holländischen KLM oder der skandinavischen SAS blieb bei der Swissair aber alles kleinkariert, auf Europa fixiert. Dabei hatte Pillichody von New York aus wiederholt geradezu beschwörende Berichte in die Schweiz geschrieben. In einem Brief vom Juli finden sich Sätze, die einmal mehr von seinem ganz erstaunlichen Weitblick zeugen: "*Was ich vermisse, ist eine durchgreifende, lebensbejahende Einstellung des schweizerischen Luftverkehrs. Es fehlt die spontane Bejahung seiner Lebenskraft. Es fehlt vor allem die Grosszügigkeit, das Vertrauen in die Zukunft. Der Anteil unseres Wirtschaftspotentials ... ist verhältnismässig sehr gross. Grösser als der von Schweden zum Beispiel. Schweden fliegt aber schon heute seine Atlantikroute und rüstet sich, nach Südamerika weiter vorzustossen. Wir könnten heute ebensoweit sein ... Was ich ... vermisse, ist die Erkenntnis, dass wir eigene Überseelinien brauchen werden und dass die diesbezüglichen Vorbereitungen ohne Verzug zu treffen sind. Die Swissair vertritt die Auffassung, dass ihre Aufgabe im Wiederaufbau unseres Europanetzes liege, dass sie ihre ganzen Kräfte diesem Problem zuwenden müsse. Vorsichtig und zögernd spricht sie von Überseelinien, weil sie heute die Mittel nicht hat, auch auf diesem Gebiet vorzustossen. Sie hat nie ernstlich an die Möglichkeit geglaubt, dass der Weltluftverkehr auch für sie wirtschaftlich interessant sein würde. ... Man gibt sich offenbar zu wenig Rechenschaft darüber, dass eine gute Überseeverbindung, wenn sie von Schweizern betrieben wird, viel besser in der Lage sein wird als eine ausländische Gesellschaft, den Verkehr auf dem Swissairnetz zu fördern und zu heben. ... Schweiz–New York non-stop. Einst war es Zürich–Berlin non-stop und später Zürich–London non-stop. Den Schnelluftverkehr hat die Swissair vor 14 Jahren in Europa eingeführt. Alle diese Erstwürfe sind für den schweizerischen Luftverkehr von ausschlaggebender Bedeutung gewesen. Warum sollte es nach dem Zweiten Weltkrieg anders sein?*" usw.

Demgegenüber die zaghaften Äusserungen Dr. A. Ehingers, Verwaltungsratspräsident der Swissair, in der SBB-Revue vom Oktober 1945: "*Unsere Behörden und Auslandsvertreter unterstützen die Swissair in der Erreichung des Möglichen; aber es wäre Prophezeiung, wollte man sagen, wann alle diese Wünsche in Erfüllung gehen werden und wann vollends das erste amerikanische Transatlantik-Flugzeug auf Schweizer Boden landen wird.*" Pikanterweise war dies zum Zeitpunkt dieser Veröffentlichung bereits geschehen: Ein Transatlantik-Flugzeug der TWA war am 1. Oktober 1945 in Genf gelandet!

Neue, bereits veraltete Flugzeuge

Am 13. Dezember 1945 reisten Flugkapitän und Prokurist Franz Zimmermann nach den USA, um das dortige Angebot an Flugzeugen zu studieren. In seiner Begleitung war Fred Brunner, ehemaliger Militärpilot und Ingenieur bei Bührle in Oerlikon. Erst vor kurzem war er als Verantwortlicher für den technischen Einkauf zur Swissair gekommen, nachdem er als Angestellter der auf der schwarzen Liste der Amerikaner figurierenden Firma Bührle kein US-Visum erhalten hatte. Gekauft wurde jedoch nicht das Neuste vom Neuen, wie etwa 1932 die beiden revolutionären Lockheed "Orion". Kleinmut war sozusagen vorgeschrieben, und so wurden bei der Douglas Aircraft Co. in Sta. Monica Kaufverträge für zwei der allerletzten fabrikneu für den zivilen Luftverkehr hergestellten DC-3 abgeschlossen. Sie kamen als HB-IRB und HB-IRC ab Frühjahr 1946 zum Einsatz. Im Jahresbericht der Swissair aufgeführt ist auch der kurz nach Jahresschluss erfolgte Ankauf von drei gebrauchten Dakota C-47B-Flugzeugen aus amerikanischen Armeebeständen. Der Vollständigkeit halber sei erwähnt, dass die Swissair im November 1946 ihr erstes Langstreckenflugzeug, die Douglas DC-4 HB-ILA, erhielt und damit noch im Dezember 1946 den ersten Langstreckeneinsatz von Genf aus nach Lydda ausführte. Aber auch dieser Flugzeugtyp war – ohne Druckkabine – bereits ein Auslaufmodell. Die total vier von der Swissair angeschafften DC-4 gehörten zu den letzten von ca. 1'200 Flugzeugen dieses Typs (inkl. Militärversion C-54), die Douglas gebaut hat!

Was letztlich zählt

Die Swissair hat den Zweiten Weltkrieg überlebt und sogar einigermassen unbeschadet hinter sich gebracht. Ohne die sehr wohlwollende Unterstützung durch die Öffentliche Hand (Bund, Kantone, Städte) wäre dies nicht möglich gewesen. Dass die Geschäftsleitung der Swissair – ähnlich wie der Bundesrat – im Verlaufe der Kriegsjahre in der Zusammenarbeit mit Nazi-Deutschland hie und da etwas gar weit ging, mag im Nachhinein beanstandet werden. Hier ist Verständnis für die damalige Situation gefragt, wobei man auch die sehr engen – z.T. persönlichen – Beziehungen zwischen der Lufthansa und der Vorkriegs-Swissair nicht vergessen darf. Die in diesem Bericht oft kritisch erwähnten Mitglieder der Geschäftsleitung, allen voran Direktor Eugen Groh, haben sich grosse Verdienste erworben. Die Swissair ist ihnen zu Dank verpflichtet, obschon sie bei Kriegsende nach Jahren vorsichtigen Handelns, Verhandelns und Sparens den Wechsel zur plötzlich gefragten Risikofreude und kühner Planung nicht schafften. Erst mit der Berufung zweier dynamischer Persönlichkeiten an die Spitze, nämlich Dr. Rudolf Heberleins als Präsident des Verwaltungsrates und Dr. Walter Berchtolds als Direktionspräsident, wurde ab 1950 der Weg frei für den notwendigen Neubeginn. Erst dies bedeutete den endgültigen Abschied von der Kriegs- und unmittelbaren Nachkriegszeit.

Dr. Walter Berchtold (1906–1986) führte als Direktionspräsident die Swissair ab 1950 zum Erfolg. Unter seiner Leitung wurde die Swissair ein dynamisches, nach privatwirtschaftlichen Grundsätzen geführtes modernes Unternehmen.

Dr. Rudolf Heberlein (1901–1958) war seit 1947 Mitglied des Verwaltungsrates und ab 1951 Verwaltungsratspräsident. Nicht zuletzt dank seiner freundschaftlichen Verbindung zu Flugkapitän Robert Fretz war er ein begeisterter Befürworter eines interkontinentalen Streckennetzes der Swissair.